JN415455

노비해방, 채무면제, 희년

- 한국적 성경해석

노비해방, 채무면제, 희년
– 한국적 성경해석

초판 1쇄 인쇄 2017년 2월 10일
초판 1쇄 발행 2017년 2월 16일

지 은 이 정중호
펴 낸 이 신일희
펴 낸 곳 계명대학교 출판부
출판등록 제347-1998-1호(1970. 9. 1)
주 소 대구광역시 달서구 달구벌대로 1095
대표전화 053-580-6233
팩 스 053-580-6235
홈페이지 www.kmupress.com

ISBN 978-89-7585-767-6 93230 정가 18,000원

• 잘못된 책은 교환하여 드립니다.
• 이 책은 저작권법에 따라 보호받는 저작물이므로 책의 내용 및 이미지에 대하여 전부 또는 일부를 무단으로 복사, 복제, 배포하거나 전산장치에 저장할 수 없습니다.

이 도서의 국립중앙도서관 출판예정도서목록(CIP)은 서지정보유통지원시스템 홈페이지(http://seoji.nl.go.kr)와 국가자료공동목록시스템(http://www.nl.go.kr/kolisnet)에서 이용하실 수 있습니다.(CIP제어번호: CIP2017003467)

노비해방, 채무면제, 희년

- 한국적 성경해석

정중호 지음

계명대학교 출판부

머리글

성경에는 노비해방법이 있고 이자금지와 채무면제에 관한 법도 있으며 희년에 관한 법도 나타난다. 이러한 법전들을 바라보면서 현대인들은 노비 문제는 인권에 관한 것이니 당연히 실시해야 하지만, 다른 법들은 경제문제이니 현실에서 과연 실시될 수 있을지에 대해 의문을 가진다. 특히 이러한 법들이 시행되었다는 증거를 성경에서 찾아보기 힘드니 더더욱 의구심을 가질 수밖에 없다. 과연 이 법들이 비현실적인 이상을 이야기한 것일까?

본 저서는 이 질문에 답을 하려고 한다. 특히 한국의 예를 들면서 한국인의 눈으로 이 법들을 다시 분석하고 해석하여 답을 하려고 한다. 그동안 한국적 성경해석에 관심을 가지면서 해석 방법들을 발굴해보려고 노력을 해왔다. 아직 만족할 만한 방법론을 발굴하지는 못했지만 우선 비교를 통해서 유사한 점과 차이점을 찾는 일부터 시작하려 한다.

이스라엘과 한국은 공간적으로도 멀리 떨어져 있고 문화와 언어면에서도 차이를 보이고 있기 때문에 서로 비교한다는 것이 의미가 있는가에 대해 의문을 표시할 수도 있다. 그러나 실크로드였던 '초원길'을 발견하고부터 용기를 얻을 수 있었다. 만주와 몽고와 중앙아시아를 잇고 있고 더 나아가면 메소포타미아까지 연결되는 고대의 교통로인 '초원길'을 보면서 이스라엘과 한국이 동떨어져 있는 것이 아니라 연결점이 있음을 확인할 수 있었다.

이러한 생각에 용기를 얻어 노비해방법을 살펴보는 가운데 노비문제의 핵심이 인권이 아니라 경제라는 생각을 하게 되었다. 원래 노비는 전쟁에서 포로가 된 사람들이 노비가 되었고 범죄자들이 노비의 형벌을 받았다. 그런데 후대에 이르러서는 신분제가 정착되면서 태어나면서부터 노비가 되었고, 빚을 갚지 못해 노비가 된 채무노비가 주를 이루었다. 그리고 세력가들이 노비의 노동력으로 대농장을 경영하면서 경제적 필요에 의해 노비의 숫자를 더 증대시키는 방향으로 정책을 펼쳤다. 그런데 특이한 것은 여전히 세력가들이 대농장을 경영하고 있었는데 노비의 숫자가 급속히 줄어지는 현상이 조선 후기에 나타난 것이다. 그 이유를 살펴본 결과 노비를 관리하고 유지하기 위해 드는 관리비용이 노비를 통해 얻을 수 있는 노동의 가치보다 더 많이 들기 때문에 노비를 방면하게 되고 노비의 숫자가 줄어든 것임을 알 수 있었다. 즉 노비의 문제가 인권 문제이기도 하지만 핵심은 경제 문제였던 것이다.

이러한 발견을 통해 이자금지와 채무면제와 희년 뿐 만아니라 노비 문제까지 이 모두가 경제문제임을 확인할 수 있었다. 그 다음 질문은 이러한 사항들이 현실에서 실시될 수 있는 것인가에 대한 것이다. 이스라엘에는 실시되었다는 사례를 찾기 힘들지만 한국의 역사 속에는 그 사례들을 찾아볼 수 있었다. 이자금지와 채무면제는 신라 문무왕의 사례에서 찾을 수 있었고, 희년의 사례는 해방 후 농지개혁 사건에서 찾을 수 있었다. 그리고 노비해방은 고려 광종의 사례에서 찾을 수 있었다. 이러한 사례를 통해서 노비해방, 이자금지와 채무면제, 희년 등이 현실에서 실시 가능한 사건임을 확인할 수 있었다. 동시에 어떤 특별한 요인에 의해 이러한 일들이 일어날 수 있는지도 분석을 통해 알 수 있었다.

또한 이스라엘과 한국의 역사에서 노비해방법을 실시하도록 하면서도 노비제도를 여전히 유지해 왔던 이원적 노비관에 대해서도 연구하였다. 그리고 한국 역사에 있어서 노비제도가 어떻게 운영되어

왔으며 노비제도 개혁과 노비해방을 위해 어떤 노력을 기울였는지도 살펴보았다. 특별한 사건은 고려시대에 기독교인이었던 활리길사가 몽골제국의 관리로 고려에 와서 기독교 정신으로 노비제도를 개혁했다는 사실이다. 활리길사의 활동에 대해서 상세히 살펴볼 것이다.

본 저서의 마지막 질문은 노비해방, 이자금지와 채무면제, 희년 등의 정신을 현대에 우리 사회에 어떻게 구체화 시키며 적용시킬 수 있을지에 대한 것이다. 현대는 자본주의가 압도하는 시대이며 무한경쟁 체제로 달려가고 있다. 이러한 상황에서는 공동체 정신보다 개인주의적 정신이 강화되며 서로가 서로를 경계하는 살벌한 사회로 치닫기 십상이다. 특히 개인적 소유물에 대한 침해에 대해서는 극도로 신경을 곤두세우고 있는 실정이다. 과연 이러한 자본주의적 경제질서가 정의로운가? 우리 모두에게 유익한 것인가? 또 다른 대안은 없는가? 이러한 질문을 거듭하면서 노비해방, 이자금지와 채무면제, 희년 등의 법전에서 그 해답을 찾고자 한다.

마지막 결론에서 희년공동체를 제창하면서 본 저서를 마무리 하려고 한다. 이 장에서는 노비 문제가 해결된 것이 아니라 여전히 비정규직과 저임금 현상에 의해 오늘날에도 지속되고 있는 현상임을 이야기할 것이다. 그리고 빈부격차와 소득격차에 의해 짓눌리고, 빚에 시달리며 살아가는 현대인에게 채무면제와 희년에 관한 고대의 정신이 비현실적 이상이 아니라 오늘 우리의 사회를 건강하게 만들 수 있는 길을 제시할 수 있는 실현 가능한 정신임을 밝힐 것이다. 그리고 구체적 실현 방안을 제시하려고 노력할 것이다. 이 문제가 경제문제만이 아니라 신학의 문제이며 하나님의 공동체와 하나님의 나라 정신과 연결되는 중요한 문제임을 밝힐 것이다.

본 저서가 성경을 한국인의 시각으로 재해석하는데 있어서 하나의 디딤돌이 되기를 바라며, 출판을 위해 성심을 기울여 주신 계명대학교 출판부 여러분께 깊이 감사드린다.

2017년 1월

계명대학교 연구실에서

정 중 호

목 차

CHAPTER 01

제1장

서론

제 1 장

• 서론

성경 시대에는 노비제도가 당연한 것처럼 받아들이는 시대였다. 고대 사회는 이스라엘 뿐 만 아니라 주변에 있는 나라들도 모두 노비제도를 시행하고 있었다. 한국의 경우에도 조선시대까지 노비제도가 있었는데 갑오경장(1894년) 때 공식적으로 노비제도를 폐지하였다. 신분제도를 폐지하면서 인신매매와 노비제도를 폐지한 것이다.

그러나 성경에는 비록 사회에서 노비제도가 시행되고 있었지만 이러한 제도에 대해 고민한 흔적을 발견할 수 있으며 신학적인 대응책과 더불어 제도적인 대응책을 모색하고 있었다. 그 결과 나온 것이 노비해방법이었으며 안식년과 희년이라는 강력한 대응책도 이어졌다. 노비해방법이 신학적으로 중요한 주제라는 것은 출애굽기에 나타나는 계약법전 첫 머리에 노비해방법을 위치시키고 있는 것을 보면 짐작이 간다. 통상 고대 중동의 법전에는 노비에 관한 항목이 나중에 편재되어 있는데 비해 이스라엘 법전에는 노비법부터 시작되고 있는 것이다.

그런데 의문이 생긴다. 왜 성경에서는 노비제도 자체를 폐지시키지 않고 노비제도는 그대로 두면서 주기적인 노비해방에만 관심을 기울이고 있느냐는 것이다. 특히 정의를 부르짖은 예언자들이 왜 노비제도 폐지를 외치지 않았는가? 이 질문에 대답하기 위해서는 우선 노비제도가 어디서 기원이 되었는지, 그리고 왜 이런 제도가 계속 유지되었는지에 대해 살펴볼 필요가 있다.

노비제도가 생겨난 초기의 상황을 살펴보면 '전쟁과 약탈'이라는 상황임을 알 수 있다. 고대 사회에서는 주로 약탈 전쟁이 위주였고 이러한 전쟁은 자주 일어났다. 약탈은 양식을 비롯한 물자만 약탈하는 것이 아니라 사람도 약탈해서 노비로 삼게 되었다. 목축과 농업이 위주인 사회에서는 노비를 통해서 싼 노동력을 활용할 수 있었기에 이 제도는 계속 유지되었다.

그러나 이 시대에는 대규모로 노비가 발생하지는 않았다. 왜냐하면 노비가 있으면 도움이 될 것이라고 생각하지만 모든 시대나 모든 상황에서 모두 노비를 필요로 하지는 않기 때문이다. 예를 들어 가족이나 마을 사람들이 소규모로 함께 농사짓고 목축을 하면서 살아가면서 농경이나 목축에서 나오는 생산품을 대부분 가정이나 마을 안에서 소비하는 자족경제일 때 노비 수요는 증가하기 어렵다. 만일 노비가 있다면 노동력 증가에는 도움이 되지만 공동체 안에서 신분에 따라 차별을 두어야하기 때문에 공동체 정신이 훼손될 수 있고, 양식이 부족한 경우가 많은데 양식을 소비하는 노비의 숫자가 증가되는 것은 부담이 될 수도 있기 때문이다. 그래서 고대에는 전쟁 포로를 노비로 사용할 수 있음에도 불구하고 포로를 살해해 버리는 경우가 많았다.

그 다음에 등장한 노비 공급원은 범죄자 그룹을 통해서 얻을 수 있었다. 반사회적인 범죄자나 반역자들을 처단하기 위해서 노비제도가 이용되었다. 범죄자가 되면 사형당할 수도 있지만 유배형에 처해질 수도 있고 노비도 될 수 있다는 경고용으로 활용되었다.

그런데 역사를 살펴보면 전쟁이나 형벌로서 노비가 된 사례는 점점 줄어들고 많은 노비들이 신분제에 의해서 태어날 때부터 노비가 된 경우가 많았다. 따라서 노비제도는 표면적인 것이며 그 중심에는 '신분제'라는 사회적 관습이 자리 잡고 있었던 것이다. 그리고 또 다른 중요한 노비 공급원은 빚을 갚지 못해 노비가 되는 '채무노비'의 경우였다. 성경에도 채무노비의 사례가 나타난다. 예언자 엘리사의 제자가 죽었는데 그 미망인이 엘리사에게 아이들이 빚 때문에 노비로 끌려가게 되었다고 부르짖는 장면이 열왕기하 4장에 나타난다.

이러한 역사적 변천을 살펴보면서 발견할 수 있는 것은 노비제도가 계속 유지될 수 있었던 것은 신분제라는 사회적 관습과 싼 노동력 제공이라는 경제적 요인이었다는 사실이다. 그러면 이 두 가지 요인 가운데 어느 요인이 보다 더 핵심적인 요인인지 살펴 볼 필요가 있다.

이 연구를 위해서 조선 중기와 후기의 노비 숫자가 어떻게 변화를 보이고 있는지를 주목하였다. 흥미로운 것은 조선 중기인 16세기에 노비의 숫자가 크게 증가하여 거의 백성의 40-50%가 노비였는데,[01] 조선 후기에는 노비의 숫자가 급격히 감소하여 노비의 비율이 10%이하로 떨어졌다는 것이다. 신분제가 무너진 것도 아닌데 이러한 변화를 보인 이유를 세밀히 검토해 본 결과 노비 숫자의 격감

---

01 이정수, 김희호, 「조선시대 노비와 토지 소유방식」(경북대학교출판부, 2006), 184; 예를 들면 大邱府 호적을 검토한 결과 노비인구가 1690년 43%에서 1789년 16%로 감소한 사실을 발견할 수 있었다. 이우연, 차명수, "조선 후기 노비 가격의 구조와 수준, 1678-1889," 「경제학연구」 제58집 제4호(2010), 105; 이영훈은 노비의 수를 다소 낮게 보았다. 이영훈, "한국사에 있어서 노비제의 추이와 성격," 「노비 농노 노예-예속민의 비교사」(일조각, 1998), 365.

이 경제적인 이유라는 것을 확인할 수 있었다. 따라서 본 저서는 노비해방법에 관해서 분석할 때 경제적인 이유를 위주로 분석하게 될 것이다.

노비제도가 경제적인 이유로 존속되었다는 것은 채무라는 문제와 연결되어 있다. 빚을 갚지 못해서 노비가 되고 빚을 얻어 쓸 수밖에 없는 가난의 악순환 문제가 그 중심에 자리 잡고 있는 것이다. 이 문제는 빈부격차의 문제이고 권력자의 착취라는 문제와 연결되어 있으며 근본적인 경제구조와 연결되어 있다. 이 문제를 어떻게 해결할 수 있는가?

성경에서는 대응책으로 노비해방법을 제정하고 실행하도록 하였다. 왜 노비제도 폐지가 아니라 노비해방법인가? 노비제는 근본적으로 경제문제이기 때문에 경제문제가 해결되지 않으면 비록 노비제도가 폐지되었다 하더라도 또 다른 형태의 노비제도가 나타나기 때문인 것이다. 그래서 주기적으로 노비를 해방시키는 단편적인 처방을 내놓게 된 것이다.

사실 1894년 이후에는 한국에는 공식적으로 노비제도가 사라졌다. 그러나 21세기 현재 한국에는 노비제도와 유사한 것은 없는지? 과연 노비제도의 뿌리가 완전히 사라졌는지? 이미 살펴본 결과에 의하면 노비제도의 뿌리가 경제문제임을 확인하였다. 따라서 빈부격차를 비롯한 경제문제가 해결되지 않으면 또 다른 형태의 노비제도가 생겨나게 마련이다. 일주일에 40시간이 아니라 60시간을 일해도 먹고살기 힘들고 병 치료하기 힘들고 아이들 교육시키기 힘들다면 경제적인 면에서는 노비와 다를 것이 무엇이 있는가? 신분제가 사라졌다고는 하는데 금수저/흙수저 논란이 일면서 태어날 때부터 경제적으로 풍요를 누리는 인생과 평생 가난에서 헤어나기 힘든 인생이 있음을 볼 때 과연 신분제가 사라졌는지 의문이 든다. 동일한 노동현장에서 동일한 일을 하는데 비정규직과 파견 근로자는 정규직에 비해 절반도 안 되는 임금을 받고 있는 현실을 볼 때 이것이 현대판 신분제인가 다시 생각하게 된다.

2014년 다보스 포럼은 '세계의 재편(The reshaping of world)'이라는 주제로 개최되었는데, 제시한 '세계 5대 리스크' 가운데 '소득 불균형 확대'와 '구조적 실업 증가' 등을 중요한 리스크로 꼽았다. 이처럼 세계는 빈부격차의 문제와 일자리 부족과 열악해지고 있는 노동여건에 대해 심각한 우려를 보이고 있다. 현대의 복잡한 경제구조 속에서 자본주의에 대해 심각한 질문을 던지면서 우리는 새로운 대응책과 근본적인 해결책을 찾으려고 한다. 이를 위해서는 성경에 나타나는 노비해방법과 안식년과 희년제도를 새롭게 분석하고 해석하여 오늘날 우리의 문제를 해결하고자 하는 것이다.

본 저서에서는 성경에서 주목하고 있는 노비문제와 채무문제, 그리고 토지문제를 면밀히 분석하고 해석하여 성경적 해결책을 발견하고자 하는데 한국의 사례와 역사를 적극적으로 활용할 것이다. 그래서 한국적인 해결방안이 무엇인지를 찾고자 하는 것이다.

성경에서도 시드기야 때 잠시 동안 노비를 해방시킨 적이 있었다. 그런데 잠시 후 다시 노비를 잡아들여버렸다. 본 저서에서는 이 사건을 고려시대의 광종의 예와 비교하면서 분석할 것이다. 그리고 노비해방과 왕권 강화가 무슨 관련이 있는지를 집중적으로 검토하게 될 것이다.

노비제도는 채무와 깊은 관련이 있기에 채무문제가 해결된다면 노비제도 문제도 자연스럽게 해결될 수 있을 것이다. 따라서 느헤미야의 경우를 분석하면서 왜 느헤미야가 백성들의 채무를 탕감해 주었는지에 대해서 연구할 것이다. 동시에 신라의 문무왕도 채무를 탕감해주었고 조선시대에는 정퇴라는 제도를 통해서 채무를 공식적으로 탕감해준 경우가 있다. 본 저서에서는 이러한 사례들을 면밀히 분석할 것이다.

채무 문제는 고금을 통하여 지속되는 문제이다. 여기서 이야기하는 채무는 많은 돈을 빌려서 대규모 사업을 하는 경우를 이야기 하는 것이 아니다. 가난한 사람이 생존을 위해서, 양식이나 종자를 사기 위해 빚을 얻을 수밖에 없는 현실적인 문제는 오늘날도 계속되고 있다. 이 문제가 중대한 문제임은 예수님도 알고 계셨고 주기도문을 통해 우리가 어떻게 행동해야 할 지를 가르쳐 주셨다. 주기도문에는 "우리가 우리에게 죄 지은 자를 사하여 준 것 같이 우리 죄를 사하여 주시옵고"(마 6:12)라고 번역되어 있지만 헬라어 성경에는 "우리가 우리에게 빚 진 자를 탕감하여 준 것 같이 우리 빚을 탕감하여 주시옵고"로 되어 있다.

그런데 보다 더 근본적인 문제는 수입의 지속성이다. 고대 사회에서는 농업과 목축업이 위주이기에 토지문제가 해결되면 경제문제는 근본적으로 해결될 수 있었다. 따라서 성경에서는 안식년과 희년 제도를 통해 토지문제를 해결하여 경제왜곡으로 인해 발생된 채무와 노비 문제를 근본적으로 해결하고자 하였다.

여기서 또 다른 질문을 살펴볼 필요가 있다. 성경에서 이야기하고 있는 노비해방법과 안식년과 희년제도가 정말 시행되었는가 하는 문제다. 왜냐하면 이러한 법과 제도를 시행했다는 기록을 찾기 힘들기 때문이다. 시드기야가 노비를 해방시킨 사건은 미완성으로 그쳤는데 느헤미야가 채무를 탕감시킨 사례는 자세히 기록되어 있다. 그러나 토지 문제인 희년과 안식년 제도가 시행되었다는 기록은 찾기 힘들다. 그리고 이러한 법과 제도가 현실적으로 시행된다면 그것은 혁명적인 사건이 될 가능성이 많다. 과연 노비해방법과 안식년과 희년이 실시될 수 있는 현실적으로 실천 가능한 것일까? 본 저서에서는 이 질문에 답변하면서 노비해방법과 안식년과 희년이 실시될 수 있는 방안이 무엇인지를 탐색하는 다양한 연구를 진행할 예정이다. 특히 한국의 사례들을 비교 분석하면서 이 연구를 진행하고자 한다.

CHAPTER 02

제2장

노비 문제의 핵심은 경제

노비 해방과 조선후기 노비 급감 현상

제 2 장

•노비 문제의 핵심은 경제
– 노비 해방과 조선후기 노비 급감 현상

1. 서론

오경의 노비 해방법(출 21:2-11; 신 15:12-18; 레 25:39-46)을 읽는 독자는 과연 이러한 법이 고대 이스라엘과 유다 사회에서 준수되고 실행되었는지에 대해 궁금해 한다.[02] 그러나 성경에는 이러한 법이 준수되었다는 구체적인 사례를 제시해 주지 않고 있다. 오히려 시드기야 왕 시대에 노비를 방면하려고 하였지만 풀어 준 노비를 다시 되돌리는 일이 일어나 실패한 경우(렘 34:8-16)만

---

02 성경에는 '노예,' '노비,' '종' 등의 다양한 용어로 번역하고 있는데, 이 가운데 '종'이 가장 보편적으로 번역되어 있고 그 다음 '노비'로 번역되어있다(16회). 이 용어 가운데 '노예'로 번역된 예는 가장 드물었다(8회). '종'은 노예를 가리킬 때도 있지만 신하를 가리킬 때도 있고 자기를 낮추어 이야기 할 때 사용되는 등 다양하게 사용되고 있기 때문에 혼란을 야기 시킬 수도 있다. 따라서 성경 번역 상 '노비'라는 용어가 자주 나타나고 한국의 경우와 비교할 때 공통으로 사용할 수 있는 용어이기에 '노비'라는 단어를 사용한다.

나타나기 때문에 노비 해방법은 현실에서는 실행되기 힘들고 이상적인 목표로서의 기능이 있는 것으로만 여겨지고 있다.[03]

그러나 노비 해방이 법전의 형태인 노비 해방법으로 나타난 것을 주목할 필요가 있다. 법이라는 것은 단순히 소리치는 것이 아니라 준수할 가능성이 있고 이 법에 따라 살아야 될 의무도 있는 것이다.

노비 해방법이 실현 가능한 법인가라는 질문에 답하기 위해서는 발상의 전환이 필요하다. 인권이나 신적인 권위를 논하기보다 노비 제도를 경제적인 문제로 풀어볼 필요가 있다.[04] 왜냐하면 노비의 발생과 유지에는 경제적인 요인이 가장 크게 영향을 미치기 때문이다.

노비 문제가 경제적인 문제라는 점을 성경에서도 강조하고 있다. 신명기 15장에는 노비를 해방시킬 때 빈손으로 내 보내지 말고 양과 곡식과 포도주를 후하게 주라고 하였다(신 15:13-14). 노비에게 자유를 준다는 것도 중요하지만 먹고 살아갈 방도가 없다면 또 다시 노비가 될 수밖에 없기 때문에 이러한 조치를 명령한 것이다.

그리고 엘리사 설화에서도 비슷한 조치를 발견할 수 있다. 선지자의 아내 중 한 과부가 빚을 갚지 못해 아이들이 노비로 끌려갈 수밖에 없다고 호소할 때 엘리사는 기적을 일으켜 빚을 갚을 수 있도록 해 주었다. 또한 덧붙여서 그 이후에도 생활할 수 있도록 넉

---

03 최근의 노비 해방법에 관한 연구는 주로 다양한 본문 간의 관계와 작성 연대에 대한 연구가 주를 이루고 있으며 이 법의 실현성 여부에 대해서는 크게 주목을 하지 않고 있다. M. Leuchter, "Manumission Laws in Leviticus and Deuteronomy: The Jeremiah Connection," *JBL* 127 (2008), 635–653; B. M. Levinson, "The Birth of the Lemma: The Restrictive Reinterpretation of the Covenant Code's Manumission Law by the Holiness Code (Leviticus 25: 44–46)," *JBL* 124 (2005), 617–639. J. Van Seters, "Law of Hebrew Slave: A Continuing Debate," *ZAW* 119 (2007), 169–183.

04 인권에 주목하며 노비 해방법을 연구한 최근의 논문으로 Daisy Yulin Tsa의 박사학위 논문을 들 수 있다; Daisy Yulin Tsa, "Human rights in Deuteronomy: with special focus on slave laws," Ph. D. Dissertation, Trinity International University, 2011.

넉하게 기름을 제공하였다(왕하 4:1-7). 만일 생활비가 없으면 먹을 것이 없기 때문에 또 다시 빚을 얻어야 하고 또 다시 아이들이 채무 노비로 끌려가는 상황이 일어날 수밖에 없기 때문에 엘리사가 넉넉하게 기름을 제공하였던 것이다. 이처럼 노비 문제는 단순히 노비에게 자유를 주어 해방시키는 것으로는 충분하지 않고 다시는 노비가 되지 않도록 근본적인 원인인 경제적인 면을 해결해 주어야 하는 문제인 것이다.

노비를 경제적 시각에서 분석한 글래스(Zipporah G. Glass)는 신명기 15장의 노비 해방법이 이상적이며 비현실적인 것이 아니고 도시 지주와 왕실의 실리를 추구한 결과이며 충분히 준수될 수 있는 법이라고 주장하였다.[05] 즉 노비 관리 비용이 노비 생산성보다 높을 때는 노비를 방면하고 임노동자를 활용하는 것이 노비 소유주의 이득이 되기 때문에 노비 해방이 일어난다는 것이다. 그러나 이러한 과정을 설명할 때 노비의 관리비용 외에 있을 수 있는 또 다른 요인에 대한 설명은 부족했다.

흥미로운 것은 한국의 경우이다. 조선 중기인 16세기에 노비의 숫자가 크게 증가하여 거의 백성의 40-50%가 노비였다.[06] 그런데 조선 후기에는 노비의 숫자가 급격히 감소하여 노비의 비율이 10%이

—

05 Zipporah G. Glass, "Land, slave labor and Law: Engaging ancient Israel's economy," *JSOT* 91 (2000), 27-39. Glass는 페르시아 시대 유다의 사회 경제적 문제를 연구하여 박사학위 논문을 작성하기도 하였다. Zipporah G. Glass, "Land, slave labor and Law: Viewing persian Yehud's economy through socio-economic modeling," Ph.D. Dissertation, Vanderbilt University, 2010.

06 이정수, 김희호, 「조선시대 노비와 토지 소유방식」(경북대학교출판부, 2006), 184; 예를 들면 大邱府 호적을 검토한 결과 노비인구가 1690년 43%에서 1789년 16%로 감소한 사실을 발견할 수 있었다. 이우연, 차명수, "조선 후기 노비 가격의 구조와 수준, 1678-1889," 「경제학연구」 제58집 제4호(2010), 105; 이영훈은 노비의 수를 다소 낮게 보았다. 이영훈, "한국사에 있어서 노비제의 추이와 성격," 「노비 농노 노예-예속민의 비교사」(일조각, 1998), 365.

하로 떨어졌고 결국 1894년 갑오경장 때 노비 제도가 완전히 무너졌다. 조선 후기에 노비의 숫자가 격감해진 이유를 찾아보면 다른 여러 가지 요인을 발견할 수 있지만 결정적인 것은 경제적인 이유라 볼 수 있다.

따라서 본 연구의 목적은 조선 후기에 나타난 노비 격감 현상을 분석하여 그 원인을 밝히고 이와 연결하여 구약의 노비 해방법이 당시 경제적인 상황 속에서 실천 가능한 법이었음을 밝히는데 있다. 본 연구는 지역 간 연구이면서 동시에 학제 간 연구로서의 의의가 있다.

2. 조선 후기에 노비 수가 급격히 감소된 이유

16세기에 이르러 조선 시대 노비의 수가 최고조에 도달 하였으나 조선 말기에는 노비의 숫자가 격감하면서 노비 소유주의 신분을 뒷받침해주는 역할을 하는 사치노비만 남게 되었다. 무슨 요인에 의해서 노비 인구가 이렇게 격감하게 되었는가? 표면적으로 보면 신분제의 와해로 보이기도 한다. 그러나 신분제는 조선 중기나 말기 모두 유지 되었으며 말기에 부분적으로 약화된 면이 있었지만 여전히 굳건하게 유지되었다. 따라서 신분제 와해가 노비 인구 감소를 설명할 수 있는 가장 중요한 요인이 아님을 알 수 있다.

1) 노비의 노동생산성 하락과 관리비용의 증가

오히려 노비를 신분제의 틀 속에서 보기보다 시장 기능적인 측면에서 분석할 필요가 있다. 즉 노비 소유주들이 노비의 노동생산성을 높여 이익을 증진시키기 위해 노비 노동보다 임노동을 선호하였기 때문에 노비의 수요는 줄어들고 임노동자의 수는 증가했다는 점을 주목할 필요가 있다.

조선 시대 노비 가운데는 신분제를 떠받치는 노비가 있었다. 주로 노비 소유주의 가정에서 가사노동을 제공하는 소위 솔거(率居) 노비인데 그 숫자는 전체 노비 가운데 소수였으며 대부분의 노비는 농업과 같은 생산을 위해 노동력을 제공하는 노비들이었다. 그리고 조선 말기에 감소된 노비도 주로 생산에 투입된 노비들이었다.

노비 소유주의 최대 관심사는 노비를 활용해서 얻을 수 있는 이득이다. 노비소유주의 이득, 즉 노비보유에 대한 한계편익(marginal benefit)은 노비의 한계생산가치(value of marginal product) 즉 노비의 노동생산성에서 노비 관리비용(monitoring cost)을 뺀 값이다. 따라서 노비 소유주는 노비 관리비를 최소화하고 노비의 노동생산성을 극대화하려 한다. 이러한 요인이 노비의 수요 감소 현상을 설명할 수 있다. 노비 관리비용이란 노비에게 의식주를 제공하고 노비의 태업과 저항과 도망을 감시하는데 드는 비용을 가리킨다.

노비의 노동은 강제노동방식(pain incentive)의 노동이기에 단순한 노동형태인 농업노동에 주로 사용하게 된다. 그리고 노비는 어느 한계에 도달하면 더 이상 열심히 일하지 않으려는 파레토 안정상태(pareto-stable)에 도달하게 된다.[07] 만일 노비의 생산성을 높이

---

07 S. Fenoaltea, "Slavery and Supervision in Comparative Perspective: A Model," *Journal of Economic History* 44 (1984), 635–668.

려고 더 강한 강제력을 동원하면 노비는 태업과 저항 혹은 도망 등의 방법을 통해 노비 관리비용을 증가시킨다.

따라서 노동생산성을 일정 이상 높이려면, 즉 노비 소유주의 한계편익(marginal benefit)을 증진시키려면 강제노동방식보다 보상방식(reward incentive)을 택해야 한다. 결국 노비 노동으로는 높은 생산성을 기대하기란 불가능하고 노동계약제를 통해 임노동자를 고용하는 것이 효과적이다.[08]

노비와 같은 강제노동의 경우 노동생산성이 낮고 비효율적이라는 것은 조선에서 시행해왔던 요역제(徭役制)가 모립제(募立制)로 변경된 것에서도 발견할 수 있다. 요역은 국가가 필요에 따라 노동력을 무상으로 징발하는 제도이다. 요역제가 모립제로 변경된 이유는 강제 동원된 부역인 요역제에 대한 저항이 심해졌고 동원된 역군들에 의해 진행되던 공사도 비효율적이었기 때문이다.[09] 이러한 문제들을 해결하기 위해 조선은 노동력 징발 대신 현물이나 화폐로 대납하도록 하였으며 임노동자를 모집하여 임금을 지급하면서 공사를 진척시켰다. 이것이 조선이 17세기 초부터 시행했던 모립제였다.[10]

조선 후기에는 노비가 도망하기 쉬운 환경이 이루어졌는데, 그것은 임노동자를 고용하려는 상공업과 수공업 그리고 광업과 시장과 연계된 광작농업이 발달하였기 때문이며 도시의 성장도 한 몫을 담당하였다. 그리고 노비의 저항도 만만치 않았다. 살주계와 검계를 통한 조직적 저항과 상전 살해, 사족 구타, 사족 부녀자 겁탈, 도적

—

08 이정수, 김희호, 윗글, 188–189.

09 윤용출, 「조선후기의 요역제와 고용노동」(서울대학교출판부, 1998), 116–128.

10 윗글, 325; 본 저서에 대한 서평도 조선 후기에 출현한 임노동 문제 이해에 도움을 준다; 고동환, "국가의 농민 지배방식의 변동을 통해 본 조선후기 사회성격의 해명–윤용출, 조선후기의 요역제와 고용노동 (서울대학교출판부, 1998)," 「역사와 현실」 30 (1998), 265–280.

이나 반란 참여 등이 대표적인 노비의 저항이었다.[11] 따라서 노비를 감시하는 관리비용이 급격히 증가하게 되었던 것이다.[12]

조선 말기에는 노비를 합법적으로 소유하면서 노비의 노동생산성을 높이고 노비 관리비용을 절감할 수 있는 방법이 나타나기도 하였다. 노비의 자발적인 노동을 유도하고 불필요한 갈등을 줄이며 서로 상생(相生)하는 길을 모색한 것으로 노주계(奴主契)가 등장하였다.

1801년(순조 1년)의 노주계 문서가 경주 지역에서 발견되었다.[13] 노비 소유주인 이희성과 노비인 일선(日先), 차봉(次奉), 화리동(禾里同) 등 노비 10명이 계를 맺은 것이었다. 노비 주인과 노비들이 각각 2석씩 총 4석의 벼를 출자하여 계금을 만들고 이식(利殖)을 계속하여 계금을 불렸나간 것이다.

계금을 사용한 용도를 보면 주인집의 담장 수리와 같은 잡역에 인부를 고용하는데 사용하기도 하였다. 원래 이러한 잡역은 노비들이 감당해야할 의무 사항이었다. 그리고 노비의 생활 안정을 위해 지출하기도 하였다. 이러한 기금 덕분에 노비의 도망과 저항을 방지할 수 있어 노비주의 관리비용을 절감하게 되었고 노비는 안정된 생활을 보장받게 된 것이다. 노비 주인과 노비의 신분관계에서 서로 상생하는 경제적 관계로 변모하는 모습을 발견할 수 있다. 조선 후기에 노주계와 같은 노력도 있었지만 결국에는 주인과 노비와의 근본적인 갈등을 해소할 수는 없었고 노비의 의식 성장과 경제적 이

---

11 살주계와 검계는 숙종 때 조직된 노비의 비밀결사였다. 전형택, "노비의 저항과 해방," 「역사비평」 34 (1996), 18-19.

12 이정수, 김희호, "조선후기 노비가 변동의 원인-생산성과 노비관리비용을 중심으로," 「지역과 역사」 23호 (2008), 199.

13 『고문서집성』 - 경주 옥산 여주이씨 독락당편 (2003, 한국학중앙연구원), 65.

유로 인해 임노동제는 확산될 수밖에 없었다.

2) 유통과 시장 기능의 활성화

노비 수요가 감소하고 임노동자가 증가하는 두 번째 중요한 요인은 유통이다. 중국은 송대 이후 노비제도가 유명무실하게 되었는데 그 이유는 획기적인 시장경제의 발전에서 찾아볼 수 있다.[14] 시장경제의 발전이 어떻게 노비를 해방시키는 일을 촉진시킬 수 있는가? 노비의 가격이 시장에 실시간 반영되면 노비 가격이 낮아질 때, 즉 노비의 노동생산성보다 노비의 관리비용이 높아져 노비의 효용가치가 떨어질 때 노비는 손쉽게 방매하거나 방면하게 되고 대신 빠르게 임노동 체제로 전환된다는 것이다. 조선의 노비가격은 1690년경 20석에서 2-3석으로 폭락하였다.[15] 그리고 1700년 대 초기에 비해 말기에는 절반으로 떨어졌고, 1800년대 후반에는 1/3 수준이 되었다.[16] 또한 19세기 말에는 노비가격이 거의 0에 근접했다. 노비가격이 0라는 것은 아무도 노비를 소유할 의사가 없다는 것이다. 그리고 노비가격이 낮아짐과 동시에 노비의 수도 급감한 것을 발견할 수 있다.

노비의 숫자가 최고조에 도달한 조선 중기까지 일반 시장도 크게 발달하지 못하였고 노비시장도 발달하지 못하였다. 노비시장이 발달하지 못한 또 다른 이유는 양반이 노비를 매매한다는 것을 천한

---

14 이상국, "고려 정종 5년(1039) '賤者隨母之法'의 제정과 그 의의," 「사림」 제34호 (2009), 90.

15 이영훈, 양동휴, "조선 노비제와 미국 흑인노예제: 비교사적 고찰," 「경제논집」 37-2.3 (1998), 324.

16 이우연, 차명수, 윗글, 121.

상행위로 여겼기 때문이다.[17] 간혹 매매가 되는 경우는 양반 가문이 빈곤했을 때 일어나는 현상이었다.

이정수와 김희호는 조선후기 약 200년간의 노비가격 자료, 즉 노비매매 문서를 분석하여 노비 수의 급격한 감소가 어떻게 일어났는가를 연구하였다. 그런데 1689년 화폐가 도입되어 유통되기 시작하였고 그 후 시장이 발달하면서 노비 매매가 급격히 증가한 반면 노비의 숫자는 줄어들었다는 사실을 확인할 수 있었다.[18] 화폐가 유통되고 시장이 활성화되었을 때 노비시장도 발달하였고 임노동시장도 활성화 되었다. 심지어 토지가 없는 양반도 임노동 시장에 나타나 노동을 매매하기도 하였다. 그리고 토지가 있는 자작농도 생계유지에 필요하다면 임노동 시장에 나타나기도 하였다.[19]

따라서 노비의 숫자가 감소된 것은 정부 정책의 변화나 신분제의 와해와 같은 요인도 일부 영향을 미쳤지만, 가장 큰 영향을 미친 것은 시장기능이 활성화되면서 시장 최적화를 추구하는 과정에서 노비들이 임노동자로 대체된 경제적 요인이었다.

3) 풍부한 임노동자

이정수와 김희호는 17세기 이후 조선의 토지집중도와 노비제를 연결시켜 분석하여 "소농경영과 광작경영 형태 모두 시장 기능적으로 노비제를 해체하고 임노동시장을 촉진시켰다"고 결론을 내렸다.[20] 이러한 변화의 배후에는 이앙법과 시비법 등 농업기술의 발전

---

17 이정수, 김희호, 윗글(2006), 178.

18 윗글, 215.

19 윗글, 181.

20 윗글, 262.

으로 노동력이 절감되어 노비수요를 감소시킨 면도 일부 있었다. 그런데 소농경영이 노비제의 해체를 촉진시킨 것은 소농경영의 성공이 아니라 실패 때문이었다. 즉 소작료와 각종 세금부담, 그리고 자연 재해에 직면하여 극복할 수 있는 위험회피 수단의 부족으로 인해 소농경영이 좌절되어 빈농화되고 유민화되어 임노동자로 전락되었기 때문에 일어난 현상이었다.[21]

한편 광작경영, 즉 대농장의 경우는 노비의식의 성장으로 인한 노비의 도망, 태업, 저항이 일어나고 이에 따른 관리비용이 증가되었다. 반면에 시장에 저렴한 임금을 요구하는 임노동자는 풍부하기 때문에 지주들은 오히려 일시적이고 계절적으로 고용할 수 있는 임노동자를 선호하게 되었다는 것이다.[22] 따라서 토지 소유 규모에 따라 노비 수가 감소했다기보다 저렴한 임금을 요구하는 임노동자가 풍부해진 시장 상황에 의해서 노비 수가 급격히 감소된 것으로 결론지을 수 있다. 여기서 발견하는 중요한 사실은 노비와 임노동이 조선시대와 같은 신분제 사회에서도 서로 대체적인 관계를 이루고 있었다는 사실이다.[23]

이러한 결론에 덧붙여 참조할 만한 것은 자매(自賣)노비의 매매비율이다. 자매노비는 빈곤이 극심할 때 가족들의 생계를 위해 스스로 자신을 팔아 노비가 되겠다는 사람을 가리킨다. 자매노비의 매매는 조선에서 1767년에 처음으로 나타나 19세기 후반에는 자매노비 매매건수가 전체 노비매매 가운데서 차지하는 비율이 급격히 증가하였다.[24] 자매노비의 매매비율이 높을수록 노비가격은 하락하고

---

21 최윤오, "18.19세기 농업고용노동의 전개와 발달," 「한국사연구」 77 (1992), 59–63.

22 이정수, 김희호, 윗글(2006), 262.

23 윗글, 217–218.

24 이정수, 김희호, "조선후기 노비매매 자료를 통해 본 노비의 사회.경제적 성격과 노비

임노동자의 임금도 하락하였다. 이것은 자매노비가 노동시장에 많이 나타날수록 전체적인 노동자의 숫자가 증가하면서 노동자의 가격과 임금이 내려갔기 때문이다. 결과적으로 노비의 가격은 급속히 낮아지면서 노비의 수가 감소되고 임노동자는 증가하게 된 것이다.[25]

임노동자로 가장 자주 등장하는 단어가 '고공(雇工)'이다. 고공은 농업생산 등에 고용된 노동자이고 양반, 중서인, 양인, 천인 등 누구나 가질 수 있는 신분이며 5년 이상 장기 고용된 노동자로 호적에 등재된다. 그런데 이러한 장기 고공은 노비와 같이 18세기 중반 이후에는 숫자가 감소되며 여성화되고 연소화 되었다.[26] 따라서 장기 고공은 출현한 임노동자를 신분제에 맞춘 것이었지만 나중에는 거의 노비나 다름없는 신분이 되어 버렸다. 그러나 고공 가운데는 단기 고공이 있었고 계절 고공도 있었으며 '고공'이라는 단어는 '임노동자'라는 단어로 널리 활용되었다.

국왕도 임노동자인 고공을 적극 활용하기를 권했다. 흥미로운 것은 임진왜란으로 파괴된 농업을 재건하기 위해 국왕 선조가 선전관 허전(許堧)으로 대작케 하여 '고공가(雇工歌)'를 작사하였다는 사실이다. '고공가'를 보면 자경농민이 고공(머슴) 2명을 거느리고 농사를 성실하게 지어 가산을 재건한다는 내용으로 구성되어 있다. 이에 대한 이원익의 비평적인 '답가'도 있었다.[27]

—

가의 변동." 「한국민족문화」 31 (2008), 375–376.

25 이정수, 김희호, 윗글(2006), 214.

26 이정수, 김희호, "17–18세기 雇工의 노동성격에 대한 재해석," 「경제사학」제47호 (2009), 33.

27 김용섭, 「역사의 오솔길을 가면서 – 해방세대 학자의 역사연구 역사강의」 (지식산업사, 2011), 330–341.

조선 후기 임노동자의 실상은 이 당시 출현했던 흥부전에도 나타난다. 임노동자인 흥부는 농사일 뿐 만 아니라 이엉 엮기, 멍석 맺기, 나무 베기 역인(役人) 서기, 마철(馬鐵) 박기, 마당 쓸기, 물 긷기 등의 노동을 하여 생계를 꾸려가고 있다.[28]

임노동자들의 행동에 관해서는 '고지(雇只)관행'이라는 것도 있었다. 고지관행은 단체 청부 계약에 의한 고용노동 형태이다. 예를 들면 30여명의 임노동자들이 지주와 단체계약을 맺고 논농사를 지어주면 지주가 임금을 지불하는 형태인데 보통 1-3월에 계약을 맺고 임금을 선불하는 형식이다.[29] 이러한 관행은 임노동이 산발적이고 개인적인 행태로 나타날 뿐 만 아니라 조직적이고 단체적으로 나타난다는 사실을 알려주며 임노동시장이 상당히 발전했다는 것을 알게 해준다.

3. 구약의 노비 해방법

구약에는 계약법전(출 21:2-11), 신명기법전(신 15:12-18), 성결법전(레 25:39-46) 등에서 노비를 해방시키는 법이 나타난다. 그러나 노비제도 전체를 혁파하는 내용이 아니라 '히브리 노비(형제)'만 해방시키는 법이다. 따라서 외국 노비는 제외되고 외국 노비는 상속될 수 있는 재산이며 외국 노비의 자녀는 계속 노비

---

28 송찬식, "조선후기 농업에 있어서의 廣作운동," 「이해남박사회갑기념사학논총」 (일조각, 1970), 116.

29 김용섭, 윗글, 344-346.

가 된다.

출애굽기 21장 2-11절과 신명기 15장 12-18절에서는 '히브리 노비'를 품꾼같이 대하고 6년 동안 기간이 경과하면 방면하여 자유를 주라고 하였다. 이러한 대우를 하는 근거를 출애굽에서 찾고 있는데 하나님이 노비였던 히브리 인을 해방시켰기 때문이라 하였다(신 15:15; 레 25:55).[30] 따라서 사람이 히브리 인을 노비로 삼을 수 없다는 뜻이다.

특히 신명기에서는 7년째 해방시킬 때 빈손으로 내보내지 말고 "양 무리 중에서와 타작마당에서와 포도주 틀에서"(신 15:14) 후하게 주어서 보내라고 하였다. 이것은 노비의 실상이 경제 문제 특히 가난과 굶주림의 문제임을 명백하게 보여주는 대목이다. 비록 자유를 얻었다고는 하지만 아무것도 없는 가난한 사람일 경우 또 다시 빚을 얻어야 하고 또 다시 채무노비로 전락할 가능성이 충분한 것이다. 그래서 어떤 사람은 자유를 택하지 않고 주인집에 계속 노비로 있는 것을 원하는 경우도 있다(신 15:16). 이러한 현상은 조선시대에도 나타나는데 양인(良人)이 세금과 부역에 시달리다 못해 스스로 노비가 되겠다고 자원하는 경우가 발생하기도 하였다. 양인이 노비의 처지를 부러워하는 경우라 볼 수 있다.

노비 해방이 나타나는 신명기 15장과 예레미야 34장은 언뜻 보기에 '매매노비'에 관한 것으로 이해하기 쉽다.[31] 왜냐하면 יִמָּכֵר(임마케르)를 '팔렸거든'으로 번역되어 있기 때문이다(신 15:12; 렘 34:14). 그러나 이 단어는 니팔 미완료형인데 재귀의 뜻이 있어 '스스로 팔

---

30 출애굽기에서는 구체적으로 출애굽 상황을 언급하지 않았지만 출애굽기의 편집상 21장이 출애굽의 노비 해방 정신을 나타내는 중요한 본문으로 볼 수 있다. 전정진, "출 21장 2-11절과 신 15장 12-18절에 나타난 종의 방면 법," 「구약논단」 35집 (2010), 66.

31 예레미야의 기록(렘 34장)은 문체와 내용에 있어서 신명기 법(신 15장)에 의존하고 있다.

았거든'으로 번역할 수 있다.[32] 즉 매매로 구입한 노비가 아니라 빚을 갚지 못해 어쩔 수 없이 노비가 된 경우를 말한다. 따라서 신명기 15장과 예레미야 34장은 채무노비(debt slavery) 해방에 관한 것이다.[33] 출애굽기 21장도 채무노비에 관한 것이다. 「개역개정」에 '(히브리 종을) 사면'(출 21:2)이라고 번역되어 있어서 '매매노비'로 오해하기 쉬운데 히브리어 קָנָה(카나)는 '획득하다(acquire)'가 기본적인 의미이기 때문에 다양한 경로로 획득한 경우를 가리킨다. 그런데 '히브리 종'을 전쟁 상황이나 매매로 획득할 수 없기 때문에 빚을 갚지 못한 사람을 노비로 획득한 경우를 가리키는 것으로 볼 수 있다. 따라서 노비 해방에 관한 본문인 계약법전(출 21:2-11), 신명기 법전(신 15:12-18), 성결법전(레 25:39-46), 예레미야(렘 34:8-16) 등은 모두 채무노비에 관한 것이며 노비 문제가 경제적인 문제임을 강하게 시사해준다.[34]

1) 노비 노동생산성 하락과 관리비 증가

히브리 노비를 품꾼같이 대하고 6년이 지나면 자유롭게 해방시키며 나갈 때는 생활할 수 있도록 넉넉하게 주라는 노비 해방법은 우선 신분제를 파괴시키는 법으로 여겨질 수 있다. 의롭고 좋기는 하지만 참으로 이상적이고 노비를 파격적으로 인간적으로 대우하라는 비현실적인 '거룩한 말씀'으로 보일 수 있는 것이다. 그리고 노비 소유주가 모든 손해를 감수하고서 하나님의 뜻을 따르는 결단

---

32 J. G. McConville, *Deuteronomy* (Leicester, Apollos, 2002), 262; ZB, LB, NIV, REB 등의 번역도 재귀의 뜻으로 번역함.

33 G. C. Chirichigno, *Debt-slavery in Israel and the ancient Near East* (Sheffield: Sheffield Academic Press, 1993), 185.

34 J. Milgrom, *Leviticus 23-27* (New York: Doubleday, 2001), 2214.

을 해야만 일어날 수 있는 사건, 현실 세계에서는 거의 일어나기 힘든 사건이라 여겨질 수 있다.

그러나 노비 해방법을 따를 때 경제적인 측면에서 노비 소유주가 모든 것을 희생하고 손해 보는 행동은 아님을 발견할 수 있다. 노비 소유주가 노비를 활용하는 목적은 자신의 이득을 증대시키기 위한 것이다. 그런데 노비의 노동생산성이 낮거나 노비를 관리하는 비용이 증대된다면 노비주의 수익은 감소할 것이기 때문에 가능하면 노비의 노동생산성을 높이고 관리 비용을 절감하려 할 것이다.[35]

품꾼같이 대하라는 것은 인간적인 처우를 하라는 뜻도 있지만 노동생산성을 향상시키는 효과도 기대할 수 있는 것이다. 즉 노비로서 일하는 강제노동방식이 아니라 임노동자로서 일하는 보상방식을 택할 때 노비의 노동생산성은 향상될 수밖에 없기 때문이다. 이와 더불어 6년이라는 시한을 정하고 나갈 때는 '넉넉하게 주는 선물'(신 15:13-14)을 기대할 수 있기 때문에 주인에게 충성하게 되고 당연히 열심히 일하게 되니 노비의 노동생산성은 향상될 수밖에 없는 것이다. 함무라비 법에도 채무노비의 경우 3년 동안 일하면 4년째는 방면하도록 되어 있다.[36]

엄하게 부리지 말라(레 25:43)는 것은 노비의 관리비용을 절감할 수 있는 효과가 있다. 노비가 불만을 품고 태업이나 저항 혹은 도망을 가게 되면 노비주의 손실은 막대하게 된다. 또한 이를 방지하기 위해 24시간 감시하고 관리하려면 또 다른 비용이 들어가게 되고 자유롭게 노비를 활용하는 데도 지장을 주게 된다. 솔로몬 왕 시대에 시므이의 노비가 블레셋 가드 왕 아기스에게 도망친 적이 있

---

35 Zipporah G. Glass, 윗글(2000), 27-28.

36 Hammurabi Codex, 117.

었다. 이 때 시므이는 직접 예루살렘에서 가드까지 가서 두 노비를 데려왔다(왕상 2:39-40). 이 때 누군가가 도망친 노비의 행방을 알려주었기 때문에 다시 데려올 수 있었다. 이러한 노비 추쇄 과정에는 상당히 많은 비용과 노력이 들 수밖에 없다. 만일 품꾼같이 대한다면 그리고 노비가 자유와 보상에 대한 기대감을 가지고 충실히 일한다면 이러한 관리비용을 절감할 수 있기 때문에 노비주에게 이득이 되는 것이다. 더구나 대농장을 경영하는 노비주가 도시에 떨어져 거주하면서 원격으로 농장을 경영하려할 때 노비의 자발적인 노동은 노비주에게 있어서 큰 이득을 주게 되고 덤으로 심리적인 안정감과 윤리적인 떳떳함도 얻게 되는 것이다.

그리고 노비 해방법은 외국노비에게는 해당되지 않았다. 따라서 신분제 유지에 필요한 최소한의 노비는 외국노비로 충당할 수 있었기 때문에 세력가들에게는 큰 지장을 주지 않았다.

2) 유통과 시장 기능의 활성화

만일 이스라엘과 유다에서 유통이 활발하고 시장 기능이 활성화되어 있었다면 노비가격은 실시간으로 반영되었을 것이고 임노동시장도 형성되어 손쉽고 빠르게 노비 활용에서 임노동자 활용으로 넘어갈 수 있게 되었을 것이다. 따라서 노비 해방법의 역사적 상황 가운데 당시의 유통 상황을 점검해 볼 필요가 있다.

이스라엘과 유다가 참여하는 주전 9-8세기의 국제무역은 해상무역의 강자인 페니키아를 중심으로 광역의 복합시장경제(complex market economy)를 구축하였다. 이러한 국제교역적인 네트워크는 앗수르 제국의 국제교역 망과도 연결되어 있으며 블레셋과 이스라엘과 유다가 적극적으로 참여하는 교역 망이었다. 유다의 곡물은 앗수르까지 수출되었는데 앗수르 시장에서 유다의 단위로 곡물

거래가 이루어지고 있었다는 사실에서 그 증거를 발견할 수 있다.[37] 이스라엘과 유다는 두로와도 무역을 하였지만 아스겔론을 비롯한 블레셋의 무역항을 적극 활용하여 국제무역에 동참하였다. 주전 7세기에는 유다와 블레셋이 하나의 광역 경제권을 형성할 만큼 국제무역에 능동적으로 참여하였다.[38]

국제무역의 활성화로 이스라엘과 유다에서는 포도주와 올리브와 밀을 수출하였고 사치품과 군사물품을 수입하였다. 이러한 무역을 통해 왕실과 세력가들은 큰 이익을 얻을 수 있었지만 농민들에게는 별 다른 혜택이 돌아가지 않았다.[39]

국제무역의 발달과 더불어 이스라엘과 유다에도 상거래가 활발했는데 이것은 유다의 가정집에서 저울추가 많이 발견된 것으로 보아도 알 수 있다.[40] 상거래의 활성화는 노비시장과 임노동시장의 활성화로 이어졌다. 국제적인 노비매매에 관한 것이지만 아모스는 노비매매에 대해 강하게 질타하였다. 에돔으로 노비를 팔아넘긴 가사의 행위에 대해 책망한 것이다(암 1:6).[41] 그리고 에돔으로 노비를 팔아넘긴 두로도 책망하였다. 그런데 두로의 경우 "형제의 계약을 기억하지 아니하고 모든 사로잡은 자를 에돔에 넘겼음이라"(암 1:9)고

—

37 *ADD* 148, quoted in M. Elat, "The Monarchy and the Development of Trade in Ancient Israel," in Edward Lipinski ed. *State and Temple Economy in the Ancient Near East*, (Louvain: Departement Oriëntalistiek, 1979), 538.

38 정중호, "주전 7세기 블레셋과 유다의 광역 경제권," 「구약논단」 41집(2011), 180–200.

39 M. Elat, "Trade and Commerce," in *The Age of the Monarchies: Culture and Society*, ed. by B. Mazar (Jerusalem: Massada Press, 1979), 183–185.

40 Hayah Katz. "Commercial Activity in kingdoms of Judah and Israel," *Tel Aviv* vol. 31, no. 2 (2004), 268–277.

41 에돔에는 구리광산이 있었으며, 에돔을 중개지로 하여 아프리카와 아라비아 방면으로 노비를 매매하기도 하였기 때문에 노비 수요가 많았다. Shalom M. Paul, *Amos: a commentary on the book of Amos* (Minneapolis, Fortress Press, 1991), 57.

표현한 것을 보아 이스라엘과 유다의 포로를 에돔에 팔아넘긴 것을 질타한 것으로 보인다.

그리고 노비매매가 일상적으로 이루어졌다는 것은 전도서의 기록을 보아도 알 수 있다; "남녀 노비들을 사기도 하였고 나를 위하여 집에서 종들을 낳기도 하였으며..."(전 2:7). 특히 노비가 일상적으로 매매되고 있다는 것은 노비 해방법에도 포함되어 있다. 레위기 25장 42-51절의 노비 해방법과 노비 속량에 관한 본문에서 노비를 '팔다'와 '사다'라는 용어가 7회나 반복해서 나타나고 있는 것을 보아 노비매매는 일상화되어 있음을 알 수 있다.

국제무역이 활성화되어 있고 일반적인 상거래가 활발한 이스라엘과 유다에서 노비매매도 활성화 되어 있음을 발견할 수 있다. 따라서 노비의 가격은 시장에서 실시간으로 결정되며 필요하다면 빠르게 노비를 매도하거나 해방시키고 대신 임노동자를 고용할 수 있는 시장 기능이 작동하고 있었음을 알 수 있다. 조선 후기에 시장기능이 활성화 되었을 때 시장에 반영된 노비 가격의 하락으로 노비의 수는 감소하고 빠르게 임노동자를 활용한 방향으로 전환된 사례처럼 이스라엘과 유다에도 유사한 상황이 일어났을 가능성이 있다.

3) 풍부한 임노동자

저렴한 임금의 임노동자가 많이 나타날 경우 지주는 노비보다 임노동자를 선호하게 된다. 구약에는 임노동자인 '품꾼'의 경우가 많이 나타난다(출 12:45; 레 19:13; 22:10; 25:6, 40; 신 15:18; 24:14; 욥 7:1, 2; 14:6; 사 16:14; 19:10; 21:16; 말 3:5). 특히 품꾼의 품삯에 대해서 자주 나타나며 약속한 때에 품삯을 주지 않은 행위에 대해서 경고하고 질타하기도 한다;

> 너는 네 이웃을 억압하지 말며 착취하지 말며 품꾼의 삯을 아침까지 밤새도록 네게 두지 말라(레 19:13).
>
> 내가 심판하러 너희에게 임할 것이라 점치는 자에게와 간음하는 자에게와 거짓 맹세하는 자에게와 품꾼의 삯에 대하여 억울하게 하며 과부와 고아를 압제하며 나그네를 억울하게 하며 나를 경외하지 아니하는 자들에게 속히 증언하리라(말 3:5).

팔레스틴에 임노동자가 많이 나타나는 것은 우선 이주자가 많기 때문이다. 지정학적인 위치상 국제적인 교통요충지이기 때문에 동서남북 사방에서 들어오는 이주자가 많았다. 그리고 강대국 사이에 일어나는 전쟁의 격전지이기 때문에, 또한 강대국과 연결된 쿠데타가 많은 지역이기에 전쟁 피난민이 많았다. 이주자와 피난민인 경우 토지가 없기 때문에 거의 대부분이 임노동자로 활동했다고 볼 수 있다.

특히 북이스라엘 왕국이 멸망할 시기인 주전 8세기 후반에 대규모로 예루살렘과 유다로 피난 온 피난민들은 임노동자로 생계를 꾸려갈 수밖에 없었다(사 4:2; 10:20; 33:1-24).[42] 그리고 이들이 값싼 임노동자 시장을 형성하고 있었기에 대농장 지주들이 노비보다 임노동자를 선호하게 되었던 것이다.

예를 들어 올리브 농사를 지을 때 일 년 내내 노동력이 필요한 것이 아니다. 올리브 나무를 재배하고 수확하는 것은 일 년 중 몇 달에 불과하다. 따라서 특화된 작물인 올리브만 재배하는 대농장의 경우 계절적으로 노동자를 고용하는 것이 노비를 일 년 내내 소유

---

42 J. H. Hayes and S. A. Irvine, Isaiah: *The Eighth-Century Prophet: His Times and His Preaching* (Nashville: Abingdon Press, 1987), 201.

하여 유지비용을 지출하는 것보다 비용을 절감할 수 있기 때문에 노비보다 임노동자를 선호하게 되는 것이다. 이러한 경우 노비 수요가 줄어드니 시장에서 매매되는 노비의 가격은 하락할 수밖에 없고 노비의 숫자는 격감하게 될 것이다. 노비 소유자는 노비를 헐값이라도 매도하는 것이 유리하다고 여기게 될 것이며, 매도가 불가능하다면 노비를 조건 없이 해방시키려 할 것이다.

계절적 임노동자 고용은 이스라엘에만 나타나는 것이 아니다. 이스라엘과 유다 사람들이

외국에 가서 임노동자로 일하는 사례도 있다. 유다 노동자들이 에돔에 건너가 포도원에서 일하는 경우도 있었다(사 63:1-6).

일일 노동자 혹은 계절적 노동자의 상황이 잘 나타나는 경우는 이사야에서도 찾아 볼 수 있다. 이사야 33장은 주전 725년경 사마리아의 멸망을 피해 예루살렘으로 몰려 든 피난민들의 기도와 피난민들을 향한 예언으로 구성되어 있다.[43] 이러한 역사적 배경을 알 수 있는 단서는 14절과 16절에서 발견할 수 있다. 14절의 "누가 야웨와 함께 거하겠느냐" 라는 이스라엘 피난민의 질문 가운데 '거하다' 라고 번역된 구르(גור)가 두 번이나 나타나는 데 그 뜻은 "이주자(나그네)로 살다"이다. 따라서 이 대화는 이주자와 예언자의 대화인 것을 알 수 있는데 33장 전체의 역사적 상황과 연결해서 알 수 있는 것은 이 이주자들은 사마리아의 멸망을 피해 피난온 피난민임을 알 수 있다. 특히 16절에는 '피난처'라는 단어가 나타나며 피난민들이 절실히 필요로 하는 것이 제공될 것이라는 예언이 선포되고 있다.

---

43 J. H. Hayes and S. A. Irvine, *Isaiah: The Eighth-Century Prophet: His Times and His Preaching*, 361-362; 정중호, 「이사야 24-39」(프리칭아카데미, 2010), 180.

14b 우리 중 누가 삼키는 불과 함께 거하겠으며
우리 중 누가 영영히 타는 불과 함께 거하겠는가?
15 의롭게 걸어 가는 자요, 정직하게 말하는 자요,
착취하여 얻는 것을 거부하는 자요
그의 손을 흔들어 뇌물을 받지 아니하는 자요,
피흘림을 듣지 않으려 그의 귀를 막는 자요,
눈을 감아 악을 보지 않으려는 자로다.
16 그는 높은 곳에 거하리니,
절벽의 요새가 그의 피난처가 될 것이요,
그의 양식이 공급되고, 그의 마실 것이 보장되리라.
(사 33:14b-16)

14b절의 "삼키는 불"은 야웨를 가리키는 것이며(사 9:19; 10:16-17; 30:33; 31:9) "영영히 타는 불"은 제단의 불이 계속 타고 있는 것을 가리키는 것인데 야웨의 임재를 상징한다. 마치 순례자들이 예루살렘 성문에 들어설 때 묻고 화답하는 예배의식적 대화와 같이(시 24:3-5) 사마리아에서 온 피난민들이 예언자와 대화하는 모습이 나타난다.

피난민들은 예루살렘에 안전하게 도착했지만 토지가 없기 때문에 당장 끼니를 걱정해야 하는 일일노동자의 신세가 되고 말았다. 16절에는 거주지가 마련되며 안전이 보장되고 굶주리지 않고 살 수 있는 먹을 양식과 마실 물이 제공될 것이라는 예언이 나타난다. 그리고 임노동자로서의 애환을 잘 표현해 주는 장면이 24절에 나타난다.

거주자는 "내가 병들었다" 말하지 않을 것이다. (24a절)

피난민들은 임노동자로서의 어려움을 극복하리라는 강한 의지를 표명하고 있다. "내가 병들었다"라고 말하지 않겠다고 했다. 이 말은 병들었다는 말도 된다. 비록 배고프고 병이 들었지만 그럼에도 불구하고 병들었다는 말은 하지 않겠다는 것이다. 어떤 경우일까? 마치 오늘날 새벽 인력시장에 나온 노동자의 각오와도 같다. 일일 노동자를 선발하기 위해 새벽 인력시장에 온 사업주는 어떤 노동자를 택할까? 얼굴에 병색이 완연하고 힘없이 쭈그리고 앉아있는 사람보다 건강하게 보이고 힘있게 보이는 사람을 선발해서 데려갈 것이다. 마찬가지로 24절은 비록 고통스럽지만 건강하게 보여 오늘의 임금을 벌어야겠다는 각오를 다지는 피난민의 목소리인 것이다.

이사야에는 또 다른 피난민(이주자)들이 나타나는데 '이스라엘의 피난민'이라 명시되어 있다(사 4:2). 당시 북왕국 이스라엘에는 쿠데타의 연속으로 많은 피난민들이 발생하였다. 사마리아에는 예후 왕조에 반기를 든 살룸이 쿠데타를 성공시켰으나 곧 이어 므나헴이 반란을 일으켜(주전 745년경) 사마리아의 왕권을 장악하였다(왕하 15:8-16). 이 와중에 피난민들이 유다로 내려 온 것이다.

또 다른 피난민의 모습도 보이는데, 이사야 10장 20절의 '탈출자'는 주전 734년경 앗수르 왕 티글랏 빌레셀의 침공 때 유다 지역으로 탈출한 이스라엘의 피난민으로 짐작된다. 이 절에서 "야곱 집의 탈출자(피난민)"는 전쟁이 일어나기 전에 남쪽으로 피난 온 사람들을 가리킨다.[44] 앗수르가 이집트 길, 해안도로를 행군하며 유다 지역을 강타할 것이라는 예언이 나타나는 것을 보아(24절) 이사야 10장은 이러한 앗수르 왕 티글랏 빌레셀의 신속한 행군이 일어나기 직전인 주전 734년 경에 예언한 것으로 보인다. 이처럼 이주자와 피

---

44 J. H. Hayes and S. A. Irvine, *Isaiah: The Eighth-Century Prophet: His Times and His Preaching*, 201

난민들이 대거 몰려올 때 값싼 임금의 임노동자가 넘쳐나면서 대지주는 임노동자를 고용하게 된다.

주전 701년 앗수르 왕 산헤립이 침공하였다가 퇴각한 후 예루살렘의 주민은 감소하였는데 이것은 전쟁을 피해 예루살렘에 몰려들었다가 전쟁이 끝난 후 다시 지방으로 돌아갔기 때문이다. 그러나 사마리아에서 온 피난민들은 자신들의 집으로 돌아갈 수 없었고 임노동자를 고용하는 대농장에, 즉 예루살렘 인근이나 유다 지방의 대농장으로 이동했을 가능성이 있다.

이스라엘과 유다에서 임노동자들 중 다수는 적은 면적의 토지를 소유한 가난한 농부이거나 토지가 없는 가난한 사람들, 그리고 빚에 시달리는 채무자들이었다. 특히 주전 9-8세기에는 이러한 사람들이 다수 임노동 시장에 나타났다.

주전 9세기부터 이스라엘 왕 여로보암 2세와 유다 왕 웃시야는 중앙집권적 군주체제를 강화하면서 명령경제(command economy) 체제를 구축하였다.[45] 이러한 권력의 집중화는 세력가들의 독무대를 마련하였고 세력가들의 이익을 위해 농촌은 집약농업(agricultural intensification)으로 전환하게 되었다. 세력가들은 국제무역에서 교환할 수 있는 고부가가치의 상품을 농민들이 생산하도록 유도하였다. 즉 지역적으로 특정한 작물을 집중적으로 재배하도록 배치하였다. 이러한 현상은 웃시야 왕의 농업 정책에서도 찾아볼 수 있다.

> 그는 스텝지역에 망대를 건설하고 많은 저수지를 만들었는데, 이는 그가 대규모의 가축들을 가지고 있기 때문이다. 또 쉐펠라 지역과 평야지역에는 농부들을 (두었다). 그리고

---

45 Marvin L. Chaney, 우택주 외 역, 「농경사회 시각으로 바라본 성서 이스라엘 - 구약성서의 종교와 사회의 역사, 문학, 해석」 (한들출판사, 2007), 180.

산간 지대와 갈멜에는 포도원과 과수원 일꾼들을 배치하였다. (대하 26:10)

웃시야 왕은 초원지역에는 목축, 쉐펠라와 평야지역에는 밀을 중심으로 하는 곡물, 산간지대에는 포도와 과일나무를 재배하도록 지역특화 작물재배 정책을 시행하였던 것이다.[46] 그런데 이러한 지역적 특화 농업정책이 농민들의 파산 위험을 증가시켰다.

팔레스틴 지역은 전쟁이 자주 일어나고 가뭄, 역병, 충해 등으로 추수할 것이 없는 경우가 빈번하게 일어나는 지역이었다. 따라서 농민들은 위험분산(risk spreading)을 위해 목축과 곡물재배와 과수재배를 통합적으로 경영하여 왔다.[47] 그리고 곡물재배도 다양한 작물을 심어 흉작에 대비하였다. 그러나 명령경제에 의해서 특정 작물만 재배하면 자연재해가 닥칠 때 농민들은 대처할 힘이 없다.

홉킨스(David C. Hopkins)는 명령경제의 폐해를 다음과 같이 지적하였다;

특정 작물의 수확을 체계적으로 증가시키면 단기간에 생산성과 효율성은 증가하지만, 이는 자연재해에 대한 저항력을 감소시켰다. 이전에 상대적으로 자급자족하던 농촌의 촌락은 점차적으로 중앙의 세력들과 그들이 운영하는 교환 네트워크에 의존하게 되었다.[48]

---

46 Anson F. Rainey, "Wine from the Royal Vineyards," *BASOR* CCXLV (1982), 58–59.

47 이러한 경제를 subsistence economy로 부른다. Bernhard Lang, "The social organization of peasant poverty in biblical israel," *JSOT* 24 (1982), 49.

48 David C. Hopkins, "The Dynamics of Agriculture in Monarchical Israel," in *Society of Biblical Literature 1983 Seminar Papers*, ed. Kent Harold Richards (Chico, CA: Scholars Press, 1983), 197.

또한 주전 8세기 이스라엘에서 농민층이 파산하고 채무노비로 전락하는 근본적인 요인은 농민이 토지와 유리되는 현상, 즉 토지를 팔 수 밖에 없고 토지를 빼앗기는 상황이 일어났기 때문이다. 토지가 농민에서 유리되는 것은 세습 가능한 토지(patrimonial domain)였는데 군주가 토지를 징발하거나 점령해서 신하에게 봉록(俸綠)적 토지(prebendal domain)를 수여했기 때문이다. 그리고 토지를 담보로 고리로 돈을 빌려주고 갚지 않았을 때 토지를 압류했기 때문이다. 혹은 흉년으로 기근이 일어날 때 헐값으로 토지를 매입하는 경우이다. 또 다른 방법은 세력가가 권력을 이용하여 토지를 징발하거나 부패한 사법권을 사용하여 강제로 토지를 빼앗았기 때문이다. 이러한 과정을 거쳐 토지는 세력가들의 수중에 집중되었고 대토지화(latifundialization), 대농장으로 변모하게 되었다.[49] 이러한 현상은 주전 8세기에 뚜렷하게 일어나고 있었다.

> 밭들을 탐하여 빼앗고 집들을 탐하여 차지하니 그들이 남자와 그의 집과 사람과 그의 산업을 강탈하도다. (미 2:2)
>
> 가옥에 가옥을 이으며 전토에 전토를 더하여 빈틈이 없도록 하고 이 땅 가운데에서 홀로 거주하려 하는 자들은 화 있을진저. (사 5:8)

지주가 토지를 매집하려 할 때 가장 손쉬운 방법은 토지를 담보로 고리로 돈을 빌려주고 갚지 않았을 때 토지를 압류하는 방법이다. 혹은 흉년으로 기근이 일어날 때 헐값으로 토지를 매입하는 경우이다. 또 다른 방법은 세력가가 권력을 이용하여 토지를 징발하

---

49 R. Coote, 우택주 역, 「아모스서의 형성과 신학」 (대한기독교서회, 2004), 52-54.

거나 부패한 사법권을 사용하여 강제로 토지를 빼앗는 경우이다.

대토지를 소유하고 시장경제와 국제무역에 민감한 세력가들은 임대 자본주의(rent capitalism) 방식으로 농장을 운영하였다.[50] 이들은 도심 지역에 거주하면서 권력을 갖고 싶어 하였고 농민들을 활용해서 최대한 많은 수입을 얻고자 하였다. 임대 자본주의 시스템 속에서는 토지 소유권과 노동력은 분리되며, 농업 생산을 위한 요인들은 각기 분리되어 임대료를 지불해야 한다.[51] 따라서 농민들은 과중한 임대료를 지불하면서도 지주들의 처분에 맡길 뿐이었다.

토지가 없는 농민과 토지가 있어도 특정작물만 재배해야 하고 위험회피 방안을 갖추지 못한 농민들은 흉년이 발생하거나 전쟁이 일어날 때 유일한 대책이라는 것이 빚을 내는 채무자가 되는 길이다. 그런데 빚은 높은 이자를 부과하기 때문에 빚을 모두 상환하기란 거의 불가능한 상태로 추락하게 된다. 채무를 갚지 못하면 노비가 되기도 하고 임노동자가 되기도 하였다. 이처럼 주전 9-8세기부터 이스라엘과 유다는 이주자, 피난민, 채무자 등이 임노동자로 활동하면서 노동시장에는 풍부한 임노동자가 출현하게 되었고 노비를 소유한 대지주들은 관리비용이 들지 않고 짧은 기간에 적은 임금을 주면서도 활용할 수 있는 임노동자를 선호하게 된 것이다.

---

50 D. N. Premnath, "Latifundialization and Isaiah 5.8–10," *JSOT* 40 (1988), 51.

51 Bernhard Lang, *Monotheism and the prophetic minority* (Sheffiel: The Almond Press, 1983), 108, 118–119.

4. 결론

노비 해방법(출 21:2-11; 신 15:12-18; 레 25:39-46)은 파격적인 면이 있고, 노비 해방을 실제로 실시해서 실패한 경우(렘 34:8-16)가 있었기에 그 실행 가능성에 대해 의문을 제기하는 경우가 많았다. 그런데 흥미로운 것은 조선 후기에 노비 수가 격감하면서 많은 노비들이 자유를 찾은 사례가 있었다.

따라서 본 연구의 목적을 조선 후기에 나타난 노비 격감 현상을 분석하여 그 원인을 밝히고 이와 연결하여 구약의 노비 해방법이 당시 경제적인 상황 속에서 실천 가능한 법이었음을 밝히는데 두었다.

우선 조선 후기에 노비 수가 급격히 감소한 원인을 분석한 결과, (1) 노비의 노동생산성 저하와 노비 관리비용 증가로 인해 노비 소유주의 한계편익의 감소, (2) 유통과 시장기능의 활성화로 인해 시장 최적화를 추구하는 과정에서 노비들이 임노동자로 대체된 것, (3) 농민들이 빈농화 되고 유민화 되어 저렴한 임금의 임노동자의 수가 풍부해진 점 등의 원인이 있었음을 알게 되었다.

그다음 이러한 결과를 구약의 노비 해방법과 당시 이스라엘과 유다 상황에 적용해 보았다. 그 결과, (1) 노비 해방법에 히브리 노비들을 품꾼같이 대하고 7년째 자유를 줄 때 넉넉한 선물을 준다는 사실이 노비의 노동생산성을 높이고 노비 관리비용을 감소시켜 노비 소유주의 한계편익을 증대시킬 수 있는 조치였음을 알게 되었고, (2) 당시 페니키아의 해상무역과 앗수르 국제 무역망과 연계된 이스라엘과 유다의 유통과 시장기능이 활성화 되어 있어서 노비 가격이 실시간 시장에 반영되고 임노동자 시장도 활성화 되어 있었다는 점을 발견할 수 있었다. 그리고 (3) 지정학적인 위치와 자연재해 및 잦은 쿠데타로 인해 이주자와 피난민들의 수가 증가하였고, 명령경제 하에서 위험회피 수단의 부족과 세력가들의 착취로 인해 농민들이 빈농화 되고 유민화 되어 임노동자들의 수가 풍부했다는 점을 알 수 있었다.

따라서 구약의 노비 해방법은 단순히 이상적인 목표를 제시한 것이 아니라 당시 경제 상황 속에서 노비 소유주인 세력가들이 자신들의 이익을 증대시키려는 차원에서도 실시할 가능성이 있다는 것으로 결론을 내린다.

본 연구 결과는 성경 내용이 이상적인 목표를 제시할 뿐 만 아니라 실제 실행 가능하고 실천할 수 있는 내용이라는 점을 밝히는 일에 도움을 줄 수 있을 것이다.

그리고 비록 시대적인 차이가 있고 이스라엘과 유다와 조선이라는 차이가 있지만 유사한 경제적 상황임을 발견하고 시도한 본 연구에서 유의미한 결론을 도출할 수 있어서 이러한 지역간 연구에 용기를 얻을 수 있었다. 한국인으로서 그리고 한국인의 상황 속에서 성경을 이해하려는 노력이 일천한 현실 속에서 이러한 비교 연구가 하나의 촉진제 역할을 할 수 있기를 기대한다.

CHAPTER 03

제3장

노비해방과 왕권강화

시드기야 왕과 고려시대 광종의 노비 해방

제 3 장

•노비해방과 왕권강화
– 시드기야 왕과 고려시대 광종의 노비 해방

1. 서론

노비 해방법은 계약법전(출 21:2-11), 신명기법전(신 15:12-18), 성결법전(레 25:39-55) 등에 나타나지만 실제로 노비가 해방된 모습을 성경에서 찾기는 쉽지 않다. 유일하게 노비를 해방시킨 사건으로 들 수 있는 것이 유다 왕 시드기야가 주도한 해방 사건이라 할 수 있는데 문제는 노비주인들이 해방시킨 노비들을 다시 불러들여 노비로 만들어버렸다는 것이다. 따라서 실패한 사건으로 간주될 수도 있다. 그러나 일단은 노비를 해방시켰기 때문에 하나의 사례로서 고찰할 필요가 있다.

고대 한국에도 노비가 해방된 사건이 있었다. 고려의 광종이 노비안검법(奴婢按檢法)을 시행하여 노비를 해방시켰는데 주로 전쟁에서 포로로 얻은 노비들과, 채무노비를 해방시키도록 지시하였다. 그런데 수십 년이 지난 후 고려 성종 때 노비환천법(奴婢還賤法)을 만들어 해방시킨 노비들 일부를 다시 노비로 만드는 일이 일어났다.

본 연구의 목적은 고려 광종의 노비 해방 사건을 참조하여 유다의 시드기야 왕이 노비를 해방시킨 동기와 목적이 무엇인지 밝히려는 것이다. 동시에 시드기야 왕이 노비를 해방시킬 때 어떠한 명분과 근거를 강조하면서 노비를 해방시켰는지에 대해서도 연구할 것이다.

고대 역사를 살펴보면 노비는 범죄자를 처벌하는 형벌의 한 형태로 시작되었고, 전쟁 포로를 노비로 사용하였다. 그리고 후대에는 빚을 갚지 못하여 노비가 된 채무노비들이 증가하였다.

그런데 노비를 소유하려는 이유가 무엇인가? 1) 경제적 이득의 이유. 즉 노동력을 활용할 수 있는 것이 첫 번째 이유가 될 것이다. 2) 신분제 유지의 이유. 즉 몸종이나 하인 등 솔거노비로서 신분제를 유지하는 사치노비로 활용하기 위해서였다. 3) 군사력 활용의 이유. 시대에 따라 아주 중요하게 활용되는 범주가 있는데 그것은 유사시 노비를 군사력으로 활용할 수 있기 때문이다.

노비는 임노동자와 달리 관리 비용이 들어간다. 따라서 노비의 관리비용이 노비생산성보다 증가하면 경제적인 면을 고려할 때 노비주는 노비를 싼 값이라도 팔아버리거나 혹은 방면하게 될 것이다.[52] 그러나 신분제 유지나 군사적 사용을 목적으로 한다면 비록 관리비용이 증가하더라도 노비를 유지하려 할 것이다.

이와 연관되어 또 다른 요인이 있다. 왕들은 국가의 이익과 사회통합을 위해 노비 정책을 실시하는데 노비 소유주들과는 그 이해가 상충될 수가 있다. 백성 가운데 노비 숫자가 증가하면 세금을 납부할 양민의 숫자가 줄어지게 되고 군사로 징집할 수 있는 인원이 줄

---

52 Zipporah G. Glass, "Land, slave labor and Law: Engaging ancient Israel's economy," *JSOT* 91 (2000), 27–39.

어들게 된다. 따라서 왕은 양민이 노비가 되는 현상을 지켜볼 수는 없고 다양한 정책을 통해 노비의 숫자를 줄이려고 노력하게 되는 것이다. 그리고 사회통합을 위해서도 왕은 노비의 숫자가 늘어나는 것을 방치할 수는 없다. 특히 노비주들이 많은 노비를 군사적으로 활용할 수 있다고 판단할 때는 반란을 예방하기 위해서라도 왕은 과감한 조치를 통해 노비수를 줄이는 조치를 단행하게 된다. 따라서 본 연구에서는 왕권강화와 사회통합이라는 요인을 중심으로 노비 해방법을 연구하게 될 것이다.

2. 노비 해방

1) 시드기야 왕의 노비 해방

히브리 노비를 해방시킨 사례는 예레미야 34장 8-22절에서 찾아 볼 수 있다. 본문의 구조를 보면, 8-11절에는 사건 개요가 나타나고 12-22절은 야웨의 말씀으로 구성되어 있다. 야웨의 말씀의 핵심은 하나님 앞에서 계약을 맺고 노비를 해방시켰는데 다시 그들을 노비로 삼은 행위로 인해 예루살렘이 멸망하리라는 것이다.

8-11절에 기록된 사건 개요를 살펴보면 다음과 같다. 바벨론 군대가 예루살렘을 포위하였을 때 시드기야 왕은 노비를 소유한 고위 지도층과 세력가들과 하나님 앞에서 계약을 맺고 히브리 노비를 해방시키기로 하였다. 그러나 포위 속에 노비 해방을 약속하고 노비 주인들이 노비들을 풀어주었지만, 포위하고 있었던 바벨론 군대가 이집트에서 원군이 온다는 소식을 듣고 잠시 포위를 푼 사이 노비

주인들이 해방시킨 노비들을 다시 데려와 노비로 삼았다.

한 가지 명확하게 정의할 부분이 있다. 시드기야 왕이 누구와 계약을 맺었는가 하는 것이다. 8절에는 '예루살렘에 있는 모든 백성,' 10절에는 '고관들과 모든 백성,' 19절에는 '유다 고관들과 예루살렘 고관들과 내시들과 제사장들과 이 땅 모든 백성과' 시드기야 왕이 계약을 맺었다고 되어 있다. 19절에는 보다 더 구체적으로 계약 상대자가 나열되어 있지만 이 계약이 예루살렘 뿐 만 아니라 유다 전역에 걸친 노비소유자들과의 계약이라는 점을 강조하기 위해 후대에 첨가하고 수정한 부분이 있기에 주의를 요한다. 특히 '땅의 백성'은 당시 땅을 소유한 지주들이었고 왕을 옹립할 정도로 상당한 정치적 영향력을 행사하고 있었던 지방 유지들이었다. 따라서 19절의 '유다 고관'과 '땅 모든 백성'이라는 계약 상대자는 후대에 첨가된 것으로 보인다. 그러나 유다의 지도자들 중 일부가 예루살렘에 피난 와 있었을 수도 있다는 점은 감안해야 할 것이다. 그리고 19절의 '내시'와 '제사장'은 노비 소유주일 가능성이 있다. 따라서 이러한 점들을 고려한다면 시드기야 왕과 계약을 맺은 상대방은 노비 주인들이며 이들은 예루살렘에 있었던 고위 관료와 종교 지도자들과 세력가들이었다고 볼 수 있다. 그리고 '하나님 앞에서'(8절) 즉 성전에서 계약을 맺었을 때 일반 백성들도 참여했을 가능성이 있다.

이 계약에 따라 해방된 노비는 '히브리 남녀 노비'였다(9절).[53] 따라서 외국인 노비는 해방되지 않았다. 그리고 이 때 해방된 노비는 '히브리 남녀 노비'임과 동시에 채무노비였다. 「개역개정」에 임마케르(יִמָּכֵר)가 '팔렸거든'으로 번역되어 있기 때문에(렘 34:14) 매매노비로 오해하기 쉬운데, 이 단어는 니팔 미완료형으로 재귀의 뜻이 있

---

53 17절에는 '형제와 이웃'으로 표현하고 있지만 이러한 표현은 노비의 범위를 확대하려는 후대의 수정 부분으로 볼 수 있다.

어 '스스로 팔았거든'으로 번역할 수 있다.[54] 즉 빚을 갚지 못해 노비가 된 채무노비를 가리킨다.[55]

또한 이 계약은 '하나님 앞에서'(렘 34:8), 즉 성전에서 맺은 계약이었다. 15절에도 '내 이름으로 일컬음을 받는 집에서 내 앞에서' 계약을 맺었다는 사실을 강하게 강조하고 있다. 이러한 계약은 하나님의 이름으로 계약을 맺은 것이기에 계약을 파기할 때는 하나님의 이름을 더럽히게 되는 것이다(렘 34:16).

그런데 어떻게 해방된 노비들을 그렇게 쉽게 주인들이 다시 노비로 만들 수 있었는가? 16절을 보면 노비를 추적하여 체포했다거나 강압적으로 붙잡아 왔다는 용어가 나타나지 않는다. 「개역개정」에 '끌어다가'로 번역되어있지만 이 단어는 슈브(שׁוב)의 히필형으로 '돌아오게하다'라는 의미일 뿐 '체포'의 뜻을 나타내는 것은 아니다. 해방된 노비는 대부분 채무노비였다. 다시 말하면 생활비가 부족하여 빚을 얻었는데 갚지 못한 사람들이었다. 따라서 노비로서는 해방이 되었지만 생활대책이 없는 경우가 대부분이었을 것이다. 특히 전쟁 상황인지라 양식이 부족해서 노비에서 해방이 되고 주인 집에서 나와야 할 경우 굶을 수 밖에 없는 상황일 수도 있었다. 그리고 이러한 사람들은 노비로서 해방이 될 경우 토지가 없으니 임노동자로 살아갈 수 밖에 없다. 임노동을 할 수 있는 곳은 도시가 적합하고 대농장이 적합하다. 그런데 당시는 전쟁 상황이라 모두들 예루살렘 성으로 피난하는 상황이니 해방이 된 노비들도 대부분 예루살렘 성 안에 있었을 것이라 짐작된다. 따라서 손쉽게 해방된 노비들을 다시

---

54 J. G. McConville, *Deuteronomy* (Leicester, Apollos, 2002), 262; ZB, LB, NIV, REB 등의 번역도 재귀의 뜻으로 번역함.

55 G. C. Chirichigno, *Debt-slavery in Israel and the ancient Near East* (Sheffield: Sheffield Academic Press, 1993), 185.

데려 올 수가 있었을 것이다.

이 사건에서 주목할 것은 왕이 주도적으로 노비 해방에 선두에 서서 실시하였다는 사실이다. 그리고 노비를 소유한 세력가들은 마지못해 계약에 응했지만 사태가 조금만 달라져도 계약을 깨뜨리고 노비를 다시 복귀시켰다는 점이다. 즉 왕은 노비해방을 하려고 하고 노비 소유자인 세력가들은 노비해방을 거부하려는 모습을 극명하게 보여준 사건이라 할 수 있다.

시드기야 왕의 노비 해방 사건에 있어서 핵심적인 쟁점은 계약법전(출 21:2-11), 신명기법전(신 15:12-18), 성결법전(레 25:39-55) 등의 노비 해방법과 어떤 연관성이 있는가 하는 것이다. 우선 발견할 수 있는 것은 시드기야 왕이 안식년, 면제년, 희년 등의 용어를 전혀 사용하지 않았다는 사실이다. 그리고 과거에 있었던 노비 해방법에 의해 하나님의 명령을 준행했다면 굳이 새로운 계약을 맺을 필요가 없었는데, 시드기야 왕은 완전히 새로운 계약을 맺는 모습을 보였다. 따라서 이러한 면을 볼 때 시드기야 왕의 노비해방과 법전에 나타나는 노비 해방법이 과연 상관이 있는지 의문이 든다. 한편 시드기야 왕의 노비 해방 사건을 자세히 살펴보면 법전에 포함된 용어들과 구절들과 동일하거나 유사한 내용이 있음을 발견할 수 있다. 따라서 정밀하게 비교 분석할 필요가 있다.

계약법전의 경우 7년째 해에 '히브리 종'이 스스로 주인집에서 나갈 권리(יֵצֵא 예체)가 있음을 강조하고 있으나(출 21:2), 신명기 법전에는 7년째 해에 주인이 노비를 해방시킬 의무가(תְּשַׁלְּחֶנּוּ 테샬르헨누) 있음을 강조하였다(신 15:12). 그리고 신명기 법전에서는 면제년 때 전국적으로 일시에 노비를 석방할 것을 암시해 주고 있다(신 15:1; 31:10). 그리고 계약법전에는 고려하고 있지 않지만 신명기 법전에서는 노비를 해방시킬 때 경제적으로 넉넉하게 주어 보내도록 하였다. 즉 채무로 인해 또다시 노비 신세가 되지 않도록 경제적으로 지원해야 한다는 점을 강조한 것이다. 따라서 계약법전보다 신명기 법전이 종의 해방을 보다 더 확고하게 명령하고 있음을 알 수 있으며 해방된 노비의 경제적 면까지 보완한 법임을 알 수 있다.

계약법전의 경우 해방이 남종에게만 해당되고 있지만, 신명기 법전의 경우는 남녀 종 모두에게 행방령이 내려지고 있으며 남녀종에게 동일한 지위를 부여하고 있다; "네 동족 히브리 남자나 히브리 여자"(신 15:12). 따라서 신명기법전의 저자는 출애굽기에 나타나는 계약법전을 알고 있었고 노비 해방을 확고히 하고 채무노비가 되는 원인까지 제거하려는 의지를 담았다. 즉 신명기 법전은 계약법전의 노비 해방법을 새롭게 해석하였고 보다 더 발전시킨 것임을 알 수 있다.

그러면 성결법전에 나타나는 희년법(레 25:39-55)은 계약법전과 신명기 법전과는 어떤 연관성이 있는가? 신명기법전에는 종의 기간이 6년으로 한정되어 있지만 종이 자원할 경우 평생 종으로 살 수 있었다. 그러나 성결법전에는 49년으로 한정시키고 그 이상의 기간을 넘지 않도록 하였다. 그리고 성결법전에서는 '동족 이스라엘 자손'인 '형제'는 결코 종이 될 수 없다는 사실을 강조하고 있다. 그래서 오직 품꾼으로 대우해야 한다는 점을 반복해서 강조한 것이다(레 25:41-43, 46, 50-53). 그리고 성결법전은 해방을 시킬 때 자녀를 포함한 온 가족이 해방될 수 있도록 하였다(레 25:41). 또한 신명기법전에는 해방될 때의 경제적 지원을 강조하고 있지만 성결법전에는 종이 해방 될 때 토지도 함께 회복되어 기본적인 생계유지가 가능하도록 보장해 주고 있다. 그러나 신명기법전에는 토지에 대한 언급이 없어 근본적인 경제적 대책 마련이 충분하지 않음을 발견할 수 있다. 따라서 노비해방법에 있어서 성결법전은 신명기 법전보다 더 확고한 노비해방의 의지를 표명하고 있음을 알 수 있다. 다만 6년보다 훨씬 더 긴 기간인 49년을 기다려야 해방될 수 있다는 문제가 있다. 비록 그 긴 기간 동안 품꾼 대우를 해준다는 조건이 있어 감내할 수준이기는 하나 여전히 과도한 기간임에는 틀림이 없다.

그러면 시드기야 왕의 노비 해방사건은 어디에 위치시킬 수가 있을까?

시드기야 왕의 노비 해방 사건을 담은 예레미야 34장 8-22절과 신명기법전은 여러 면에서 동일하거나 유사한 표현을 사용하고 있음을 발견할 수 있다. 시드기야 왕의 경우 신명기법전과 동일하게 שַׁלַּח חָפְשִׁי(쉴라흐 호프쉬)라는 구절을 사용하여 '(노비를) 자유롭게 하다'라고 표현하고 있다(렘 34: 9, 10, 14, 16; 신 15:12, 13, 18). 그러나 계약법전은 '나가 자유할 것이다'라는 의미의 אֵצֵא חָפְשִׁי (예체 호프쉬)'라는 용어를 사용하고 있다(출 2 1:2, 5).

노비 해방 시기에 대해 예레미야 34장과 신명기 모두 '6년 동안 그가 너를 섬겼다(עֲבָדְךָ שֵׁשׁ שָׁנִים 아바드카 세시 샤님)'와 '칠년 끝에(מִקֵּץ שֶׁבַע שָׁנִים 미케츠 세바아 샤님)'로 표현하고 있다(렘 34:14; 신 34:12). 그리고 노비를 취득할 때 예레미야 34장과 신명기 법전 모두 יִמָּכֵר לְךָ (임마케르 르카)라고 표현하고 있다(렘 34:14; 신 15:12). 그러나 계약법전에는 קָנָה(카나)라는 용어를 사용하고 있다(출 21:2). 따라서 예레미야 34장은 계약법전보다 신명기 법전과 더 유사한 면이 있음을 발견할 수 있다.

그러나 차이점도 있다. 출애굽 때 맺은 계약, 즉 노비 해방법은 출애굽기(21:2-11), 신명기(15:12-18) 등에 나타나는데, 이 경우 노비마다 시작하는 때가 다르기 때문에 개별적으로 7년이 되었을 때 개별적으로 해방이 되는 것이다. 그런데 시드기야 왕은 바벨론 군대가 예루살렘을 포위했던 그 시점에 계약을 맺고 일괄적으로 히브리 노비를 해방시켰다.

그러면 시드기야 왕의 사건과 성결법전은 어떠한 관련이 있는가? 예레미야 34장의 경우 노비를 해방시킨다는 의미로 '해방' 혹은 '자유'라는 뜻을 나타내는 단어 דְּרוֹר (드로르)를 반복해서 사용하고 있다(렘 34:8, 15, 17-2회). 특히 하나님은 '드로르'라는 단어를 사용하여 심판을 선포하시는데, "너희가 나에게 순종하지 아니하고 각기 형제와 이웃에게 자유를 선포한 것을 실행하지 아니하였은즉, 내가 너희를 대적하여 칼과 전염병과 기근에게 자유를 주리라"(렘 34:17)고 하셨다. 그리고 '드로르'라는 용어는 성결법전에도 나타난다(레 25:10). 따라서 시드기야 왕의 사건과 성결법전과의 연관성을 연상할 수 있지만 이것으로는 충분하지 않다. 오히려 시드기야 왕이 성결법전을 따랐다고 보기 보다는 고대 근동의 왕이 선포한 미샤룸 칙령에 사용되었던 용어인 안두라룸(andurarum)을 차용한 것으로 볼 수가 있다.[56] 또한 '드로르' 는 이사야 61:1, 출애굽기 30:2, 그리고 안식년을 선포하는 에스겔 46:17 등 비교적 후대 문서에 나타난다.

오히려 시드기야 왕의 노비 해방과 성결법전과의 차이를 발견할 수 있다. 즉 해방된 노비의 경제적 대책에 관한 것이다. 성결법전에는 생활 대책을 세울 수 있는 토지에 대한 것이 있는데 시드기야 왕의 경우에는 전혀 언급이 없다. 더구나 일회적인 경제적 지원에 대한 언급도 없는 것으로 보아 신명기 법전의 내용을 전적으로 따랐다고 볼 수도 없다. 따라서 시드기야 왕은 신명기 법전을 알고 있었고 부분적으로 활용한 점이 있지만 성결법전과의 연관성은 약하다는 점을 발견할 수 있다.

시드기야 왕은 동족이며 채무노비인 히브리 노비를 해방시켜야 한다는 하나님의 법을 알고 있었고 노비주인들인 세력가들도 이러한 법을 알고 있었으리라 짐작된다. 왜냐하면 노비 해방의 계약을

---

56 N. P. Lemche, "The manumission of slaves – the fallow year – the sabbatical year – the jobel year," *VT* 26 (1976), 52.

맺을 때 '하나님 앞에서'(렘 34:8) 계약을 맺었기 때문이다. 따라서 적어도 계약법전의 내용을 알고 있었으리라 짐작할 수 있다. 그리고 히브리 남녀 노비를 해방시킨 점과 용어의 유사성으로 보아 시드기야는 신명기 법전을 알고 있었으리라 짐작된다. 그러나 신명기 법전을 온전히 준수하기보다 다른 요인과 결합하여 복합적인 동기에서 노비를 해방시켰을 가능성이 많다.

2) 광종의 노비 해방

고려에서는 광종이 노비 해방을 실제로 주도하여 실시하였다. 그런데 사실 노비 해방은 고려를 건국한 태조 왕건이 먼저 시도한 바 있었다. 고려를 건국한 태조 왕건은 극심한 경제적 빈곤으로 인해 노비가 된 사노비(私奴婢) 1,000여명을 속환시켰다. 사노비는 개인의 소유였기에 국가에서 대가를 지불하여 속환시켰다.[57] 즉 호족들이 소유한 채무노비를 국가에서 대가를 치르고 해방시킨 것이다. 고려 태조는 등극한 그 해(918년) 궁예의 폭정을 비판하고 가난한 백성을 구제한다는 의미에서 조서를 내려 사노비 1,000 여명을 속환시켰다.[58] 즉 호족들이 소유한 채무노비를 국가에서 대가를 치르고 해방시킨 것이다. 고려 태조는 등극한 그 해(918년) 다음과 같은 조서를 내렸다.

> "이전 임금(궁예)이 백성을 보기를 초개와 같이 하면서 오직 자기의 욕심만 채우려고 하였다. 이리 하여 허무한 도

---

57 정인지 외, 「신편고려사」 1-11권 (신서원, 2002)을 이하 高麗史로 표기한다. 高麗史 1 世家 太祖 원년 8월 辛亥 詔.

58 高麗史 1 世家 太祖 원년 8월 辛亥 詔

참설(예언)을 믿어 갑자기 송악 도읍을 버리고 철원으로 돌아가 궁전들을 지으니 백성들은 토목 공사에 시달리고 농사철을 빼앗겼었다. 게다가 또 기근이 거듭 들고 역질이 계속 유행하여 가정을 버리고 길에서 굶어 죽는 자가 허다하였다. 곡식 값이 폭등하여 세포(가는 마포) 한 필 값이 겨우 쌀 5승밖에 못되어 백성들은 자기 몸과 처자를 팔아 남의 노비로 되는 자가 많았다. 나는 이를 심히 불쌍히 여기노니 이들을 다 그 현재 있는 곳에서 등록하여 나에게 보고하라!"

이에 이렇게 노비로 된 사람들 1천여 명을 조사하여 국고에 있는 포백으로 그들의 몸값을 물어 주어 본가로 돌려 보냈다.[59]

태조 왕건은 궁예의 폭정을 비판하고 가난한 백성을 구제한다는 의미에서 사노비를 속환시켰는데, 왜 국가 창설 초기에 채무노비를 해방시켰을까? 표면적인 이유는 채무노비를 해방시켜 민심을 얻고자 하는 것이었지만 내면적인 이유는 따로 있었다. 그 단서는 '해방시켰다'고 하지 않고 '속환시켰다(본가로 돌려 보냈다)'고 한 점에서 찾아 볼 수 있다.[60] 즉 노비의 소유주인 귀족으로부터 사노비를 유리시켰다는 것이다. 당시 호족들의 반란세력을 약화시키기 위한 의도가 있었던 것이다. 노비가 많아지면 호족들의 경제력이 높아지고, 평상시에는 노동력을 제공하는 노비이지만 전쟁이 일어나면 군사력으로 쉽게 전환될 수 있었기 때문이었다.

---

59 (출처 : www.krpia.co.kr)高麗史 1 世家 太祖 원년 8월 辛亥 詔

60 홍승기, 「고려귀족사회와 노비」(일조각, 1983), 144.

태조 왕건은 귀족들의 사노비를 모두 속환시키기를 원했지만 귀족들의 반발을 우려해서 더 이상 진행시킬 수가 없었다. 태조의 우려는 현실로 나타났다. 귀족들의 세력을 약화시키려는 왕건의 태도를 본 호족들은 연이어 반란을 일으켰던 것이다.

고려시대 태조의 채무노비 해방은 일시적이었고 또한 부분적이었지만 왕권강화 차원에서 시행되었다. 고려 태조는 반란을 일으킬 가능성이 있는 호족들의 세력을 약화시키기 위해 채무노비를 해방시킨 것이지만 이를 포함하여 기본적으로 국가는 빚을 갚지 못해 노비가 되는 채무노비의 증가에 대해서는 부정적인 입장을 가지고 있었다. 왜냐하면 채무노비가 증가하면 양민의 숫자는 줄어들고 노비의 숫자는 늘어나기 때문이다. 양민의 수가 줄어진다는 것은 세금을 납부할 백성의 숫자가 감소한다는 것이기 때문에 국가는 채무노비를 적극 규제하게 되는 것이다. 그리고 이러한 맥락에서도 국가는 가뭄이나 재해를 당해 기근이 닥치게 되면 가난한 백성들을 적극 구제하려고 노력을 기울인다. 왜냐하면 흉년이나 재해로 인해 빚을 갚지 못하게 되면 가장이나 아내 혹은 아들과 딸들이 노비가 될 수밖에 없기 때문이다.

따라서 왕은 노비를 최소화 하려고 하고 귀족들은 노비의 수를 증가하려고 한다. 왜냐하면 노비가 늘고 양민이 줄어지면 국가의 세수가 감소할 뿐 만 아니라 군인으로 동원할 수 있는 인원이 줄어지게 되기 때문에 왕은 노비 숫자를 감소시키려 한다. 그리고 귀족들의 노비는 때로는 군사력으로 둔갑할 수 있기 때문에 왕권강화 차원에서도 귀족들의 노비 수를 감소시키려 한다. 그러나 이러한 왕의 의도가 손쉽게 관철되지 않은 경우가 있다. 채무노비를 방면시키는 왕명을 내렸는데도 불구하고 귀족들의 반대에 부닥쳐 완벽하게 실시되지 못한 일이 있었다. 채무노비 해방을 반대하는 귀족들의 주

장은 최승로의 상서문에서 그 전형을 찾아 볼 수 있다.[61]

드디어 광종 대에 이르러 노비를 해방시켰다. 광종 7년 노비안검법을 제정하여 노비를 해방시킨 것이다.[62] 그런데 이 사건에 대한 역사 기록을 살펴보면 자세한 것을 기록해 놓지 않았다. 고려사 형법지의 노비항에 이 사건이 기록되었어야 함에도 불구하고 자세한 기록은 없고 광종 대목왕후 열전과 관련해서만 기록되어 있다. 대목왕후가 광종의 노비 해방이 잘못된 정책임을 비판하였다는 기록에 노비안검법의 시행 연도가 구체적으로 기록되어 있다.[63] 그리고 오히려 성종 때 노비환천법을 시행하여 다시 노비화한 사건을 자세히 기록한 것을 볼 수 있다. 이것은 고려사를 저술한 귀족들이 노비 해방에 대해 부정적이었으며 비판하는 입장에 있었기 때문이다.[64]

그런데 성종 6년(987년)에 해방된 노비를 다시 노비로 되돌리는 노비환천법(奴婢還賤法)을 실시하게 되었을 때 예외를 둔 사항이 있었다. 즉 주인 대신 전쟁에 참가하여 공을 세우거나, 주인인 상주가 무덤 앞에서 여막을 짓고 3년 동안 섬기야 하는 여묘(廬墓)를 노비가 대행하여 공을 세운 자는 나이 40세를 넘는 자에 한하여 노비에서 해방될 수 있는 길을 열어 두었다.

광종은 귀족들이 소유하고 있었던 사노비 가운데 조상 전래의 상속노비를 제외하고 포로 출신이거나 매매로 인해 얻은 사노비를 해방시키고자 하였다. 이러한 조치는 상속받은 노비 이외의 노비는 불법이라는 명분에서 시행된 것이다.

---

61 (출처 : www.krpia.co.kr)高麗史 93 최승로전 성종 원년 최승로상서

62 윗글, 158; 고려사절요 2, 광종 7년.

63 高麗史 88, 열전, 후비전, 대목왕후.

64 정용숙. "《高麗史》 刑法志 奴婢項의 檢討," 「한국사연구」 제46호 (1984), 82-83.

노비안검법에 의해 해방된 노비들은 포로출신 노비와 매입하여 소유한 노비들이었다. 즉 고려 건국 때 통일전쟁으로 인해 획득한 노비들과 그 후 거듭된 정변에 의해 획득한 노비들, 그리고 가난에 의해, 혹은 부당한 방법으로 노비로 전락한 채무노비들이 해방의 대상이 되었다.[65] 광종이 이러한 범위의 사노비들을 해방시키려는 목적은 사노비를 소유한 호족들의 세력을 약화시키기 위한 것이었다. 특히 포로출신 사노비는 과거에 군인이었기 때문에 무장만 갖춰지면 언제든지 사병이 될 수 있는 위협적인 존재이기 때문에 이들을 호족들의 손에서 분리시킬 필요가 있었던 것이다.[66]

노비를 해방시킨다는 것, 특히 호족들의 소유인 노비를 왕이 해방시킨다는 것은 왕으로서는 큰 모험일 수 밖에 없는데 광종은 성공적으로 노비를 해방시켰다. 광종 7년에 노비안검법을 시행하여 노비를 해방시켰는데 그 결과는 최승로의 상서문에서도 확인할 수 있다.[67]

이러한 반대와 어려움에도 불구하고 광종은 성공적으로 사노비를 해방시켰다. 광종이 노비 해방을 성공시킨 요인들이 무엇인지 살펴보면 다음과 같다;

(1) 왕위계승 때 호족 세력의 약화: 광종은 949년 3월 25세의 나이로 즉위하여 26년간 통치하였다. 광종이 왕위를 계승했을 때 왕권을 위협할 만한 정치세력은 반이나 제거된 상태였다.[68] 따라서 광

---

65 전기웅. "高麗 光宗代의 文臣官僚層과 「後生讒賊」." 「역사와 세계」 제9집 (1985. 6), 157.

66 윗글, 156.

67 高麗史 93, 최승로전, 성종 원년, 최승로상서. "천한 노예들은 뜻을 얻어 존귀한 사람들을 능욕하고 다투어 허위 날조하여 본 주인을 모함한 자들이 헤아릴 수 없었습니다".

68 백남혁. "高麗 光宗代 改革政治의 基盤과 成果." 「역사와 실학」 제23집 (2002. 1), 7.

종이 왕권을 강화할 수 있었던 환경은 즉위 때부터 조성되었으며 이러한 배경 속에서 노비 해방을 강력하게 추진할 수 있었다.[69]

(2) 초기 6년간의 선정: 광종은 초기 6년간 선정을 베풀어 능력 있고 공정한 지도자로 백성과 관리들의 신망을 얻었다. 특히 광종은 빈민을 구휼하고 홀아비와 과부 등을 구휼하여 소외층, 빈민계층에게 신뢰를 쌓았다.[70]

(3) 개혁을 위한 인재 등용: 광종 7년에 북중국 후주 출신의 쌍기라는 인물을 등용하여 개혁을 위한 참모로 활용하였다.[71] 또한 광종 9년부터 과거제도를 실시하여 왕실의 개혁정책을 주도할 수 있는 인재를 등용시켜 능력위주의 인재등용 분위기를 만들었다. 특히 과거제도를 통해 후백제 계열의 인재들을 등용하여 기존의 호족세력을 약화시키고 개혁을 주도할 수 있도록 하였다. 그리고 당나라에 유학한 신라의 6두품 지식인들을 비롯한 국내의 유학자들을 대거 등용하여 유교이념에 입각한 왕실 중심의 지배체제를 이룩하였다.[72]

(4) 왕의 직속 시위대를 강화하여 개혁을 추진하였다. 광종은 지방의 무예가 있는 자들을 선발함으로써 평민계층에 기회를 주었고 왕의 개혁을 추진시킬 수 있는 친위군대를 양성할 수 있었다.[73]

---

69 최승로 상서문. "혜종, 정종, 광종의 세 임금이 서로 왕위를 계승할 초년에 모든 일이 안정되지 못할 때에 양경(兩京)의 문무관이 반이나 이미 살상되었다". 하현강은 "광종은 우선 정종의 뒤를 이어 왕위에 오른 직후부터 정종을 지지하던 서경세력을 적지 않게 숙청하였던 것"으로 보았다; 하현강, 「한국중세사연구」(일조각, 1988), 112.

70 백남혁. 윗글, 8.

71 전기웅. 윗글, 145. 이외에도 상당수 중국인이 귀화하여 세력을 형성하였기에 호족들의 반발을 불러일으켰다. 최규성, "고려초기 정치세력과 정치체제 연구," 1988 단국대 박사논문, 297.

72 백남혁. 윗글, 9-12.

73 최규성, 윗글, 305.

(5) 광종은 노비들을 해방시켜 왕실지지 세력으로 만듦과 동시에 그들을 통해 호족 세력을 약화시킬 수 있는 정보를 얻을 수 있었다.[74] 광종은 노비에게도 고발할 수 있는 권한을 주었고 소량(訴良)할 수 있도록 허용하였다.[75] '소량'이란 억울하게 천인(賤人)이 된 자가 양인(良人)이 되려고 호소하는 것을 가리킨다. 소량(訴良)이 허락된 노비는 전쟁포로 출신이거나 경제적인 이유로 팔린 채무노비들에 한하였다. 그런데 이러한 과정에서 노비가 주인을 모함하는 일도 일어났다.

(6) 불교승려 및 신도들을 왕실 지지세력으로 만들었다. 특히 보시(布施) 신앙을 통해 빈민층을 왕실 지지세력으로 만들 수 있었다.[76] 그리고 노비해방은 불교의 평등사상에 의해서도 지지를 받았다. 광종은 귀법사에 무차대회(無遮大會)를 개설하여 잔치를 열어 널리 백성들의 마음을 얻었다.

이처럼 광종이 노비 해방을 성공시킬 수 있었던 것은 앞에서 열거한 여러 요인들에 의해 왕권이 강화되었기 때문이라 할 수 있다. 그리고 노비 해방 자체도 왕권을 강화시키는 중요한 요인이 되었다. 그러나 성종 때에 노비환천법을 제정하고 귀족정치가 되살아난 것을 보아 광종의 개혁과 왕권강화 정책은 오래 가지 못하였음을 알 수 있다.

---

74 백남혁. 윗글, 34.

75 홍승기. "高麗時代 私奴婢의 法制上 地位." 「한국학보」 4권 (1978), 63-65.

76 백남혁. 윗글, 34.

3. 시드기야 왕의 노비해방과 왕권강화

고려 시대 광종의 경우를 보면 철저히 왕권강화를 위해서 노비를 해방시켰다. 유다 왕 시드기야에게는 이러한 목적이 없었을까? 물론 성이 함락될 위기에서 왕권강화까지 염두에 두었을까라고 생각할 수도 있다. 그러나 성의 방어능력을 향상시키기 위해서는 필연적으로 왕권이 강화되어야 가능하다는 사실을 염두에 둔다면 시드기야가 왕권강화를 시도했을 것이라는 점을 충분히 짐작할 수 있다. 또한 시드기야는 즉위 초부터 취약한 왕권 때문에 시달려왔었기 때문에 왕권을 유지하기 위해서도 왕권을 강화시킬 필요가 있었다.

유다 왕 시드기야(주전 596-586)는 처음부터 왕권이 약했다.[77] 왜냐하면 예루살렘은 난공불락이라는 믿음과 시온신학에 젖어있었던 유다 사람들은 예루살렘이 바벨론에 의해 점령당했다는 사실(주전 597)을 받아들이기 힘들어했으며 포로로 잡혀간 여호야긴 왕이 다시 돌아올 것이라 기대하고 있었기 때문이다. 더구나 시드기야가 원수인 바벨론 왕 느부갓네살에 의해 임명되었기 때문에 유다 백성들의 지지를 받을 수가 없었다. 시드기야에 대한 거부감은 1차 예루살렘 점령 시 바벨론에 포로로 잡혀갔던 사람들이 여호야긴의 연호를 사용하고 시드기야의 연호를 사용하지 않는 모습에서도 찾아볼 수 있다. 포로로 잡혀갔던 에스겔은 "여호야긴 왕이 사로잡힌 지

---

77 느부갓네살은 여호야긴을 대신하여 맛다디야를 유다 왕으로 임명 했는데 왕명을 시드기야로 불렀다. 시드기야는 요시야 왕의 아들로 그의 어머니는 여호아하스의 어머니이기도 한 립나의 예레미야의 딸 하무달이었으며 왕위에 오를때 나이는 21세였다(왕하 24:17-18).

오넌..."(겔 1:2)이라고 하면서 오로지 여호야긴 왕만 인정하는 모습을 보여 주고 있다.

시드기야 왕권의 약한 모습은 그의 이름을 보아도 알 수 있다. 시드기야(צִדְקִיָּהוּ)라는 왕명은 "야웨는 나의 의"란 뜻인데 시드기야가 정당하며 합법적인 왕임을 과시하는 이름이다. 예레미야는 시드기야를 옹호하는 입장을 취했는데 그것은 친바벨론 정책을 펴야 유다가 생존할 수 있다는 생각이 있었기 때문이다. 예레미야는 시드기야 즉위식 때 시드기야를 지지하는 신탁을 선포하기도 하였다;[78]

> 나 야웨가 말하노라 보라 때가 이르리니 내가 다윗에게 한 의로 운 가지를 일으킬 것이라 그가 왕이 되어 지혜롭게 행사하며 세상에서 공평과 정의를 행할 것이며 그의 날에 유다는 구원을 얻겠고 이스라엘은 평안히 거할 것이며 그 이름은 야웨는 우리의 의(야웨 치드켄누)라 일컬음을 받으리라. (렘 23:5-6)

리핀스키(E. Lipinski)은 '야웨는 우리의 의'가 시드기야의 또 다른 형태의 이름일 수 있다고 보기도 하였다.[79]

이러한 시드기야가 왜 반바벨론으로 돌아섰는가? 이집트 왕 삼메티쿠스가 그의 통치 제 4년(주전 592-591)에 팔레스틴을 통과하여 행진하였다. 라일랜드 파피루스의 자료에 의하면, 이집트 왕의 행보는 종교적이었으며 파라오의 위세를 시위하는 개선 행진의 성격을

---

78 R. P. Carrol, *Jeremiah* (Philadelphia: The Westminster Press, 1986), 610. 정중호, 「예언서의 기원과 해석」(계명대학교출판부, 2011), 27-28.

79 E. Lipinski, "Etudes sur des texts messianiques de l'Ancien Testament," *Semitica* 20(1970), 53f.

띠고 있었다.[80] 그런데 파라오가 예루살렘에 나타난 이 사건은 유다에 심대한 영향을 끼쳤으며 친 이집트파의 득세와 반 바벨론의 분위기를 조장시켰다. 아마도 이 때 파라오와 시드기야 사이에 계약이 체결된 것으로 보인다(겔 8:17).[81] 왜냐하면 특히 바벨론에 조공을 바치는 일로 인해 힘겨워하고 있었던 귀족들과 지주들은 친이집트로 뭉쳤고 왕인 시드기야에게도 압박을 가했으리라 짐작할 수 있다. 드디어 시드기야도 친이집트 정책을 취하였고 바벨론에 바치는 조공을 중단하여 바벨론에 대한 반란을 표면화하였다(겔 17:13-21, 20:1). 라기스에서 발견된 오스트라카에도 그 당시의 상황이 기록되어 있다. 그 기록에 의하면 유다의 장군 엘나단의 아들 고니야가 이집트를 방문하여 도움을 요청 했다는 내용과(참조; 겔 17:15) 유다 군대 내부에서도 의견이 엇갈려 있음을 알 수 있었다.[82]

조공을 중단한다는 것은 곧 바벨론에 반기를 드는 중대한 문제이고 바벨론과의 계약을 깨뜨리는 일이었다. 그런데 시드기야 왕이 그렇게 하기 까지는 불가피한 이유가 있었을 것으로 보인다. 그것은 조공할 재원을 마련해줄 귀족들과 지주들이 협조를 하지 않았기 때문이다. 왕권이 강화되지 않은 시점에서 귀족들과 지주들이 협조를 하지 않으면 국왕이라도 더 이상 할 수 있는 것이 많지 않기 때문이다. 더구나 가까이 있는 이집트가 충동질을 하고 있는 상황이기에 이집트와 계약을 맺고 바벨론에 조공을 중단하는 것이 시드

---

80 F. L. Grittith ed., *Catalogue of the Demotic papyur in the John Rylands Library*, vol. II, (Manchester: University Press, 1909), 64–65.

81 에스겔 8장은 파라오의 예루살렘 방문과 관련된 내용이라 짐작되며 "나뭇가지를 그 코에 두다" 라는 표현은 계약체결 형식이라 볼 수 있다. H. W. F. Saggs, "The Branch to the Nose," *JTS* 11(1960), 318–329; M. Gruber, "Akkadian Laban appi in the light of Art and Literature," *JANES* 7(1973), 73–83.

82 *ANET* 322 ; 오스트라콘 III.

기야가 왕위를 지킬 수 있는 유일한 방법일 수도 있었을 것이다. 또한 지중해 연안 국가가 메소포타미아 강대국에 조공을 중단하고 반기를 드는 일은 자주 일어났던 일이기 때문에 크게 염려하지 않았던 측면도 있었다.

그러나 시드기야 왕의 예측은 빗나갔다. 바벨론 군대가 대거 몰려온 것이다. 바벨론 군대가 예루살렘을 포위하고 있는 상황에서 시드기야 왕은 최선을 다해 방어하려 하였다. 비록 왕권이 약했지만 세력가들도 왕의 지휘로 방어에 총력을 기울여야 하는 형편이었다. 그런데 이 와중에 노비해방을 실시하였다. 그것도 시드기야 왕의 주도로 노비해방을 실시하였다. 무슨 목적으로 노비해방을 실시하였는가?

시드기야가 노비해방을 시행한 목적에 대한 학자들의 기존 주장을 요약해 본다면 세 가지로 나누어 볼 수 있다. 첫째는 신앙적인 목적에서 노비해방을 실시했다는 주장이다. 시드기야와 예루살렘 주민들은 수많은 바벨론 군사를 볼 때 위기를 느낄 수 밖에 없었고 하나님께 간구하여 구원을 요청할 수 밖에 없었다는 것이다. 이때 필요한 것은 자신들의 잘못을 반성하고 하나님 앞에 회개하는 것이었다. 브라이트(J. Bright)는 노비해방을 '회개'의 표시로 보았다. 적군의 포위라는 절박한 상황에서 회개의 행동을 통해 하나님의 도우심을 구하려는 것이라 보았다.[83] 왜냐하면 당시 세력가들과 부자들은 빚을 갚지 못한다하여 동족인 히브리인들을 노비로 삼는 관행이 있었던 것이다. 이러한 채무노비의 관행은 하나님의 의도와는 정면으로 배치되는 것이기에 이러한 관행에 대해 중단을 선언하며 회개한 것이라는 주장이다. 즉 채무노비를 해방시켜 하나님이 명

---

83 J. Bright, *Jeremiah: A New Translation with Introduction and Commentary*, AB 21 (Doubleday & Company, 1965), 223–224.

하신 노비 해방법을 따르려는 목적이 가장 중요한 목적이었다는 주장이다. 이러한 주장에 동조하는 학자는 봐이저(A. Weiser)였다.[84]

그러나 이 주장에 문제가 있다. 만약 회개의 표시로 노비를 해방시켰다면 바벨론 군대가 포위를 푼 뒤에 다시 노비들을 붙잡아 오는 행동을 할 수는 없는 것이다. 절박한 위기 상황 속에서 하나님의 도움을 간구하기 위해 노비를 해방시킬 수는 있지만 그 뒤의 행동과는 일치하지 않는다. 따라서 회개하는 마음이 부족했거나 아니면 또 다른 동기가 있었을 가능성이 있다.

그런데 신앙적인 목적에서 노비를 해방시켰다는 주장 가운데 사르나(Nahum M. Sarna)는 시드기야 왕이 안식년을 지키기 위해 노비를 해방시켰다고 보았다.[85] 이러한 주장은 시드기야 왕의 노비해방을 출애굽 때 맺은 계약을 지킨 것으로 간주하는 것이다. 그러나 이러한 주장은 시드기야 사건을 설명하는 예레미야의 예언 가운데 후대의 부분(렘 34:13-16)과 유사할 뿐이다. 그리고 이 대목에서 한 가지 의문을 느낄 수가 있다. 정말 시드기야는 안식년을 지키려한 것이었을까? 정작 시드기야는 계약을 맺고 노비를 해방시킬 때 이전의 법에 대한 언급이 전혀 없었다(렘 32:8-11).[86] 오히려 새로운 계약을 맺은 것으로 나타난다. 따라서 하나님 앞에서 계약을 맺

---

84 A. Weiser, *Das Buch des Propheten Jeremía*, ATD 20/21, 5. Aufl. (1966), 311-312.

85 Nahum M. Sarna, "Zedekiah's emancipation of slaves and the sabbatical year," in H. A. Hoffner ed., *Orient and Occident: Essays presented to Cyrus H. Gordon on the occasion of his sixty-fifth birthday*, AOAT 22 (Neukirchener Verlag, 1973), 143-144.

86 Simeon Chavel, "'Let my people go!' Emacipation, revelation, and scribal activity in Jeremiah 34.8-14," *JSOT* 76 (1997), 74; M. Weinfeld, "Sabbatical Year and the Jubilee in the Pentateuchal Laws and their Ancient Near Eastern Background," in T. Veijola ed., *The Law in the Bible and in its Environment* (Helsinki: The Finnish Exegetical Society, 1990), 39-42.

은 것을 볼 때 하나님의 도우심을 간구하기 위해 회개의 표시로 히브리인 노비를 해방시켰다는 주장은 부분적으로 받아들일 수 있지만 안식년을 준수한 것이라는 주장은 설득력이 부족하다. 특히 시드기야가 면제년, 안식년, 희년 등의 용어를 전혀 사용하지 않고 있음을 주목할 필요가 있다. 유사한 주장으로 프라이드와 프리드만(Lisbeth S. Fried and D. N. Freedman)의 주장을 들 수 있는데 시드기야가 희년 때 노비를 해방시켰다는 주장이다.[87] 희년이 언제인지 년도 계산에 있어서 불분명한 점도 있고 안식년을 주장하는 논리를 비판한 것과 마찬가지의 비판을 할 수 있다. 따라서 이러한 주장 역시 설득력이 부족하다.

둘째, 전투력을 높이기 위해 노비해방을 실시했다는 주장이다. 채무노비가 해방되어 양민이 되면 전투요원으로 편입시킬 수 있으니 예루살렘의 전투력을 증강시킬 수 있는 것이다. 그리고 노비의 신분보다는 양민의 신분이 될 때 전투의욕이 고취되고 예루살렘을 방어하려는 의지가 높아가는 것이다. 이처럼 군사적인 동기에서 노비를 해방시켰다고 주장하는 학자들은 데이비드(M. David)와 루돌프(W. Rudolf)였다.[88] 전투력을 높여야 한다는 당시의 절박한 상황을 살펴볼 때 이러한 목적이 있었음은 쉽게 짐작할 수 있으며 설득력 있는 주장이다. 그러나 시드기야는 전투력과 상관없는 '여종'까지 해방시켰기 때문에 군사적인 목적 뿐 만 아니라 다른 목적도 있었음을 알 수 있다.

세 번째, 폴쯔(P. Volz)와 두움(B. Duhm)은 노비 주인들이 노비

---

87 Lisbeth S. Fried and D. N. Freedman, "Was the Jubilee Year Observed in Preexilic Judah?" J. Milgrom, *Leviticus 23–27* (Doubleday, 2001), 2257–2270.

88 W. Rudolph, *Jeremia*, HAT I 12, 2 (1958), 203–205; M. David, "The Manumission of Slaves under Zedekiah", *OTS*, 5 (1948), 63.

에게 먹일 양식이 없어서 해방시켰다고 주장하였다. 제이콥슨(Rolf A. Jacobson)도 이러한 주장에 동조하였으며 다음과 같은 세 가지 이유를 들면서 자신의 주장을 펼쳤다; 1) 7년째 해방시키라는 율법서의 노비 해방법과 시드기야 왕이 행한 노비해방은 다른 점이 많고, 2) 만일 위기를 넘기기 위해 회개의 표시로 노비를 해방시켰다면 바벨론 군대가 완전히 물러간 후에 노비를 다시 잡아들이는 행동이 나왔을 것인데, 이집트 원군을 저지하려고 잠시 포위를 푸는 사이에 급하게 노비를 잡아들이는 것은 회개의 표시로 보기 어렵다. 3) 적군이 성을 포위하면 양식이 극도로 부족하게 되는 것은 일반적인 현상이다(사 7:1-6).[89]

그러나 양식이 부족해서 노비를 해방시켰다는 주장은 설득력이 부족하다. 왜냐하면 만일 양식이 부족해서 노비를 해방시켰다면 왕이 나서기 전에 노비 소유주가 자발적으로 노비들을 해방시켰을 것이다. 그런데 노비해방은 왕이 주도하였고 노비 소유주들은 마지못해 수용한 모습을 보였다. 특히 바벨론 군대가 잠시 포위를 푼 사이 급하게 노비들을 다시 잡아들인 모습을 보면 양식이 없어 노비를 해방시켰다는 주장은 설득력이 부족하다. 다만 이렇게 비판할 수 있음에도 불구하고 성 안에 양식이 극도로 부족했다는 요인이 노비를 해방시키는데 도움이 되었음은 부인할 수 없는 점이다.

그리고 또 다른 요인이 있을 수 있다. 차벨(Simeon Chavel)은 왕에 대한 충성심을 확보하기 위해 노비해방을 실시했다는 점을 지적하였다.[90] 차벨은 이 요인을 간단히 언급하였지만 사실 중요한 요

---

89 B. Duhm, *Das Buch Jeremía*, KHAT XI (1901), 279–281; P. Volz, *Der Prophet Jeremía*, K A T 10 (1922), 317–318; Rolf A. Jacobson, "A freedom that is no freedom: Jeremiah 34 and the Sabbatical Principle," *Word & World*, vol. 22 number 4 (2002), 398.

90 Simeon Chavel, 윗글, 73.

인이다. 광종의 노비 해방 사건에서 볼 수 있듯이 왕권을 강화하고 호족들의 세력을 약화시키기 위해 호족들이 소유한 사노비를 해방시킨다는 요인이다. 실제로 광종은 사노비를 해방시켜 호족들의 세력을 급격히 약화시켰는데 그 다음 왕위에 오른 경종 때의 상황을 보면 그 결과를 알 수 있다. 경종이 즉위할 때는 호족 세력이 40명밖에 살아남지 않을 정도로 약화되었다.[91]

왕이 사노비를 해방시킨다는 것은 왕권이 강화되고 귀족들의 세력이 약화된다는 것을 뜻하기 때문에 귀족들의 반발이 거세질 수밖에 없다. 광종의 경우에는 즉위 초부터 왕권을 강화하여 사노비를 해방시킬 수 있는 힘을 길렀기 때문에 사노비를 해방시킬 수 있었다. 한편 시드기야 왕은 왕권이 취약함에도 불구하고 채무노비를 해방시킬 수 있었던 것은 전쟁이라는 극한 상황이 벌어졌기 때문이다.

시드기야 왕은 바벨론의 공격이라는 위기를 넘기기 위해 노심초사하며 모든 방법을 동원할 형편이었지만 이 위기를 넘길 수만 있다면 노비해방은 시드기야의 왕권강화에 큰 도움이 되었을 것이다. 왜냐하면 노비는 세력가들의 재산임과 동시에 군사력이 될 수 있는데, 세력가들의 노비 숫자가 줄어들면 그만큼 세력가들의 힘이 약해지고 왕의 힘이 강화되기 때문이다.

따라서 채무노비 해방을 주도한 시드기야 왕은 비록 왕권이 약한 상태였지만 예루살렘 성이 풍전등화같은 상황인지라 세력가들도 노비해방에 동의하였다. 이리하여 예루살렘의 히브리인 채무노비는 해방될 수 있었다. 만일 바벨론 군대만 퇴각한다면 시드기야 왕은 왕권을 강화시킬 수 있는 절호의 기회를 얻은 것이다. 이러한 기

---

91 백남혁, 윗글, 35.

회를 놓칠 왕은 없다. 그리고 세력가들이 이집트 원군으로 인해 바벨론 군대가 예루살렘의 포위를 풀고 이집트와 전투를 하러 갔기 때문에 포위망이 잠시 해제된 사이 해방시켰던 노비들을 다시 잡아들인 정황을 보더라도 이 노비해방 사건은 세력가들의 권력이 약화되고 왕권이 강화되는 극적인 조치였음을 알 수 있다. 즉 처음부터 세력가들은 노비를 해방시킬 생각이 없었던 것이다. 전쟁이라는 비상사태였기 때문에 마지못해 응했을 뿐이었음을 알 수 있다. 따라서 바벨론 군대가 포위망을 풀자마자 세력가들이 자신들의 세력을 강화하기 위해 급하게 노비들을 다시 잡아 들였던 것이다. 위기를 당해 위급할 때는 무엇이든 할 것 같았지만 위기를 넘겼다 싶으면 다시 자신들의 이익을 추구하게 되는 것이다.

그런데 의문이 생긴다. 노비 해방은 왕과의 계약인데 어떻게 귀족들이 이것을 무시하고 노비를 다시 붙잡아 소유할 수 있었는가 하는 점이다. 이러한 점으로 미루어 보아 왕의 권력이 무척 약해 있었다는 것을 알 수 있다. 왕과의 계약을 무시할 정도인 것이다. 그리고 세력가들이 채무노비는 해방시켰지만 외국인 노비는 그대로 소유하고 있었기에 세력가들의 세력은 어느정도 유지되었을 것이라는 점도 염두에 두어야 한다. 그리고 시드기야 왕은 처음부터 그랬지만 여전히 세력가들의 위세에 휘둘리고 있었다.

노비해방은 충격적인 정책으로 분명한 명분과 근거가 있어야 한다. 시드기야 왕의 경우는 출애굽 사건에서 채무노비 해방의 근거를 찾았다(렘 34:13-14). 출애굽 사건을 근거로 하는 또 다른 노비해방법은 신명기 15장에서 찾아볼 수 있는데(신 15:12-15) 예레미야 34장과 유사한 점이 많다. 출애굽 사건을 노비 해방의 근거로 삼은 것은 성결법전에도 명확하게 나타나 있다. "그들은 내가 애굽 땅에서 인도하여 낸 내 종들이니 종으로 팔지 말 것이라"(레 25:42)라고 천명하면서 히브리인들을 동족이 노비로 대하지 말고 품꾼으로 대하라고 하였다(레 25:39-40).

즉 하나님이 이집트의 노비였던 이스라엘 백성을 해방시켜 가나안 땅에 정착하게 하였기 때문에 이스라엘 백성은 하나님의 종(레 25:42, 55)이라 하였다. 따라서 하나님이 구출하여 해방시킨 하나님의 백성인 히브리인을 사람이 함부로 노비로 만들 수 없다는 뜻이다. 이러한 '하나님의 종(노비)' 즉 '하나님의 백성'이라는 논리 위에 하나님을 대신한 통치자인 왕은 귀족들이 노비를 군사적인 용도로 사용하여 반란을 일으키지 않도록 미리 예방할 수 있게 된 것이다.

사실 당시 유대의 백성들 즉 '히브리인'은 모두 출애굽한 백성들로 보기는 힘들다. 왜냐하면 유대 백성들은 그 기원을 추적해 보면 출애굽한 백성과 다양한 경로로 팔레스틴 남쪽 산지에 정착하여 살았던 사람들로 구성되어 있었기 때문이다. 중요한 것은 그들 모두가 자신들의 조상이 출애굽한 조상이라는 신앙적이며 사회적인 정신과 이념을 받아들여 사회통합을 이루고 있었다는 사실이다. 이러한 신앙적이며 사회적인 통합 정신을 바탕으로 시드기야 왕은 전쟁이라는 위기를 타개한다는 명분을 내걸고 채무노비 해방을 주도하였다.

고려의 광종은 노비해방의 근거를 주로 압량위천(壓良爲賤)에서 찾았다. 빚을 갚지 못해 양민이 노비로 전락하는 것을 국가가 방관할 수 없다는 의미이다. 시드기야 왕과 마찬가지로 광종도 채무노비를 해방시키려 하였던 것이다. 그리고 광종은 시드기야 왕보다 범위를 더 확대했는데 화매나 전쟁 등을 통해 새롭게 노비가 된 자들도 국가가 적극적으로 개입하여 양민으로 전환시키고자 하였다.[92] 이는 귀족들이 노비를 사병화시켜 개인적으로 군사력을 증강시키려

---

92 이상국, "고려 정종 5년(1039) '賤者隨母之法'의 제정과 그 의의," 사림 34호 (2009), 88.

는 계획에 제동을 걸고, 귀족들의 세력을 약화시키려는 목적이 있었기 때문이다. 그러나 대대로 세습되어 상속한 노비에 대해서는 국가가 노비문서를 보관하여 공인해주었다.

시드기야와 광종 모두 채무노비 관행에 제동을 걸고 있는 모습속에서 공통적인 노비 해방의 근거를 발견할 수 있다. 이러한 모습은 중국에서도 발견할 수 있는데 송대의 대표적 법전인 송형통과 경원조법사항에는 양민이 빚을 갚지 못한다고 해서 노비로 만드는 것을 강력히 금지하였다; "무릇 부채 때문에 인구(人口)를 인질로 삼아 저당하는 것 - 허위로 인력, 여사(女使)의 고용계약을 체결하는 것도 동일하다-은 장100대에 처한다".[93] 이처럼 채무노비를 불법이라 선포하면서 노비해방을 주도하는 것은 백성들의 지지를 얻을 수 있고 궁극적으로는 왕권을 강화할 수 있는 절묘한 정책이라 할 수 있다.

4. 결론

본 연구는 고려 광종의 노비 해방 사건을 참조하여 유다의 시드기야 왕이 노비를 해방시킨 동기와 목적이 무엇인지 밝히기 위해 노력하였다. 동시에 시드기야 왕이 노비를 해방시킬 때 어떠한 명분과 근거를 강조하면서 노비를 해방시켰는지에 대해서도 연구하였다. 특히 본 논문에서는 왕권강화와 사회통합이라는

---

93 慶元條法事類 권80, 잡문, 잡력, 599; 이석현, "송대 불법적 예속민의 성립과 국가권력," 「동양사학연구」 제86집 (2004), 106.

요인을 중심으로 시드기야 왕의 노비해방 사건을 연구하였다.

예레미야 34장 8-22절에 나타난 시드기야 왕의 노비 해방 사건은 왕이 노비해방을 주도하고 노비 소유자인 세력가들과 계약을 맺어 노비 해방을 실시한 사건이었다. 그런데 세력가들이 이러한 노비해방을 달갑게 여기지 않았다는 사실은 바벨론 군대가 잠시 포위를 푼 사이 급하게 노비들을 다시 불러들여 소유했다는 사실에서 발견할 수 있었다.

그리고 시드기야 왕의 노비 해방 사건을 분석한 결과 시드기야 왕과 세력가들은 적어도 계약법전(출 21:2-11)의 내용과 신명기 법전(신 15:12-18)을 알고 있었으리라 짐작된다. 그러나 이러한 법전을 온전히 준수했다보다 다른 요인과 결합하여 복합적인 동기에서 노비를 해방시켰을 가능성이 높은 것을 발견할 수 있었다.

한편 고려 광종의 경우에는 철저하게 왕권을 강화하기 위해 노비를 해방시켰다. 즉위 초기부터 광종은 왕권을 강화하기 시작하였고 강화된 왕권을 바탕으로 조직적으로 귀족들이 소유한 사노비를 해방시켜 귀족들의 세력을 약화시키고 왕권을 강화하였다.

광종의 경우를 염두에 두면서 시드기야 왕의 노비 해방 사건을 분석한 결과, 위기를 당해 하나님께 회개하고 간구하기 위해 노비를 해방시킨 점도 있었고 전투력을 강화하기 위한 점도 있었지만 왕권을 강화하기 위해 시드기야가 세력가들의 노비를 해방시켰다는 사실을 알 수 있었다. 왜냐하면 시드기야는 즉위 초기부터 왕권이 약해서 세력가들에게 휘둘리고 있었기에 세력가들의 사노비를 해방시킬 수 있다는 것은 왕권을 강화시킬 수 있는 절호의 기회였기 때문이다.

그리고 시드기야 왕은 출애굽 사건에서 노비해방의 근거를 찾았고 광종은 압량위천에서 그 근거를 찾았음을 발견하였는데 이 모두가 채무노비를 해방시키는 근거임을 알 수 있었다.

CHAPTER 04

제4장

이원적 노비관

구약의 노비관과 조선 초기 천민사상(天民思想)

제 4 장

•이원적 노비관

– 구약의 노비관과 조선 초기 천민사상(天民思想)

1. 서론

기독교는 노비제도를 허용하는가? 당연히 아니라고 답한다. 동방기독교는 일찍부터 노비소유를 금지하였다.[94] 그리고 그 흔적은 중국에서 발견된 경교유행중국비(景敎流行中國碑)에서도 발견된다.[95]

不蓄臧獲 均貴賤於人

---

94 네스토리우스파는 585년 Isoyahb I 대회에서 노예소유금지를 천명하였다. A. Toepel, 'Christians in Korea at the end of the 13th century', in Dietmar W. Winkler, Li Tang (Eds.), *Hidden Treasures and Intercultural Encounters: Studies on East Syriac Christianity in China and Central Asia* (Wien: Lit, 2009), 286, 각주 35.

95 Saeki, P. Y., *The Nestorian Documents and Relics in China* (Tokyo, The Murosen Co., 1951), 3.

(노비를 기르지 않는 것은, 인간의 귀천이 없이 균등함이 라)[96]

또한 성경을 보면 사람을 차별 없이 귀히 여기는 인류애 정신이 가득 차있음을 발견할 수 있다. 그러나 성경에는 당시의 일반적인 현상인 노비제도를 허용하고 있고 당연하게 여기는 모습도 발견된다. 어떻게 상충되는 두 가지 모습이 동시에 성경에 공존할 수 있을까?

그런데 이러한 이원적인 모습은 조선 초기에도 비슷하게 나타나고 있음을 발견할 수 있다. 조선에는 귀천지분론(貴賤之分論)을 바탕으로 노비제도가 있었음에도 불구하고 노비를 '하늘이 낸 백성'이라 표현하는 천민사상(天民思想)도 있었다.[97] 성종은 사사로이 노비를 잔인하게 대하는 사건에 대해서 책망하면서 천민사상(天民思想)을 다음과 같이 피력 하였다.

...하늘에서 내신 백성은 본래 귀천이 없는 것이다. 비록 이름을 노비와 주인이라 부르기는 하지만, 애초에는 다같이 천민(天民)인데, 지금 사람마다 자기의 노비라 하여 잔학을 마음대로 한다면 이는 천민(天民)을 해치는 것이니,

—

96 P. Y. Saeki, *The Nestorian Documents and Relics in China* (Tokyo, The Murosen Co., 1951), 3.

97 「太宗實錄」에는 귀천지분론(貴賤之分論)과 천민사상(天民思想)이 함께 나타난다; '귀천(貴賤)의 분수는 하늘이 세우고 땅이 베풀어 놓은 것 같아서 어지럽힐 수 없는 것입니다. 만일 혹시 어지럽힌다면, 백성의 뜻이 정하여지지 않아서 능멸하고 참람한 풍기가 일어날 것입니다'(「太宗實錄」 권5, 태종 3년 6월 을해). 그리고 태종 시대 형조판서 심온이 다음과 같이 말하였다; '하늘이 민을 낼 적에 본래부터 양천(良賤)의 구분이 없었습니다. 일반의 천민(天民)을 사재(私財)로 여기고 조부의 노비라 칭하여 서로 다투며 송사함이 끝이 없고, 골육상잔하여 풍속을 손상하는데 이르니, 가슴 아픈 일이라 하겠습니다.'(「太宗實錄」 권 29, 태종 15년 1월 기미).

임금이 있고 법이 있다고 말하겠는가?[98]

조선시대에 분명히 노비제도가 있었지만 천민사상(天民思想)을 강조하게 된 이유가 무엇인가? 본 연구의 목적은 조선 초기에 나타난 이원적 노비관을 분석하여 구약에도 나타나는 이원적인 노비관을 새로운 시각으로 조명하려는 것이다.

2. 구약의 이원적 노비관

아브라함도 노비를 두고 있었으며 사사시대, 왕정시대 등 구약의 모든 시대에 노비가 있었다. 구약의 배경인 고대 중동에는 모두 노비제도를 두고 있었는데 이러한 시대적 상황에서 이스라엘에도 역시 노비제도를 허용하고 있었다. 노비는 매매가 가능하였고 노비 신분이면 대대로 노비가 되는 신분제가 적용되고 있었다. 신분제가 정착되어 있는 모습은 잠언과 전도서에 적나라하게 표현되어있다.

세상을 진동시키며 세상이 견딜 수 없게 하는 것 서넛이 있나니 곧 종이 임금된 것과... (잠 30:21-22)

내가 해 아래에서 한 가지 재난을 보았노니... 종들은 말을 타고 고관들은 종들처럼 땅에 걸어 다니는도다. (전

---

98 「成宗實錄」 권217, 성종 19년 6월 경술 '天生蒸民, 本無貴賤。雖名爲奴主, 初一天民也。今若人人謂爲己奴僕而逞其殘虐, 則是害天民也, 其謂之有君有法乎?'

10:5-7)

남녀 노비들을 사기도 하였고 나를 위하여 집에서 종들을 낳기도 하였으며 나보다 먼저 예루살렘에 있던 모든 자들보다도 내가 소와 양 떼의 소유를 더 많이 가졌으며....(전 2:7)

그러나 구약에는 노비제도를 옹호하기보다 개선하려는 뚜렷한 움직임이 나타난다. 대표적인 것이 오경에 나타나는 노비 해방법(출 21:2-11; 신 15:12-18; 레 25:39-46)이다. 그리고 구약에서 일관성 있게 강조하는 것이 있는데 그것은 이스라엘 백성을 노비로 부려서는 안된다는 주장이다. 비록 경우에 따라 노비가 되는 일이 일어나더라도 노비가 아니라 품꾼같이 여겨야한다는 점을 누누이 강조한다. 왜냐하면 노비로 억압을 당했던 이집트에서 해방시켜 약속의 땅으로 올 수 있도록 인도하신 분이 하나님이신데 어찌 사람이 다시 하나님의 백성을 노비로 만들 수 있겠느냐는 것이다. 그래서 노비해방법도 이스라엘 백성에게 한정해서 적용하도록 하였고 외국인 노비에게는 적용하지 않는 내용으로 규정되어 있다.

외국인 노비의 경우는 전쟁 포로이거나 혹은 매매로 취득한 경우였다. 따라서 외국인 노비는 재산으로 간주되는 노비(chattel-slaves)였으며 노비 해방법에 해당되지 않는 부류였다.[99] 한편 이스라엘인으로 노비가 된 경우는 주로 빚을 갚지 못해 노비가 된 채무노비(debt-slaves)였으며 '히브리 노비'로 부르기도 하였다.[100] 이스라엘 노비는 안식년(출 21:2-11), 면제년(신 15:12-18), 희년(레

---

99 레 25:44-45; Chirichigno, G. C., *Debt-slavery in Israel and the ancient Near East* (Sheffield: Sheffield Academic Press, 1993), 140.

100 신명기법전에도 채무노비가 나타난다. 즉 「개역개정」 신명기 15:12에 '팔렸거든'으

25:39-46) 등의 경우에 해방될 수 있었다.

이처럼 구약에서는 고대 중동의 다른 나라들과 마찬가지로 노비를 활용하고 있었지만 독특한 점은 이스라엘 노비와 외국인 노비를 구별하여 대했다는 점이다. 주로 채무노비인 이스라엘 노비를 노비로 대하기보다 품꾼으로 대해야 하고 노비 해방법을 제정하여 일정 기간이 지나면 해방시키도록 하였다. 그러나 외국인 노비는 재산으로 간주되었으며 대대로 상속할 수 있도록 하였고 노비 해방법에서 제외시켰다. 다만 노비를 보호하거나 복지혜택을 제공할 때는 외국인 노비도 포함시켰다.

3. 조선 초기 천민사상(天民思想)

노비제도의 바탕에는 귀천지분론(貴賤之分論)이 있었다. 귀천지분론의 기원을 찾아보면 「악기」(樂記)와 「주역」(周易)에서 찾아볼 수 있으며 그 내용은 다음과 같다;

> 天尊地卑 君臣定矣 卑高已陳 貴賤位矣
> (하늘은 높고 땅은 낮아서 군신이 정해지고 높고 낮은 것이 벌여 서서 귀천이 자리잡고...)[101]

—

로 번역된 임마케르(יִמָּכֵר)는 니팔 미완료형으로 재귀의 뜻이 있어 '스스로 팔았거든'으로 번역할 수 있다. 그리고 ZB, LB, NIV, REB 등의 번역도 재귀의 뜻으로 번역되어 있다. J. G. McConville, *Deuteronomy* (Leicester, Apollos, 2002), 262.

101 樂記, 第十九.

天尊地卑 乾坤定矣 卑高以陳 貴賤位矣

(하늘은 높고 땅은 낮으니 건곤이 정해진 것이다. 낮고 높은 것이 펼쳐져 있으니 귀천이 자리 잡았다)[102]

하늘과 땅의 이치를 그 기원으로 하고 있는 귀천지분론은 노비제를 포함한 신분제의 바탕을 이루고 있었다. 이러한 귀천지분론과 더불어 노비를 범죄자로 보는 전통이 있었는데 고려시대에는 노비를 범죄자로 보았으며 국민으로 대우하지 않았다.[103] 따라서 고려시대에는 만적의 난과 같은 노비들의 저항운동이 일어나기도 하였다. 이러한 상황을 파악한 조선의 건국세력은 노비들의 저항 정신을 일부 수용하여 제도를 재정비하였다.

노비제를 재정비하면서 표방한 사상이 천민사상(天民思想)이었다. 태종 시대 형조판서 심온은 다음과 같이 천민사상을 피력하였다.

하늘이 민을 낼 적에 본래부터 양천(良賤)의 구분이 없었습니다. 일반의 천민(天民)을 사재(私財)로 여기고 조부의 노비라 칭하여 서로 다투며 송사함이 끝이 없고, 골육상잔하여 풍속을 손상하는데 이르니, 가슴 아픈 일이라 하겠습니다.[104]

---

102 周易 繫辭上 第七.

103 노비를 범죄자로 보는 견해의 기원은 고조선의 범금팔조(犯禁八條)와 부여의 법률에서 찾아 볼 수 있다. 漢書 志 卷28下, 地理志, 第8下; 三國史記 권제16, 故國川王 元年; 이인철, "한국 고대사회에서 노비와 노비노동의 역할," 『한국고대사연구』 29(2003. 3), 154.

104 태종실록 권 29, 태종 15년 1월 기미. "天之生民, 本無良賤, 將一般天民, 以爲私財, 稱父祖奴婢, 相爲爭訟, 無有紀極, 以至骨肉相殘, 敗傷風俗, 可謂痛心."

노비도 하늘이 낸 백성이라 여기는 천민사상(天民思想)은 이성계를 위시한 조선의 건국세력이 가진 새로운 사상이었다. 이들은 민심을 수습하고 새로운 나라를 건국해야 했기에 이러한 사상을 바탕으로 노비의 숫자를 줄이고 양인의 숫자를 증대시키는 새로운 노비제도를 시행하였다.[105]

그런데 천민사상의 '천민(天民)'이라는 용어는 시경(詩經)에서 찾아볼 수 있다. "하늘이 뭇 백성을 낳으시니(天生烝民)"라고 하여 하늘이 인간생명의 원천이며 세계 만민이 하늘이 낸 생명이라는 사상이 표현되어 있다.[106] 그리고 맹자의 글에서도 천민(天民)이라는 용어의 기원을 발견할 수 있다;

> 伊尹曰... 天之生斯民也 使先知 覺後知 使先覺 覺後覺 予 天民之先覺者也 予將以此道 覺此民也 思天下之民 匹夫匹婦 有不與被堯舜之澤者 若己推而內之溝中 其自任以天下之重也.
>
> (이윤이 말하기를... 하늘이 이 백성을 내신 것은 먼저 안 사람으로 하여금 뒤늦게 아는 사람을 깨우쳐주며, 먼저 깨달은 사람으로 하여금 뒤늦게 깨닫는 사람을 깨우치게 하신 것이니, 나는 천민(天民) 중에서 먼저 깨달은 사람이니 내 장차 이 도를 가지고 이 백성을 깨우치겠다"라고 하며, 생각하기를, 천하의 백성 중에서 한 남자와 한 여자라도 요순의 은택을 받지 못한 자가 있으면, 마치 자기가 그를 밀쳐서 도랑 가운데로 넣은 것처럼 여겼으니, 이는 천하의

---

105 최이돈, "조선초기 천인천민론의 전개," 「朝鮮時代史學報」 57 (2011), 15.

106 「詩經」 大雅, 湯之什, 烝民; 금장태, "유교의 천(天) · 상제관(上帝觀)," 「사목」 통권 제151호 (1991), 69.

중임을 스스로 맡은 것이라).[107]

천민사상(天民思想)은 태종대에 계속 논의되었으며 세종대에 이르러 정립되었는데 조선의 신분제도 세종대에 완성되었다.[108] 이상적으로는 천민사상을 표방했지만 노비의 기원을 천민(天民)으로 보았을 뿐 노비제라는 신분제는 여전히 허용되고 있었다.

이처럼 조선 초기에 천민사상이 제기되었는데 왜 이 시기에 이러한 파격적인 제안이 나왔으며 실제로 어떻게 시행되었는지 상세히 살펴볼 필요가 있다. 고려 말기의 심각한 폐단은 귀족들이 저마다 경쟁적으로 대토지를 소유하고 다수의 노비를 소유하면서 세력을 키우고 있었지만 국가에 납부하는 세금은 점점 줄어들었고 군역을 감당할 양인의 숫자는 줄어드는 것이었다. 따라서 국가의 재정은 바닥이 나서 관료들에게 지급할 급료도 제대로 주지 못하는 실정이었다. 당연히 왕실과 왕의 권한이 축소되고 약화되었다. 그리고 양인들의 숫자가 줄어드니 국방을 담당할 군대는 약화일로에 있었다. 뿐 만 아니라 귀족들의 착취로 인해 백성들의 원성도 높았다. 이러한 상황을 새로운 왕조가 방치할 수는 없었던 것이다. 따라서 새롭게 집권한 조선의 건국 세력은 백성의 지지와 신흥사대부의 지지를 확보하면서 왕권을 강화하려 하였다. 이에 천민사상을 강조하면서 이 사상을 새로운 건국정신으로 활용하였다.

또한 개인이 소유한 사노비(私奴婢)는 대부분 채무노비였다. 즉 범법자도 아니고 포로도 아닌 것이다. 다만 가난하여 빚을 갚지 못해서 채무노비가 되었기에 국가는 채무노비를 억제하고 채무노비를

---

107 孟子, 萬章章句下 1장.

108 최이돈, "조선초기 천인천민론의 전개," 『朝鮮時代史學報』 57 (2011), 15.

인정하지 않으려는 방향으로 정책을 펼쳐왔다. 동시에 사노비는 개인이 소유한 개인의 재산이었다. 따라서 사유재산권을 인정하는 상황에서는 국가라 하더라도 함부로 사노비를 동원할 수 없었다. 그러나 노비가 천민(天民) 즉 국민이라면 국민으로서의 의무와 권리를 가질 수 있게 되는 것이고 비록 사노비가 개인이 소유한 사유재산이지만 '국민'이기에 국가에서 사노비를 동원할 수 있는 근거가 마련될 수 있는 것이다.[109] 따라서 천민사상은 인간의 존엄성을 지킬 수 있는 사상이면서 동시에 국가의 통치권을 강화시키고 왕권을 강화시킬 수 있는 기틀을 마련해 주는 사상이었다.

사노비가 천민(天民)으로서 국민이라면 국가로부터 보호받을 권리가 생긴다. 성종 17년 노사신은 "사천(私賤)이 모두 국민인데, 그 주인 되는 자가 생살(生殺)을 제멋대로 하여 자손에게 전하면서 사물(私物)로 생각하니, 역대를 상고하여 보아도 이런 법은 없습니다"라고 노비가 국민으로서 생명을 보호받을 권리가 있음을 고하였다.[110]

세종은 주인이 노비를 살해한 사건이 일어나자 살해자인 주인을 벌하는 교지를 다음과 같이 내렸다.

> 노비는 비록 천민(賤民)이나 하늘이 낸 백성 아님이 없으니, 신하된 자로서 하늘이 낳은 백성을 부리는 것만도 만족하다고 할 것인데, 그 어찌 제멋대로 형벌을 행하여 무고(無辜)한 사람을 함부로 죽일 수 있단 말인가![111]

---

109 최이돈, 윗글, 15–18, 27–31.

110 「成宗實錄」 권191, 성종 17년 5월 임신.

111 「世宗實錄」 권105, 세종 26년 윤7월 신축. '况奴婢雖賤, 莫非天民也? 以人臣而役

그리고 노비가 국민이기에 국가가 시행하는 복지정책에서 노비를 제외시키지 않았다.[112] 세종은 천인(賤人) 노인을 돌볼 수 있는 인원인 시정(侍丁)을 배치하였는데 "...산 사람을 구휼하는 법전에 양인과 천인의 다름이 있어서 실로 타당하지 못하다"고 지적하면서 천인을 복지정책에 포함시키라고 명하였다.[113] 또한 세종대왕은 노비가 임신하면 1개월간 복무를 면하게 해주고 출산휴가를 100일로 늘려주었다.[114] 그리고 남편에게도 1개월간 출산휴가를 주었다.[115]

그리고 예치국가(禮治國家)의 기치를 세우고 정치를 펼친 조선은 법보다 앞서서 예를 숭상하였다. 그리고 노비도 국민이기에 예를 숭상하는데 제외시키지 않았다. 따라서 노비인 천인(賤人)이 효자로 선발된 경우가 있었다. 태조 때에 관노(官奴)인 물금이 효자로 선발되었고 이를 기념하는 정려(旌閭)를 세워 공동체의 귀감으로 삼았

—

天民 亦云足矣, 其可擅行刑罰而濫殺無辜乎? 성종의 교지도 유사하다. 각주 4번 참조. 「成宗實錄」 권217, 성종 19년 6월 경술.

112 「世宗實錄」 권57, 세종 14년 9월 계유.

113 「世宗實錄」 권72, 세종 18년 6월 신해.

114 「世宗實錄」 권50, 세종 12년 10월 병술. '옛적에 관가의 노비에 대하여 아이를 낳을 때에는 반드시 출산하고 나서 7일 이후에 복무하게 하였다. 이것은 아이를 버려두고 복무하면 어린 아이가 해롭게 될까봐 염려한 것이다. 일찍 1백 일 간의 휴가를 더 주게 하였다. 그러나 산기에 임박하여 복무하였다가 몸이 지치면 곧 미처 집에까지 가기 전에 아이를 낳는 경우가 있다. 만일 산기에 임하여 1개월 간의 복무를 면제하여 주면 어떻겠는가. 가령 그가 속인다 할지라도 1개월까지야 넘을 수 있겠는가. 그러니 상정소(詳定所)에 명하여 이에 대한 법을 제정하게 하라.'

115 「世宗實錄」 권64, 세종 16년 04월 계유 '경외의 여종[婢子]이 아이를 배어 산삭(産朔)에 임한 자와 산후(産後) 1백 일 안에 있는 자는 사역(使役)을 시키지 말라 함은 일찍이 법으로 세웠으나, 그 남편에게는 전연 휴가를 주지 아니하고 그전대로 구실을 하게 하여 산모를 구호할 수 없게 되니, 한갓 부부(夫婦)가 서로 구원(救援)하는 뜻에 어긋날 뿐 아니라, 이 때문에 혹 목숨을 잃는 일까지 있어 진실로 가엾다 할 것이다. 이제부터는 사역인(使役人)의 아내가 아이를 낳으면 그 남편도 만 30일 뒤에 구실을 하게 하라.'

다.[116]

임금이 양로연을 베풀 때 천인(賤人)도 참여를 허락하였고, 왕비가 베푸는 양로연에도 역시 천인이 참석하였다.[117] 세종 26년에는 80세 이상의 천인(賤人)에게 '천인을 면하게'하는 면천(免賤)의 조치를 취하고 관직을 부여하여 노인을 우대하였다.[118] 이러한 것은 파격적인 것으로 고려시대에는 찾아볼 수 없는 현상이었다.

조선에서는 보다 더 적극적으로 노비를 해방시켜 양인으로 만드는 일도 시행하였다. 국가에서 인원을 동원하거나 군인으로 공을 세운 노비를 해방시킨 사례가 있었다. 변방인 함길도에 이주하는 경우에는 보상을 하였는데 노비에게는 양인이 될 수 있도록 한 사례가 있었다.[119] 그리고 군인으로 동원되어 공을 세운 노비를 보충군으로 편입시켰는데 보충군은 양인의 신분이라야 들어갈 수 있기 때문에 노비를 해방시킨 것으로 볼 수 있다.[120] 이렇게 사노비를 해방시킬 때는 국가에서 사노비 주인에게 일정액으로 보상을 하였다.[121]

또한 천민사상(天民思想)은 왕권의 합법성과 존귀함을 강화시켜 주는 사상이기도 하였다. 조선의 통치체제를 세운 정도전은 「조선경국전」을 작성하면서 천민(天民)이라는 용어를 사용하였다.[122] 세종대왕도 천인(賤人)을 차별하지 않겠다고 하면서 왕의 임무가 하늘을 대신하는 임무임을 강조하였다.

—

116 「太祖實錄」 권8, 태조 4년 9월 정미.

117 「世宗實錄」 권61, 세종 15년 윤8월 계축; 세종실록 권57, 세종 14년 8월 갑인.

118 「世宗實錄」 권68, 세종 17년 6월 신유.

119 「世宗實錄」 권96, 세종 24년 5월 임신.

120 「世宗實錄」 권79, 세종 19년 10월 경진. 최이돈, 윗글, 31.

121 「世宗實錄」 권95, 세종 24년 2월 기해.

122 「朝鮮經國典」 治典, 官制; '인군은 천공(天工)을 대신하여 천민(天民)을 다스리니....'

임금의 직책은 하늘을 대신하여 만물을 다스리는 것이다(人君之職 代天理物). 만물이 그 처소를 얻지 못하여도 오히려 대단히 상심할 것인데 하물며 사람에 있어서랴. 진실로 차별없이 만물을 다스려야 할 임금이 어찌 양민(良民)과 천민(賤民)을 구별해서 다스릴 수 있겠는가?[123]

4. 천민사상(天民思想)과 구약의 노비관

조선의 노비관과 같이 구약에도 신분제도를 바탕으로 현실적으로 노비제도를 인정하면서도 이스라엘 백성에 한정해서 노비도 하나님의 백성이라는 이원적인 논리를 표명하고 있다. 구약에서 특이한 점은 이스라엘 백성과 외국인을 구분한 점이다.

1) 천민사상(天民思想)과 하나님의 백성

'하늘이 낸 백성'이란 뜻의 '천민사상(天民思想)'에는 분명히 평등사상이 포함되어 있다. 이러한 평등사상은 창조신학에서 찾아 볼 수 있는데, 창조신학은 인류 모두가 하나님이 만드신 사람임을 고백한 것이며, 인류 모두가 한 가족으로 아담과 하와의 자손이고 노아의 자손임을 선언한 것이다.

---

123 「世宗實錄」 권37, 세종 9년 8월 갑신. '人君之職, 代天理物, 物不得其所, 尙且痛心, 況人乎? 以人君治之, 固當一視, 豈以良賤, 而有異也?' 정윤재, "세종대왕의 '천민/대천이물'론과 '보살핌'의 정치," 「동양정치사상사」 제8권 1호 (2009), 148.

'천민(天民)'과 또 다른 유사한 의미는 '나의 백성'이라는 용어에서도 발견할 수 있다. 이스라엘 백성을 하나님은 '나의 백성'이라 부르는데 이것은 '하나님의 백성'이라는 뜻이다. 하나님은 자기 백성을 노예의 땅 이집트에서 이끌어 내어 자유의 백성으로 만들어 약속의 땅에 정착하게 하였는데 어떻게 하나님의 소유물인 이스라엘 백성을 동족인 이스라엘 사람들이 노비로 만들 수 있느냐는 것이다. 그래서 히브리 노비를 '나의 종' 즉 '하나님의 종'이라 부르는데(레 25:42) 이 용어는 '너희 동족 이스라엘 자손'이라는 설명이 뒤따라 나온다(레 25:46). 혹여나 빚을 갚지 못해 노비가 되었다 할지라도 히브리 노비는 하나님의 백성이지 하나님의 백성에서 분리된 존재가 아니라는 뜻이다.

2) 채무노비 해방과 생활대책

천민사상(天民思想)을 내세운 조선 초기 태조 이성계는 채무로 인해 양인을 노비로 만드는 것을 금지시키는 조치를 취하였다. 그리고 만일 빚을 갚지 못할 경우 채무의 액수만큼만 채권자에게 가서 일하게 한 후 방면하도록 하였다.[124] 즉 노비가 아니라 품꾼으로 일하도록 한 것이며 「태조실록」에 기록된 내용은 다음과 같다;

> "다섯째는, '부채 노비(負債奴婢)를 금지해야 된다'고 하였는데, 도평의사사에서 의논이 적당하다고 여깁니다. 우리 조정에서는 양민(良民)과 천민(賤民)의 법이 매우 엄격한데, 양민(良民) 가운데 부채를 갚지 못한 사람을 영구히 노비로 삼으니 매우 이치에 맞지 아니합니다. 지금부터는

---

124 지승종, 「조선전기노비신분연구」(일조각, 1995), 146.

부채를 갚지 못하면 제공한 전곡(錢穀)의 수량을 노비(奴婢) 역가(役價)의 수량과 비교하여 부채(負債)의 수량을 다 갚은 사람은 방면(放免)하게 하고, 한 본전에 한 이자로 하여 함부로 역사(役事)하지 못하게 하고, 이를 일정한 규정으로 삼고, 어긴 사람이 있으면 양민을 압박하여 천민으로 삼는 죄로 논죄(論罪)하게 하소서."

임금이 말하였다.

"그 음사(淫祀)의 금지는 예조에 내리어 상세히 상정(詳定)하여 보고하도록 하라."[125]

「태조실록」의 내용을 설명한다면, 채무는 일을 하여 갚도록 하였는데 모두 갚은 사람은 해방시키도록 하였다. 품삯은 노비가 일하는 역가인 하루에 포삼십척(布三十尺)이었다.[126] 그리고 채무에 대해 과도한 이자를 부과하지 말도록 하였으며 이를 위반할 때는 불법으로 억압하여 양민을 노비로 만들었다는 범죄로 다스리겠다는 것이다.

채무노비 금지와 더불어 시행한 것은 토지개혁이었다. 즉 과전제(科田制)를 실시해서 농민에게 토지를 재분배하면서 노비를 해방시킨 것이다.[127] 채무노비의 문제가 경제적인 것이었기에 가정 경제를 안정시킬 수 있는 토지를 재분배하면서 노비를 해방시켜 실질적인 효과를 얻도록 하였다.

—

125 「太祖實錄」 2, 태조 원년 11월 갑오조. '五曰, 禁負債臧獲。使司議得, 本朝良賤之法甚嚴, 以良人負債未償者, 永爲臧獲, 甚爲非理。自今負債未償, 以其所供錢穀之數, 比奴婢役價之數, 債數盡者免放, 一本一利, 毋得濫役, 以爲恒規, 如有違者, 以壓良爲賤論。' 上曰: '其淫祀之禁, 下禮曹, 備細詳定申聞。'

126 「高麗史」 39, 형법조, 노비조. 이 역가는 고려 성종 5년(986년)에 정해진 것이었다.

127 이경식, 「한국중세토지제도사-조선전기」 (서울대학교출판문화원, 2012), 10.

구약의 노비해방법에 나타난 내용도 채무노비 해방이라는 면에서는 비슷하다. '히브리 노비'로 부르기도 하는 이스라엘인 노비는 주로 빚을 갚지 못해 노비가 된 채무노비(debt-slaves)였으며 안식년(출 21:2-11), 면제년(신 15:12-18), 희년(레 25:39-46) 등의 경우에 해방될 수 있었다.[128]

채무노비가 되는 근본 원인은 생활비의 부족으로 인한 것이었다. 먹을 것이 없으니 곡식을 빌릴 수 밖에 없고 빌린 빚을 갚지 못하니 노비로 팔려갈 수 밖에 없는 것이다. 특히 주전 8세기 때 세력가들이 토지를 확대하여 대농장을 형성하면서 가난한 농민들이 땅을 잃어버리는 일이 많이 일어났는데, 땅을 잃어버린 농민은 결국 채무노비로 전락하는 경우가 많았다(미 2:2; 사 5:8).[129]

잠언에서도 채무노비가 있음을 기정사실로 인정하고 있다; "부자는 가난한 자를 주관하고 빚진 자는 채주의 종이 되느니라"(잠 22:7). 채무노비는 주로 과중한 세금을 납부하지 못해서, 혹은 재해나 기근 때문에 발생하였다.

노비해방법인 계약법전(출 21:2-11)과 신명기법전(신 15:12-18), 그리고 성결법전(레 25:39-46) 등 모든 법전은 당시의 제도에 의하여 이스라엘인이 채무노비가 된 경우라 하더라도 궁극적으로는 품꾼으로 대하도록 하였다.[130] 계약법전에서는 6년 동안 노비로 일했으면 7년째는 해방시키도록 하였는데 생활대책에 대해서는 언급이 없다. 그러나 신명기법전에는 7년째 해방을 시키면서 양식과 양떼를 주도록 되어 있다. 한걸음 더 나아가 성결법전에는 근본적인 생활대

---

128 J. Milgrom, *Leviticus 23–27* (New York: Doubleday, 2001), 2214.

129 R. Coote, 우택주 역, 「아모스서의 형성과 신학」 (대한기독교서회, 2004).

130 R. Klein, "A Liberated Lifestyle: Slaves and Servants in Biblical Perspective". *Currents in Theology and Mission*, 9 no. 4 (1982, 8), 213–214 212–221.

책인 토지를 확보할 수 있도록 하였다.

그런데 특이한 것은 노비해방법 가운데 계약법전과 신명기법전의 경우 이스라엘 노비 가운데 자원해서 종신 노비가 되는 길을 열어두고 있다. 왜 이러한 길을 열어두고 있는가?

계약법전의 경우 남종은 해방되는데 만일 결혼해서 종이 되었으면 함께 해방된다. 그러나 만일 주인의 노비와 결혼했으면 결혼한 여종도 그리고 그 자녀도 주인의 소유이기에 함께 해방되지 않는다. 만일 가족인 여종과 아이들과 함께 있고 싶으면 주인집에 종신토록 있어야 한다(출 21:4-6). 이 경우는 노비 주인의 재산권을 인정하기 때문에 일어나는 현상이기는 하지만, 아무런 생활대책이 없는 노비해방의 경우 해방된 노비의 경제적 상황이 취약한 점이 원인이 될 수도 있다.

신명기법전의 경우 남녀노비 모두 해방될 수 있고 해방될 때는 곡식과 양 등 생활에 필요한 물품까지 받을 수 있었다(신 15:12-14). 부분적이지만 긴급한 생활대책이 마련된 것이다. 그러나 만일 노비가 주인과 함께 살고 싶어 한다면 영영히 노비가 되는 길을 열어놓고 있다(신 15:16-17). 이러한 조치는 노비의 선택권을 넓혀주는 것이다. 비록 물품을 받고 해방될 수 있는 기회가 주어졌지만 독립해서 살 수 있는 능력이 부족하다거나 경제적인 독립이 어려울 때 주인과 함께 살 수 있을 길을 택할 수 있다는 것이다.

그러나 성결법전의 경우에는 영영히 노비가 되는 길을 열어놓지 않았다. 근본적인 생활대책인 토지가 확보되기 때문에 아무도 영영히 노비를 택하는 경우가 일어나지 않는 것이다.

여기서 우리가 발견할 수 있는 것은 노비 해방이라는 것이 단순히 인권 문제가 아니라 경제문제와 결부되어 있고 오히려 경제문제가 근본적인 문제일 수 있다는 점이다.[131] 경제문제가 해결되지 않은 노비 해방이라는 것은 헛구호에 그칠 수가 있다. 그래서 생활기반이 되는 토지가 확보되는 성결법전의 희년제도야 말로 실질적인 노비 해방법으로 간주할 수 있는 것이다.

노비해방법을 볼 때 가능한 한 이스라엘 백성을 노비로 만들지 말아야 하며 노비가 되었다 하더라도 품꾼같이 지낼 수 있도록 하고 기간을 채운 후에는 해방시켜야 한다고 되어 있다. 그러나 외국인은 제외되어 있다. 왜 이런 또 다른 이원적인 노비관이 나타나는 것일까?

성결법전의 노비해방법은 잃어버린 토지를 되찾는 것에 그 바탕을 두고 있다(레 25:23-28). 그러나 외국인은 처음부터 토지를 분배받은 적이 없었기 때문에 이러한 법을 적용할 수 없어 제외시킨 것으로 보인다. 또한 신명기법전은 노비해방법의 근거를 출애굽 사건에서 찾았다(신 15:15). 그런데 외국인은 출애굽한 백성이 아니기에 제외시킨 것으로 보인다. 마지막으로 계약법전은 '히브리 종'이라는 표현을 통해 해방 대상을 이스라엘 백성으로 한정시켰다(출 21:2). 외국인을 노비 해방법에서 제외시킨 것은 현실과 이상을 조화시키려는 타협에서 나온 것일 수도 있다. 고대 사회에서 노비가 필요했고 또한 노비제도는 엄연히 존재하지만 신학적으로 동족을 노비로 방치할 수는 없는 딜레마를 해결하기 위해서 이러한 이원적인 노비관을 만들었다고 볼 수 있다.

또 다른 이유를 찾아본다면 그것은 외국인 노비의 취약성에서 찾

---

131 경제적 요인을 중심으로 노비 문제를 파악하고자 하는 연구들은 다음과 같다; Zipporah G. Glass, "Land, slave labor and Law: Engaging ancient Israel's economy," *JSOT* 91 (2000), 27–39; 정중호, "구약의 노비 해방법과 조선 후기 노비 현상," 「구약논단」 제18권 1호 (2012), 154–177.

아 볼 수 있다. 사실 이스라엘은 지정학적 위치로 볼 때 동족과 외국인을 구별하기 쉽지 않다. 결국 외국인 노비란 가장 취약하고 가난한 계층이었다. 이들이 일용노동 외의 다른 길이 없는 상태에서 노비로 계속 머문다는 것은 생활이 보장되는 효과도 있었다. 적어도 굶지는 않고 거주할 곳이 제공되며 신변보장의 혜택을 받을 수 있었기 때문이다. 만일 노비 해방법에 포함되어 외국인 노비가 해방된다 하더라도 생활기반인 토지도 없고 재산도 없는 상태이기에 쉽게 다시 노비가 될 가능성이 높은 것도 현실이었다.

조선 시대 노비가 급격히 증가한 원인을 찾아보면 조세와 부역 그리고 군역을 감당하기 힘들어 스스로 자원해서 세력가들의 노비로 가는 양인들이 많았다는 사실을 발견할 수 있다.[132] 소위 노비투탁(投託)현상이다. 즉 경제적 이유로 인해 양인이 노비 처지를 부러워하게 될 때 노비 해방이라는 것은 의미가 없어지는 것이다. 따라서 노비해방은 생활대책이라는 경제적 대책과 병행해야 실효를 거둘 수 있다. 그렇지 않으면 명분만 해방이지 사실은 굶주리고 거처할 곳이 없는 사람들을 추방하는 방편으로 악용될 소지가 있다. 결코 노비제도가 좋은 제도라고 강변하는 것이 아니다. 다만 무엇이 그나마 가장 가난하고 취약한 사람들에게 유리한 지를 면밀히 검토할 필요가 있다는 것을 지적한 것이다. 분명한 것은 구약의 노비해방법이 신분의 자유를 주면서 경제적 자립을 할 수 있도록 조치하는 것이 필수적이라는 사실을 강조한 것이다. 그래서 희년제도의 필요성이 부각되고 생활기반이 되는 토지가 확보됨으로서 실질적인 노비해방의 목적을 달성할 수 있게 되는 것이다. 사실 현대 자본주의 사회가 노비제도를 인정하고 있지는 않지만 노비 못지않게 속박

---

132 지승종, "朝鮮前期의 投托과 壓良爲賤," 「사회와역사」 제8권 (1987.12), 17-19.

당하고 착취당하는 노동자들이 있다는 사실을 눈여겨 볼 때 오늘날에도 경제적 여건이 뒷받침되는 '진정한 해방'이 필요하다는 점을 발견하게 된다.

3) 노비 보호 및 복지 혜택

조선에는 천민사상(天民思想)에 근거하여 상전이 노비를 죽였을 때는 반드시 그 죄를 묻게 되어 있었다. 즉 노비의 생명을 법으로 보호하려는 것이다. 구약에도 노비의 생명을 보호하도록 하였고, 노비가 상해를 입었을 경우 노비 주인이 보상을 해주거나 처벌을 받게 된다. 만일 노비 주인이 노비의 한 눈을 쳐서 상하게 하거나 이를 쳐서 빠뜨리게 했다면 그 보상으로 주인은 노비를 방면시켜야 한다(출 21:26-27). 이러한 규정은 노비 주인이 함부로 취약한 노비를 상해할 수 없도록 노비를 보호하는 장치라 할 수 있다.

또한 계약법전에 의하면 매로 노비를 쳐서 죽였을 때 노비의 주인이 형벌을 받아야 한다(출 21:20). 그러나 「개역개정」 번역에 의하면 노비가 하루나 이틀을 연명하면 노비 주인은 형벌을 받지 않는다고 되어 있다. 이러한 규정은 사람을 쳐죽인 자는 반드시 죽일 것이라는 출애굽기 21장 12절의 내용과는 과연 다른 것일까? 노비에게 적용되는 살인의 규정과 양민의 살인에 관한 규정은 다른 것일까? 이러한 현상은 고대 중동의 문헌에 나타나는데 일반 백성에 대한 규정과 노비에 대한 규정을 다르게 정하고 있는 것을 볼 수 있다.[133] 그러나 이빨을 쳐서 빠뜨리게 해도 노비를 방면해야한다는 규정을 참조할 때(출 21:26-27), 그리고 일반백성에 관한 것과 노비에 관한

---

133 B. S. Childs, *The Book of Exodus* (OTL; Philadelphia: Westminster Press, 1974), 471.

것을 같은 규정 안에서 정하고 있는 것을 볼 때 차별을 둔다고 볼 수는 없다. 과연 주인은 이틀 후에 죽을 정도로 노비에게 심한 매질을 해도 된다는 것인가? 이러한 의문을 해결하기 위해서 출애굽기 21장 20-21절 부분을 다시 해석할 필요가 있다.

계약법전은 특이하게 노비법부터 시작된다. 고대중동의 법전에는 노비에 관한 항목은 나중에 편재되어 있는데 비해 이스라엘의 법전에는 노비법부터 시작되는 것이 독특하다. 계약법전의 노비법 가운데 출애굽기 21장 20-21절은 해석상 논란이 되어 왔던 부분인데 특히 "그(노비)는 상전의 재산임이라"(21절)는 구절이 과연 노비를 위한 것이냐 하는 논란을 불러일으켰다. 그리고 21절에 노비가 죽을 만큼 매질을 했는데도 불구하고 가해자인 주인이 형벌을 면한다는 것이 과연 정의로운 처사인지에 대해 의문이 들 수밖에 없다.

우선 20절은 노비 주인이 노비를 살해했을 경우다. 그런데 이러한 죄에 대한 형벌이 특이하다. 나콤 이나켐(נָקֹם יִנָּקֵם)을 「개역개정」에서는 "반드시 형벌을 받으려니와"라고 번역하고 있지만 정확하게 번역한다면 "반드시 복수를 당할 것이다"라고 번역할 수 있다. 왜냐하면 나캄은 법정에 의해 형벌이 실시되는 형태가 아니라 살해당한 가족이 피의 복수자(고엘 하담[גֹּאֵל הַדָּם])가 되어 살해자를 추적하여 복수하는 형태 혹은 하나님께서 직접 형벌을 가하는 경우에 사용되기 때문이다.[134] 이 경우 살해자인 노비주인은 죽임을 당하게 된다. 법정에서 법적으로 선고할 때는 사형을 모트 유마트(מוֹת יוּמָת [출 21:12,17])로 표현하는 반면 하나님 혹은 피의 복수자에 의한 형벌은 '나캄'이라는 용어를 사용한다.[135]

---

134 G. C. Chirichigno, 윗글, 165.

135 G. C. Chirichigno, 윗글, 166-167.

왜 '무트'를 사용하지 않고 '나캄'을 사용했느냐? 이스라엘 노비의 경우에는 살해되었을 경우 가족이나 친족들이 피의 복수자가 되어 살해자를 처단할 수 있거나 혹은 법정에 고소해서 형벌을 받도록 할 수 있다. 이 경우에는 12절처럼 '무트' 라는 용어를 사용하면 된다. 그러나 외국인 노비의 경우에는 살해된 노비를 위해서 행동할 대리자가 없기 때문에 살인죄가 덮여버릴 수 있다.[136] 살인죄가 덮여버리면 결국 공동체 전체가 살해에 대한 책임을 질 수밖에 없다.[137] 따라서 공동체 혹은 하나님에 의해 정의로운 심판을 행해져야 하기 때문에 '나캄'이라는 단어를 사용하게 된 것이다. 결국 20절은 피의 복수자의 역할을 할 사람이 없는 외국인 노비를 보호하기 위한 조항이라 볼 수 있다

21절에 대한 논란의 핵심은 야아모드(יַעֲמֹד)에 대한 해석이다. 「개역개정」을 비롯하여 많은 번역들이 '생존하다(survive)'라는 뜻으로 야아모드를 번역했다.[138] 이러한 번역은 「70인역」의 영향으로 볼 수 있는데 「70인역」에서는 '생존하다'라는 뜻으로 디아비오세(diabiw,sh|)라고 번역되어 있다. 이렇게 해석해서 번역하면 「개역개정」처럼 "그가 하루나 이틀을 연명하면 형벌을 면하리니"라고 번역할 수 있다. 그러나 1-2일 후에 죽는다 하더라도 사람을 죽인 죄에서 벗어날 수는 없다. 그런데도 형벌을 면한다고 하는 것은 이치에

---

136 G. E. Mendenhall, *The Tenth Generation: The Origins of the Biblical Tradition* (Baltimore: The John Hopkins University Press, 1973), 90–91.

137 공동체 안에서 살인사건이 일어난 경우 공동체가 책임을 져야 한다. 따라서 범인을 알 수 없는 의문의 피살자가 일어난 경우에도 가장 가까운 마을공동체가 책임을 지도록 하였다(신 21:1–9). 고대 중동에서는 통치자가 책임지는데 이스라엘에서는 공동체가 책임을 지도록하는 점이 특이하다. F. C. Fensham, "Widow, Orphan and the Poor in Ancient Near Eastern Legal and Wisdom Literature", *JNES* 21 (1962), 135.

138 「개역개정」, NRSV, NJB.

맞지 않다. 따라서 아마드(עמד)를 어떻게 번역해야할지 다시 살펴볼 필요가 있다.

그런데 구약에서는 '아마드'를 '생존하다'로 번역할 수 있는 예가 없다.[139] 만일 '생존하다'라고 표현하려면 하야(חָיָה)라는 용어를 사용했어야 한다. '아마드'의 기본 뜻은 서다(stand)이다. 따라서 '하루 이틀 만에 일어서다'라고 번역하는 것이 적합하다.[140] 비록 노비가 주인으로부터 매를 맞았다 하더라도 하루 이틀 만에 일어난다면 주인은 형벌을 면하게 되는 것이다. 이러한 법은 바로 앞에 기록되어 있는 양민의 경우(출 21:18-19)와 차이가 없는 법임을 알 수 있다.

그러면 '노비는 그의 재산이다'라는 구절은 무엇을 의미하는가? 챠일즈(B. S. Childs)는 주인이 재산상 손해를 보았기 때문에 더 이상 주인을 문책할 필요가 없다고 해석하였다.[141] 혹은 고의적 살해냐 혹은 비고의적 살해냐를 구분하기 위해 후대에 첨가한 것으로 볼 수도 있지만 비고의적 살해라 하더라도 형벌을 완전히 면할 수는 없다. 따라서 이러한 이유 때문에 이 구절이 있어야 된다고 보기는 힘들다. 그런데 치르시노(G. C. Chirichigno)는 노비의 소유주인 주인이 상처받은 노비를 치료할 책임이 있다는 것을 명시한 것으로 보았다.[142] 매질을 당한 노비는 비록 일어나기는 했지만 여전히 치료

---

139 G. C. Chirichigno, *Debt–slavery in Israel and the ancient Near East*, 173.

140 이러한 번역에 동조하는 학자들과 번역본은 다음과 같다; G. H. Davis, *Exodus* (TBC; London: SCM Press, 1967), 177–178; D. Patrick, *Old Testament Law* (London: SCM Press, 1985), 76; D. Daube는 18–19절과 20–21절이 유사하다고 주장하였다; D. Daube, "Direct and Indirect Causation in Biblical Law", *VT* 11(1961), 248.

141 B. S. Childs, 윗글, 471.

142 G. C. Chirichigno, 윗글, 176.

가 필요하다(출 21:19 참조). 따라서 이 구절은 다른 사람이 아닌 노비의 소유주이며 가해자인 주인이 노비를 치료할 책임이 있음을 명시한 구절이라 볼 수 있다. 이러한 결론도 양민의 경우인 19절과 유사함을 또한 발견할 수 있다.

21절의 경우에도 외국인 노비와 이스라엘 노비를 구별해서 이야기 하지 않는다. 노비라면 누구나 이러한 보호와 돌봄을 받아야 한다는 뜻의 규정이다. 특히 바로 앞에서 양민의 상해의 경우 치료와 배상이 따른다는 규정과 20-21절의 노비에 관한 규정이 별반 차이가 없음을 발견할 수 있다. 따라서 이스라엘의 노비법은 고대 중동의 노비법보다 노비의 안전과 보호에 더 관심을 기울였음을 알 수 있다. 이러한 처우는 26-27절에 분명히 나타난다. 즉 노비의 눈이나 이빨을 상하게 했으면 치료할 수 없는 영구적인 상처를 입힌 것이기에 노비를 해방시켜야 한다고 되어 있다. 물론 여기서도 외국인 노비와 이스라엘 노비 사이의 차별은 없다.

노비를 보호하는 또 다른 모습은 노비추쇄(奴婢推刷)를 금지시키는 조치에서 찾아 볼 수 있다. 노비는 재산상 큰 비중을 차지하고 있었기 때문에 도망친 노비를 붙잡아 오는 노비추쇄(奴婢推刷) 관행은 일반적인 현상이었다. 조선시대에 노비추쇄 관행이 있었으나 조선시대 후기 정조는 도망한 노비의 처벌법인 노비추쇄법(奴婢推刷法)을 폐지하였다.[143] 구약에도 이러한 두 가지의 양상을 발견할 수 있다.

솔로몬 왕 때 시므이가 블레셋으로 도망친 노비를 다시 붙잡아 오는 사건이 있었다(왕상 2:39-40). 시므이는 사실 예루살렘을 벗어나면 죽을 수도 있었는데 그러한 위험을 무릅쓰고 노비를 붙잡

---

143 「正祖實錄」 권20, 정조 9년, 7월 기유; 전형택, "조선후기 사노비의 추쇄," 「전남사학」 6집 (1992), 62-69.

아 오기 위해 블레셋 가드까지 갔다는 것은 노비추쇄에 대한 의지가 강했다는 것을 알 수 있다. 그러나 신명기 법전에는 도망 온 노비를 주인에게 다시 돌려보내지 말라고 되어 있다(신 23:15-16). 이스라엘 땅이 하나님의 거룩한 땅이기에 일종의 도피성과 같은 역할을 한다고 볼 수 있다. 또한 도망친 노비가 다시 붙잡혀 원주인에게 갔을 때는 가혹한 처벌을 받기 때문에 노비를 보호하기 위한 조치라 볼 수 있다.

조선에는 천민사상을 바탕으로 노비에게도 복지혜택이 돌아갈 수 있도록 하였으며 왕명으로 강조하였다. 비록 노비주인인 사대부들은 왕명이기에 거역하지는 않았지만 자발적인 분위기도 아니었고 광범위하게 실시되었다고 보기도 힘들다. 그러나 적어도 왕실에서는 노비도 다양한 복지혜택을 누릴 수 있도록 노력하였다.

구약의 경우, 노비를 '하나님의 백성'이라 인정한다면 일반 백성이 향유할 수 있는 복지혜택을 노비도 누릴 수 있어야 한다. 이스라엘 노비인 경우에는 이스라엘 백성이 가지는 권리를 대부분 행사할 수 있었다. 제사에도 참여하고 절기에도 참여하며 토라에 나타난 혜택을 모두 받을 수 있었다.

그리고 복지혜택의 경우 이스라엘에서는 히브리 노비와 외국인 노비를 크게 구별하지 않는 경향이 있었다. 우선 안식일에 일을 하지 않고 휴식할 경우 노비도 함께 휴식해야 한다(출 20:10; 신 5:14). 사실 노동의 경우, 안식일 규정에 의해 가장 많은 혜택을 누리는 사람은 바로 노비들이었으며 이 경우에도 히브리 노비와 외국인 노비 간에 차별을 두지 않는다.

제사장의 노비의 경우, 제사장만 먹을 수 있고 양민들은 먹을 수 없는 거룩한 음식을 제사장 노비는 먹을 수 있었다(레 22:11). 왜냐하면 그 음식을 먹을 수 없으면 제사장 노비는 굶주릴 수밖에 없기 때문이다. 이 경우에도 히브리 노비와 외국인 노비 간에 차별을 두지 않는다.

외국인 노비라 하더라도 제의에 참여하는 방안이 있었는데 할례를 받고 제의에 참여하였다(출 12:44, 48). 즉 할례의식을 통해 하나님과 계약을 맺은 후에야 유월절 음식을 먹을 수 있었다. 그러므로 이스라엘에서는 이스라엘 노비와 외국인 노비를 불문하고 노비를 보호하는 정책을 실시하였으며 노비에게 복지의 혜택을 주기도 하였고 제의에 참여시키기도 하였다.

4) 왕권강화

'하나님의 백성' 사상이 포함된 노비해방법이 '천민사상'과 마찬가지로 노비를 소유하는 세력가들에 대한 왕권을 강화시키는 효과는 없는지 검증할 필요가 있다.

이스라엘 백성을 '하나님의 백성'이라고 했을 때 그리고 하나님의 백성을 동족인 이스라엘 사람들이 함부로 노비로 만들 수 없고 노비가 되었어도 품꾼처럼 대해야 한다고 하면 철저한 신분제가 아닌 평등한 한 민족의 개념이 들어가게 된다. 그리고 노비 주인의 소유 개념이 약화되며 노비 주인의 권한이 축소된다. 일반 백성들도 노비를 소유할 수 있지만 노비를 많이 소유하는 사람들은 대지주이거나 세력가들이다. 노비가 '하나님의 백성'이기에 세력가들이 노비를 마음대로 함부로 대할 수가 없으며 적어도 품꾼의 대우를 해 주어야 한다.

이러한 상황에서 왕의 위상은 어떻게 될까? 시온신학에 의하면 왕은 하나님에 의해 임명되고 기름부음 받은 거룩한 신분이며 지상에서 하나님을 대리해서 하나님의 백성인 이스라엘 백성을 통치하는 인물이다. 마치 조선에서 "임금의 직책은 하늘을 대신하여 만물을 다스리는 것이다(人君之職 代天理物)"라고 말하는 것과 유사하다.[144] 왕이 하나님을 대신해서 하나님의 백성을 다스린다면 이스라엘 왕은 노비도 통치할 수 있다는 이야기가 된다. 즉 세력가들이 아무리 많은 노비를 소유하고 있다고 해도 왕명에 의해 노비를 동원할 수 있게 된다. 결국 '하나님의 백성' 사상은 '천민사상'과 마찬가지로 왕권을 강화시켜 주고 세력가들의 권력을 약화시키는 효과가 있다.

시드기야 왕의 경우 왕이 노비를 해방시키는 일을 주도하는 모습에서 '하나님의 백성' 사상이 현실적으로 구현되는 모습을 볼 수 있으며 왕권을 강화시키는 모습을 볼 수 있다.[145] 시드기야 왕은 '예루살렘에 있는 모든 백성'과 계약을 맺었는데 그 내용은 "사람마다 각기 히브리 남녀 노비를 놓아 자유롭게 하고 그의 동족 유다인을 종으로 삼지 못하게 한 것이라"(렘 34:9)는 것이다. 시드기야 왕은 예루살렘 사람들과 협상하고 계약을 체결하는 절차를 거친 후 노비를 해방시킬 수 있었다. 사실 조선에서도 왕이 노비를 동원할 수는 있었지만 노비를 면천시켜 해방시킬 때는 왕이 노비 주인에게 보상하는 경우를 볼 수 있다.[146] '하나님의 백성'과 '천민사상' 모두 왕의 노비에 대한 통치권은 인정하지만 노비의 소유권은 노비 주인에게 있음을 인정하고 있다.

---

144 「世宗實錄」 권37, 세종 9년 8월 갑신.

145 정중호, "시드기야 왕의 노비 해방과 왕권강화," 「구약논단」 제18권 2호 (2012), 188–195.

146 「世宗實錄」 권95, 세종 24년 2월 기해. 고려 태조 왕건이 노비를 면천시킬 때도 소유주에게 배상하였다. 「高麗史」 1 世家 태조 원년 8월 辛亥 詔.

5. 결론

구약에 나타나는 이원적인 노비관에 대해서 명쾌한 해석을 하기가 어려운 상황에서, 조선 초기에 나타나는 이원적인 노비관을 분석하여 구약의 노비관을 새로운 각도로 조명하였다.

조선 초기에 나타난 천민사상(天民思想)은 노비도 양민과 마찬가지로 하늘이 낸 백성임을 밝힌 것으로 신분제의 바탕을 이루는 귀천지분론(貴賤之分論)과 과 더불어 이원적인 노비관을 형성하고 있었다. 서로 상충되는 이러한 노비관이 나타난 이유는 조선 초기 건국세력들이 국가를 재정비하는데 필요하였기 때문이다. 천민사상을 강조함으로서 노비소유주인 사대부들에 대한 통제를 강화할 수 있었고 왕이 노비를 동원하고 통치할 수 있는 근거를 마련하여 왕권을 강화시키고 국력을 신장시키려 하였다. 그리고 이러한 사상을 바탕으로 사노비의 대부분을 점유하고 있는 채무노비를 금지하고 일정 기간이 지나면 방면하도록 하였다. 특별히 주목할 것은 이러한 노비 해방을 실시할 때 토지개혁인 과전제(科田制)를 겸해서 실시하여 노비들이 해방과 더불어 토지를 확보하여 근본적인 생활대책을 마련할 수 있도록 하였다는 점이다.

구약에서도 당시 관습적으로 시행된 노비제도를 용인하고 있었지만 창조신학을 통해 인간의 평등함을 강조하였고 출애굽 사건을 통해 하나님의 백성인 이스라엘 백성을 노비로 삼지 말아야 한다는 점도 강조하였다.

이스라엘 노비는 조선의 사노비의 경우와 마찬가지로 채무노비였으며 6년 동안 노비로 복역한 후 해방시키도록 하였다(계약법전, 신명기법전). 그리고 성결법전에는 희년제도를 통해 노비를 해방시키는데 토지회복을 통해 근본적인 생활대책을 마련하여 실질적인 노비해방을 실시하도록 하였다. 노비해방법을 분석하여 재해석한 결과 종신노비의 길을 열어두고 있는 이유는 해방된 노비의 생활대책과 관련이 있는 것임을 발견할 수 있었다. 즉 노비의 문제는 인권의 문제이기도 하지만 보다 더 근본적인 문제는 경제문제인 것을 확인할 수 있었고, 구약의 노비해방법도 이러한 면을 주목하여 강조하였다는 사실을 발견할 수 있었다.

조선에서는 천민사상을 바탕으로 노비를 보호하였고 복지혜택도 받을 수 있도록 하였으며 국가의례에도 참여할 수 있도록 하였다. 구약에서도, 구약의 노비법이 주변 나라보다 노비 보호에 더 많은 관심을 기울였고 양민과 별 차이 없이 노비를 보호하려 했다는 사실을 계약법전 해석을 통해 확인할 수 있었다. 그리고 이스라엘 노비와 외국인 노비를 불문하고 노비에게 복지의 혜택을 주기도 하였고 제의에 참여시키기도 하였다.

그리고 조선에서 왕권강화와 국력신장을 위해 천민사상을 강조하였듯이 구약에도 하나님의 백성이라는 사상이 포함된 노비 해방법은 왕권을 강화시키는데 기여할 수 있다.

CHAPTER 05

제5장

이자금지와 채무면제

느헤미야와 신라의 문무왕

제 5 장

•이자금지와 채무면제
– 느헤미야와 신라의 문무왕

1. 서론

고대 사회나 현재나 이자금지와 채무면제는 일상적인 경제활동을 얼어붙게 만들며 경제의 흐름에 순간적으로 큰 타격을 입히게 된다. 따라서 자본주의 금융체제에 익숙해있는 현대인으로서는 도무지 받아들일 수 없는 이야기로 들린다. 당연히 이자금지와 채무면제에 관한 성경 본문(출 22:25-27; 레 25:35-38; 신 15:1-11; 23:19-20)을 읽는 현대인들은 과연 이러한 법이 현실에서 실행될 수 있는 것일까라는 의문을 품게 된다.

그런데 현대에서도 부분적으로는 이자금지와 채무면제가 실시되는 경우가 있다. 종교적인 신념에 의해 이슬람을 신봉하는 국가에서는 이자금지를 실천하는 경우도 있다.[147] 그리고 아프리카의 악성 채무국가에 대해서 채권국가가 과감하게 이자를 면제해 주거나 부분적이지만 채무를 면제해 주는 경우가 있다.[148] 이것은 지구촌 전체의 경제적 정치적 안정을 위해 필요한 것이기에 시행하는 것이다. 또한 회사가 부도났을 때 혹은 개인이 파산을 신청했을 때 채권자들이 합의해서 채무조정을 실시하여 채무를 면제해 주는 경우도 있다. 이 또한 경제적 사회적 안정을 위해서 필요한 조치이기 때문에 실시하고 있는 것이다.

고대에서도 부분적이지만 이자금지와 채무면제를 실시한 예가 있다. 주전 약 2350년 경 수메르 도시국가인 라가쉬(Lagash)의 왕 우루-이님기나에 의해 작성된 법에서 채무면제를 발견할 수 있으며, 아테네에서 집정관으로 선출된 솔론이 주전 594년에 채무면제를 실시하였고, 고대 로마에서도 채무경감이 선포된 적이 있었다.[149]

따라서 이자금지와 채무면제가 완전히 비현실적인 조치가 아니라 특별한 경우에는 실시될 수도 있다는 가능성을 발견할 수 있다. 그리고 이자금지와 채무면제가 성경에 법령으로 기록되었다는 것은 어느 정도 실현 가능한 것이기에 실려있는 것으로 볼 수 있다. 이러한 면들을 살펴볼 때 좀 더 다각도로 구약에 나타나는 이자금지와 채무면제가 현실에서 실시될 수 있는 지 그 가능성을 타진할 필요

---

147 한덕규, "이슬람 세계와 이자금지," 「한국이슬람학회논총」 13-1집 (2003), 146-159.

148 권율, 박수경, "최근 공적개발원조 현황과 부채탕감 거품 효과," 「오늘의 세계경제」 8집 18호 (2008. 5. 13), 1-4.

149 Jerrold S. Cooper, *Sumerian and akkadian royal inscriptions: presargonic inscriptions* (Winona Lake: Eisenbrauns, 2010), 70-74; Marvin L. Chaney, "Debt Easement in Israelite History and Tradition," in David Jobling et al (eds), *The Bible and the politics of exegesis: essays in honor of Norman K. Gottwald on his sixty-fifth birthday* (Cleveland: Pilgrim Press, 1991), 132-133.

가 있다.

구약에서 이자금지와 채무면제가 어느 정도 시행되었는지 알 길이 없지만 실제로 시행되었음을 알려주는 사례는 느헤미야의 경우이다(느 5:1-13). 그리고 고대 한국에도 이자금지와 채무면제 사건이 일어난 것을 발견할 수 있다. 삼국을 통일한 신라의 문무왕이 왕명을 내려 이자를 금지시키고 채무를 면제시켰다. 본 연구는 이러한 두 가지의 사례를 분석하여 비교하면서 진행하게 될 것이다.

이자금지와 채무 면제에 대한 선행연구를 살펴볼 때 느헤미야의 정책에 대한 논문을 발견할 수는 있었으나 문무왕의 정책에 대한 연구는 찾아보기 힘들었다. 더구나 느헤미야와 문무왕을 비교한 연구는 미개척 분야다. 선행연구는 느헤미야와 문무왕의 사례를 비교하면서 비평적으로 활용하게 될 것이다.

중요한 선행 연구로는 이자금지와 채무면제가 '사회적 보험의 원시적 도구'라고 주장한 글래이저(Edward L. Glaeser)와 샤인크만(José Scheinkman)의 연구,[150] "느헤미야 5장: 경제적인 위기가 아니다"고 주장한 기욤(Philippe Guillaume),[151] 그리고 이러한 주장을 논평한 밀러(Marvin Lloyd Miller)를 들 수 있다.[152] 또한 이자금지와 채무면제가 정치적인 역학과 관련이 있고 특히 통치자의 권력 강화와 관련이 있다는 체이니(Marvin L. Chaney)의 주장,[153] 그리고

—

150 Edward L. Glaeser and José Scheinkman, "Neither a Borrower Nor a Lender Be: An Economic Analysis of Interest Restrictions and Usury Laws," *Journal of Law and Economics* 41, No. 1 (April 1998), 1–36.

151 Philippe Guillaume, "Nehemiah 5: No Economic Crisis," *Journal of Hebrew Scriptures* 10 (2010), 1–21.

152 Marvin Lloyd Miller, "Nehemiah 5: A Response to Philippe Guillaume," *Journal of Hebrew Scriptures* 10, (2010), 1–7.

153 Marvin L. Chaney, 윗글(1991), 128, 각주 6.

이와 유사한 주장을 한 쿠트(R. B. Coote)를 비평적으로 연구하여 활용하게 될 것이다. 또한 공동체적 정신인 '형제애'를 강조한 샤인(Andrew Schein)의 주장도 주목하여 활용할 것이다.[154] 마지막으로 문무왕의 정책에 대해 연구한 조법종의 연구를 분석하여 활용할 것이다.[155]

따라서 본 연구의 목적은 느헤미야와 문무왕이 시행한 이자금지와 채무면제 사건을 비교하면서 유사점과 차이점, 그리고 이러한 사건과 관련된 핵심적인 질문에 대답하는 것이다. 즉 이러한 사건이 왜 일어났는지 그 동기와 목적을 찾아 밝히면서 이자금지와 채무면제의 동기와 목적을 구체적으로 밝히는 것이다. 동시에 계약법전과 신명기법전, 그리고 성결법전에 나타나는 이자금지와 채무 면제법이 시행하기 힘든 이상적인 목표로만 존재하는 것이 아니라 실제로 현실 사회 속에서 시행할 수 있는 법령임을 확인할 것이다.

이자금지(무상대여)와 채무면제(재난 대책)에 대한 본 연구 결과는 현대 우리 사회가 당면한 중요한 문제를 해결하는데 활용될 수 있을 것이다. 첫째, 빈부격차가 심화되어 가는 자본주의 사회에서 무한경쟁에 내몰리는 약자를 회복시키고 사회를 건강하게 만들기 위한 방안을 모색하는데 활용할 수 있다. 둘째, 다문화 사회에서 가난한 이주민들을 사회에 통합시키기 위해 필요하며, 셋째, 통일을 바라보며 경제적으로 차이가 나는 남북한 사람들이 자존심에 상처를 받지않고 하나의 공동체를 형성시키는데 본 연구가 기초적인 연구로 활용될 수 있을 것이다.

---

154 Andrew Schein, "Of biblical interest, brotherhood and charity," *International Journal of Social Economics* 30 (2003), 788–797.

155 조법종, "신라 문무왕대 사회정책의 성격검토" 「신라문화」 16 (1999), 91–118.

2. 느헤미야의 이자금지와 채무면제

구약에서 실제로 이자금지와 채무면제 조치를 실행한 경우는 느헤미야에서 찾아 볼 수 있다(느 5:1-13). 느헤미야에는 예루살렘 성곽을 건축하는 내용이 4장과 6장에 나타나는데 그 사이에 채무탕감에 대한 약속과 실천 내용이 들어있다. 아마도 성곽 건축에 동원되었기 때문에 농사를 짓기 힘든 면도 있었지만 세금 부담도 과중하고(느 5:4) 기근이 덮쳐 고리대금을 쓸 수 밖에 없는 상황을 타개하려는 의도가 있었던 것으로 보인다(느 5:3).

백성들이 고통을 당하는 배후에는 당시 국제정치와 국제무역의 요인도 있었다. 즉 느헤미야의 개혁적이며 독립적인 정책으로 인해 주변 국가들과 외교적인 면에서 고립을 면치 못하는

상태가 되었던 것이다. 따라서 국제무역이 타격을 받게 되었고 유대 전체가 경제적으로 위축되는 현상이 일어났다.[156] 이러한 변화로 인해 직접적인 타격을 받은 세력가와 부자들은 넉넉한 마음과 여유를 가질 수 없게 되었고 약자들을 착취하는 강도를 더욱 높여갔던 것이다.

그런데 누가 누구에게 부르짖고 있는가? 불만을 제기하고 원망한 '백성(עַם 암)'은 유대 형제와 동일하게 생각하고 있으나 홀대받고 있는 집단으로 보인다.[157] 그리고 불만을 들어야했던 '유대 형제'는 사회경제적 엘리트이며 페르시아의 후원을 받고 있는 집단으로 느헤미야를 중심으로 하는 집단이었다. 특이한 것은 "그들의 아내

---

156 F. Charles Fensham, *The Book of Ezrah and Nehemiah* (Grand Rapids: William B. Eerdmans, 1982), 190.

157 Philippe Guillaume, 윗글, 4.

들"도 함께 부르짖었다. 아마도 많은 남자들이 성벽건축에 동원되었기 때문에 가정경제를 아내들이 이끌어 가야하는 상황에서 아내들이 주도적으로 나선 것으로 보인다.

'백성들'이 부르짖은 내용은 세 가지로 나타나는데, 1) 자녀가 많아 양식이 절실히 필요하다는 것, 2) 기근 때문에 토지와 건물을 저당 잡혀 곡식을 빌렸다는 것, 3) 토지를 저당 잡히고 돈을 빌려 세금을 냈다는 것이다(느 5:2-4). 그리고 이미 딸이 노비로 팔려갔다는 사실과 이렇게 노비로 파는 사람들이 유대인 형제라는 사실을 들면서 어떻게 같은 유대인으로 이렇게 할 수 있는가 하면서 원망하였다(느 5:5).

부르짖은 '백성들'을 자세히 살펴보면 세 가지 그룹으로 구성되어 있음을 알 수 있는데, 1) 자녀가 많아서 양식이 필요하다는 사람들은 아마도 토지가 없고 임노동자로 생계를 꾸려갔던 사람들로 보인다. 하루하루 벌어 생계를 유지했던 가장들이 성벽 건축에 동원되었기 때문에 당장 생계가 막막하였고, 저당 잡을 토지도 없었기 때문에 자녀들을 보증물로 넘겨주거나 혹은 종으로 팔 수 밖에 없는 상황이었다.[158] 2) 토지와 건물을 저당 잡혀 곡식을 빌린 그룹은 흉년 때문이라고 하였다. 이들은 토지를 소유하고 있었으나 농산물을 수확할 수 없는 흉년을 만나 굶주리고 있었던 그룹이었다. 3) 마지막으로 세금 때문에 토지를 저당 잡힌 사람들은 굶주림에 대해서는 언급이 없다. 다소 여유가 있는 그룹임을 알 수 있다. 그러나 그들도 과중한 세금을 계속 부담해야 한다면 채무노비가 될 수밖에 없게 될 것이다.

백성들의 이러한 부르짖음에 대해서 느헤미야는 귀족들과 민장들

---

158 H. G. M. Williamson, 조호진 역, 「에스라 · 느헤미야」 (솔로몬, 2008), 454.

에게 높은 이자를 받는 사실에 대해 책망하였다. 여기에서 '민장(סְגָן 사간)'이란 성벽 건축을 위해 징집된 백성들을 지휘하는 지휘관으로 이해할 수 있으며 귀족들과 더불어 유대 사회의 부유한 세력가들이라 볼 수 있다.[159] 그다음 느헤미야가 시행한 조치를 명확하게 규명하기 위해서는 11절의 애매한 부분을 밝힐 필요가 있다.

11절의 מְאַת(메아)를 「개역개정」에서는 '백분의 일'로 번역하고 있으나 이러한 예는 MT에서 찾아볼 수 없다.[160] 그리고 100분의 일, 즉 매달 1%의 이자율이라 하더라도 고대 중동에서 이와같은 낮은 이자율을 찾아보기 힘들다. 따라서 노이펠트(Edward E. Neufeld)는 여성명사형인 מַשָּׁאת(마샤)로 수정하여 읽는 것을 제안하였다.[161] 즉 필사자의 실수로 שׁ자가 탈락되었다고 보면서 단어를 수정한 것이다. 이 단어의 기본형은 נָשָׁא(나샤)로서 '이자를 받고 빌려주다'라는 뜻이 있다. 남성 명사형 מַשָּׁא(마샤)도 동일한 뜻이며 7절과 10절에 나타나는데 '고리대금'이라는 뜻이다. 이렇게 수정하여 읽을 때 11절 전반부는 원금인 토지와 집을 돌려주라는 것이고 11절 후반부는 이자를 돌려주라는 뜻이 된다.[162] 이렇게 수정하여 11절을 번역하면 다음과 같다; "그러므로 너희는 오늘이라도 그들의 밭과 포도원과 감람원과 집을 그들에게 돌려주라. 그리고 너희들이 취한 돈과 곡식과 포도주와 기름의 이자를 돌려주라"[163] 그러나 이러한 수

---

159 H. G. M. Williamson, 윗글, 439.

160 Edward E. Neufeld, "The rate of interest and text of Nehemiah 5:11," *Jewish Quarterly Review* 44 (Jan., 1954), 199-200.

161 Edward E. Neufeld, 윗글 (Jan., 1954), 200.

162 Edward E. Neufeld, 윗글 (Jan., 1954), 200-201.

163 NRSV도 동일하게 번역함; Restore to them, this very day, their fields, their vineyards, their olive orchards, and their houses, and the interest on money, grain, wine, and oil that you have been exacting from them.

정은 사본의 근거가 부족하다는 약점이 있다.

그런데 윌리암슨(H. G. M. Williamson)은 단어 수정을 거부하면서 מֵאָה(메아)를 '백분율(percentage)'이라 번역하면서 그 의미는 '이자'라는 것이다.[164] 비록 번역에 있어서 정확도는 떨어지지만 가능한 번역이라 할 수 있다. 이 경우 11절 후반부를 번역하면 다음과 같다; "... 너희들이 취한 돈과 곡식과 포도주와 기름의 백분율(이자)을 돌려주라". 따라서 굳이 본문의 단어를 수정할 필요도 없고 의미도 통하는 윌리암슨의 번역을 택하기로 한다.

따라서 느헤미야는 대회를 열어 차압한 토지와 주택을 돌려보내고 이자로 받은 돈과 물품들도 돌려보내라고 한 것이다. 그리고 제사장을 불러 맹세하게 하였다.

느헤미야의 개혁은 채무탕감에 집중되어 있었다. 왜냐하면 양식이 부족하여 돈과 양식을 빌렸는데 원금과 이자를 갚지 못하여 토지와 건물을 차압당하고 자녀들이 노비로 팔려가는 참담한 상황이 벌어지고 있었기 때문이다. 느헤미야는 "나와 내 형제와 종자들"(느 5:10)도 돈과 양식을 백성에게 꾸어주고 있었다고 말하면서, 이제는 이자와 원금까지도 받지 말고 받은 것은 돌려주도록 하라고 하였고 그대로 실천하였다. 10절에서 느헤미야의 '형제'는 느헤미야의 친족을 가리키는 것으로 보이며, 느헤미야의 '종자들(נְעָרִים 느아림)'은 느헤미야에게 충성한 훈련된 소그룹을 가리키는 것으로 보인다.[165]

그리고 느헤미야 10장 31절에 보면 "일곱째 해마다 땅을 쉬게 하고 모든 빚을 탕감하리라"고 하면서 온 백성이 7년마다 안식년을 지키면서 그 때마다 채무 전부를 면제하리라고 약속하였다. 느헤미

---

164 H. G. M. Williamson, 윗글, 448, 459.

165 H. G. M. Williamson, 윗글, 438-439.

야는 일회성의 채무면제에서 한 걸음 더 나아가 주기적으로 채무를 면제하는 제도를 정착시키려 하였다.

그런데 과연 느헤미야는 굶주림과 채무과중이라는 경제적 문제를 해결하려는 의도에서만 이자금지와 채무면제의 충격적인 정책을 시행했는지에 대해서 다시 검토할 필요가 있다. 왜냐하면 당시 느헤미야는 다양한 정치적 과제에 직면해 있었기 때문이다.

페르시아가 느헤미야를 유다에 파견한 이유는(주전 445) 페르시아의 아르타크세르크세스 1세(주전 465-424)가 즉위하는 틈을 타서 그리스(아테네)의 협조하에 일어난 이집트의 이나로스(Inaros)의 반란을 힘겹게 진압한 상황이었기 때문이다(주전 455).[166] 유다는 이집트를 방어하는데 있어서 핵심적인 전력요충지였기 때문에 페르시아가 직접 지원하여 예루살렘 성벽을 건축하려 했던 것이다. 이러한 정책에 반대하는 집단이 있었는데 사마리아의 호론 사람 산발랏, 암몬인 도비야, 아랍인 게셈, 아스돗 사람 등이 반대 세력이었다(느 2:10, 19; 4:7).[167]

느헤미야는 이들 반대세력들과 유대 사람들을 분리하고 구별하기 위해 이러한 정책을 펼쳤다고 볼 수 있다. 형제애로 뭉친 유대 사람들의 공동체를 복원함으로써 반대 세력의 침투와 농간을 사전에 차단하려 했던 것이다.

---

166 정중호, 「이스라엘 역사」 (대한기독교서회 2001), 296.

167 Gary N. Knoppers는 유다의 적을 "외부"(without)와 "내부"(within)로 구별하여 '도비야'와 '산발랏'을 내부의 적으로 보았지만 넓은 의미에서는 이들도 '고임'에 속하는 것으로 볼 수 있다. Gary N. Knoppers, "Nehemiah and Sanballat: The Enemy Without or Within?" in Oded Lipschits & Al., *Judah and the Judeans in the Fourth Century B.C.E.* (Winona Lake: Eisenbrauns, 2007), 305–331.

3. 문무왕의 이자금지와 채무면제

삼국을 통일한 신라의 문무왕은 고구려를 평정하여 삼국을 통일한 직후 669년(문무왕 9년) 범죄자에 대한 대사면을 단행하면서 원금과 이자 모두를 면제하는 채무탕감의 왕명도 함께 내렸다.

문무왕이 내린 왕명을 살펴보면 굶주림을 면하기 위해 곡식을 빌린 경우에, 흉년이 든 지방에는 원금과 이자 모두를 탕감하도록 하였고, 풍년이 든 지방에는 원금만 갚고 이자는 면제해 주었다.

> ...백성들이 가난하여 다른 사람에게 곡식을 빌려 쓴 사람으로서 흉년이 든
>
> 지방에 사는 사람은 이자와 원금을 모두 갚을 필요가 없고, 풍년이 든 지방에
>
> 사는 사람은 곡식이 익을 때에 이르러 단지 원금만 갚고 그 이자는 갚을 필요가 없다.
>
> 30일을 기한으로 하여 담당 관청에서는 받들어 행하라.[168]

그런데 이러한 왕명은 파격적이었고 곡식을 대여해 준 채권자들의 반발이 만만치 않았다. 문무왕은 채권자들의 불만을 잠재우기 위해 그해 5월에 고위 관등자들에게 국가 소유로 되어있었던 말 목장을 나누어 주었다. 그러나 채권자들의 불만은 계속되었고 급기야 4년

---

168 「삼국사기」 7 신라본기 7 문무왕 9 년 (AD 669).

후인 문무왕 13년에 반란이 일어났다. 아찬(阿飡) 대토(大吐)가 반란을 일으켰으나 초기에 진압되었다.[169]

아찬 대토의 반란을 살펴보면 당의 충동질로 인해 일어난 것으로 보이는데 문무왕의 채무면제령에 대한 귀족들의 불만세력이 이러한 반란을 일으킨 것으로 짐작된다. 채권자들의 불만과 귀족들의 반발을 충분히 예견하면서도 채무면제령을 내린 것은 문무왕의 왕권이 강하였다는 증거가 되기도하다. 그리고 왕의 주도로 이러한 채무면제를 시행했다는 점이 중요하다.

이제 핵심적인 질문을 제기하고자 한다. 문무왕은 왜 채무면제령을 내렸는가? 문무왕은 삼국을 통일하였으나 그 과정에서 백성들의 부담과 고통이 가중된 것도 사실이었다. 전쟁을 위해 백성들을 징집하여 군대를 만들었고 부역을 부과하였다. 그리고 과중한 세금도 백성들에게는 무거운 짐이었고 고통이었다. 특히 당나라의 군대를 지원하기 위해 신라는 막대한 전비를 제공해야만 하였다. 이러한 사정을 문무왕은 "일만 명의 중국 병사들의 4년 동안의 의식을 신라가 담당했으니 유인원이하 주둔 당병의 피부와 뼈는 중국에서 생겨났지만 피와 살은 신라가 모두 만들어 준 것이다"라고 토로하였다.[170]

삼국통일을 위한 전쟁으로 과중한 부담을 담당해야 했던 백성들의 피폐한 상황은 다음과 같은 표현으로도 짐작할 수 있다; "누에 치는 여인은 뽕따는 시기를 놓쳤고 김매는 농부들은 밭갈이 할 시

---

169 「삼국사기」 7 신라본기 7 문무왕 13 년 (AD 673). 아찬 대토가 모반하여 당에 붙으려 하다가 일이 탄로나 목베여 죽임을 당하고 처와 자식들은 천인(賤人)으로 만들었다.

170 조법종, "신라 문무왕대 사회정책의 성격검토" 「신라문화」 16 (1999), 113.

기를 잃었다... 과부가 곡식을 나르고 어린아이가 밭을 간다"[171]

이러한 상황 속에서 세금과 부역을 감당하지 못하여 범법자가 되는 일도 일어났다. 특히 가난하여 곡식을 빌렸다가 갚지 못할 경우 채무노비가 되는 현상이 일어났는데 이로 인해 국가의 조세수입이 현저히 감소될 우려가 있었다.[172] 예를 들면 어떤 재상가에는 노비가 3,000명이나 되는 경우도 있었다.[173] 양민이 채무로 인해 노비로 전락하는 숫자가 많아질수록 세금을 내는 양민의 숫자가 감소되어 국가재정에 타격을 주게 되며 사회통합 면에서도 균열이 일어나게 되는 것이다. 따라서 문무왕은 사회통합을 위할 뿐만 아니라 국가조세 측면에서도 상환능력이 없는 백성들을 위한 채무면제 조치가 시급히 필요했던 것이다.

문무왕이 시행한 이자금지와 채무면제 조치는 곡식을 빌려준 귀족들에게는 큰 타격이었지만 기존의 경제체제를 정화시키고 건강하게 발전시키려면 반드시 필요한 조치였다. 즉 기존의 경제를 뒤엎어버리는 조치가 아니라 오히려 기존의 경제체제를 강화시키는 조치라 볼 수 있다. 동시에 이러한 정책을 실시함으로 인해서 귀족들의 경제력과 세력은 약화되고 왕의 명성은 높아지며 왕권은 강화될 수 있었다. 이자놀이를 통해 획득한 수많은 채무노비를 거느리고 있는 귀족들은 왕의 입장에서 볼 때 왕의 세력을 견제하고 약화시킬 수 있는 라이벌이 될 가능성이 있었던 것이다. 귀족들의 세력을 견제하기 위해서라도 그들의 수입의 원천이 되는 이자놀이를 과감하게 중지시킬 필요가 있었던 것이다. 결국 귀족들의 불만은 아찬 대토의 반란으로 비화될 수 밖에 없었지만 초기에 신속히 진압하여 오히려

---

171 「삼국사기」 7 신라본기 7 문무왕 11년.

172 조법종, 윗글(1999), 116.

173 「신당서」 220 열전 145 동이 신라.

강력한 왕권에 힘을 실어주는 결과를 낳았다.

4. 문무왕과 느헤미야 비교

느헤미야의 경우에는 성벽 건축으로 인한 임노동자 가족의 생계문제, 흉년으로 인한 기근, 과중한 세금부담 등이 원인이 되어 채무자가 된 경우이고, 문무왕의 경우에도 전쟁 후 부녀자만 남아 농사짓는 상황, 흉년으로 인한 기근, 그리고 전쟁으로 인한 과중한 세금과 부역문제 등이 원인이 되어 채무자가 된 경우로서 서로 비슷한 원인으로 백성들이 채무자가 된 경우임을 알 수 있다. 그리고 빚을 갚지 못해 채무노비가 되는 상황도 비슷하다.

이렇게 피폐해진 백성들의 삶을 다시 일으켜 세우기 위해 통치자가 나서서 이자금지와 채무탕감을 실시한 것도 동일하다. 바꾸어 말한다면 자연적으로 혹은 저절로 이자금지와 채무면제가 실시되지는 않는 상황이라는 것이다.

그리고 이러한 정책이 실시되었을 때 채권자인 귀족들과 세력가들이 순순히 순복하지는 않은 것으로 보인다. 느헤미야의 경우에는 처음에 귀족들과 민장들을 책망하였지만 그 즉시 이자금지와 채무면제가 시행되지 않았는데 대회를 열어 온 백성들이 모인 가운데 비로소 채권자들의 동의를 얻어내었다. 신라의 경우에는 훨씬 더 많은 저항이 있었다. 비록 문무왕이 목장지를 채권자들에 분배해주는 당근정책까지 동원하여 실시하기는 하였지만 결국 아찬 대토의 반란이 일어나고 말았다. 물론 그 반란은 조기에 문무왕에 의해 진압되었다.

이자금지와 채무면제 정책으로 인해 가난하고 절박했던 채무자들은 도움을 받았지만 채권자들인 귀족과 세력가들이 경제적으로 정치적으로 타격을 받았다. 그러나 느헤미야의 통치권도 강화되었고 문무왕의 왕권도 강화되었다. 그리고 공동체 정신이 앙양되었고 사회통합면에 있어서 긍정적인 결과를 얻을 수 있었다. 느헤미야의 경우 대회를 열고 회중과 백성이 아멘으로 화답하며 야웨를 찬송하는 모습에서 전체 공동체의 통합을 이루는 모습을 보여주고 있다(느 5:7, 13). 이러한 모습은 경제적으로 도움을 받는 채무자 뿐 만 아니라 재물을 빌려준 채권자들 모두가 형제애를 공감하는 공동체 일원으로 회복되는 모습이라 볼 수 있다.[174]

결과적으로 굶주리며 빚을 갚지 못해 채무노비가 되는 것을 통치자가 방관할 수 없으며 개입을 해야 하는데, 정치적인 면에서 이해득실을 따져볼 때도 통치자들은 한 번 해볼 만한 정책임을 알 수 있다.

따라서 문무왕의 경우와 느헤미야의 경우 모두 이자금지와 채무면제는 충격적인 조치이기는 하지만 현실적으로 필요했고 또 통치권 강화와 사회통합 면에 있어서 긍정적 효과를 얻을 수 있는 현실적인 정책임을 알 수 있다.

---

174 H. G. M. Williamson, 윗글, 461.

5. 이자금지와 채무면제의 동기와 목표

1) 가난한 사람을 위한 이자금지와 채무면제

이자를 전혀 받지 않는 무상대여의 전통은 고대 이스라엘의 서로 도와 상부상조하는 관행에서 찾아볼 수 있다. 다양한 작물과 목축을 겸하여 경영했던 고대 이스라엘의 소농가들은 혈족 집단 안에서 혹은 촌락단위로 서로 이자를 받지 않고 대여를 해 주었던 관행이 있었다.[175] 이러한 관행은 사회적 보험과 같은 개념이라 볼 수 있는데 가뭄이나 메뚜기떼의 습격 등 자연재해로 인해 언제 누가 흉년을 만날지 모르기 때문에 서로 도우며 위기를 극복하려는 차원에서 관습적으로 행해진 것이었다.[176] 때로는 친족에게 밭을 팔기도 하였다. 물론 나중에 다시 되찾을 수 있는 가능성을 열어둔 채로 말이다. 예레미야가 아나돗의 밭을 산 것도 이러한 경우라 할 수 있다.

예레미야는 아나돗에 있는 친척의 토지를 은 17세겔을 주고 매입하였다(렘 32:6-15). 그런데 이러한 거래는 일반적인 거래가 아니라 구속자의 역할을 감당한 것이다. 즉 사촌인 하나멜의 밭을 산 것이다. 이것은 하나멜이 돈을 필요로 하는데 친족인 예레미야가 그 밭의 '이용권'을 매입하면서 돈을 친족에게 주는 경우였다.[177] 레위기의 희년 규정(레 25:23-34)을 보면, 만일 장래 하나멜이 돈을 준비하

---

175 B. Lang, *Monotheism and the Prophetic Minority : An Essay in Biblical History and Sociology* (Social World pf Biblical Antiquity1 : Sheffield, 1983), 120.

176 Marvin L. Chaney, 윗글, 238. Edward L. Glaeser and José Scheinkman, 윗글, 1-36.

177 박동현, 「예레미야 II」 (대한기독교서회 2006), 197.

게 되면 그 밭을 다시 매입할 수도 있고 아니면 희년에는 무상으로 하나멜의 수중으로 되돌아가게 된다. 그 당시 상황으로 본다면 바벨론이 유다를 침공하여 예루살렘까지 공격하는 전쟁 상황인데 밭을 구매한다는 것은 어리석은 행위일 뿐이었다(렘 32:2). 따라서 일반 토지 매매의 상황이 아니라 예레미야가 구속자의 역할을 감당한 것으로 볼 수 있다. 이러한 행동은 친족이 절박한 상황에 처했을 때 도와주는 방식이며 상대방의 자존심을 지켜주면서 도우는 행동이라 볼 수 있다.[178]

글래이저와 샤인크만(Edward L. Glaeser and José Scheinkman)은 이자제한을 '사회적 보험의 원시적 도구'라고 주장하였다.[179] 그리고 이자제한이 가해진 대여는 가난한 사람의 절박한 상황을 타개하는 일종의 생존대여인 '소비대여(consumption loan)'에 국한된 것이라 하였다.[180]

백성이 굶주리고 빚을 갚지 못해 토지와 가옥을 차압당하고 급기야 채무노비가 되고 가족이 흩어지는 상황은 비상사태가 아닐 수 없다. 이것은 가난한 사람만의 문제가 아니라 국가 혹은 공동체 전체가 병들어 있는 상황이며 특단의 치유가 필요한 상황이다. 어떤 비상조치를 취해서라도 이러한 파국은 막아야 하고 인정적인 면에서도 고통당하는 사람을 구제할 필요가 있다.

따라서 이자금지와 채무면제는 생존에 위협을 당하고 기본적인 인권을 빼앗기는 가난한 사람들을 구출해내는 특단의 조치로서의

---

178 그리고 당시 예레미야가 이러한 행동을 한 보다 더 큰 이유를 살펴보면, 유다가 다시 일상적인 생활로 돌아갈 수 있을 것이라는 예언을 상징적인 행동으로 표현하기 위한 것임을 알 수 있다(렘 32:15). R. P. Carroll, *Jeremiah* (Old Testament Guides; Sheffield: JSOT Press, 1989), 620–623.

179 Edward L. Glaeser and José Scheinkman, 윗글, 3.

180 Edward L. Glaeser, 윗글, 3, 20.

당위성과 정당성을 가지며 이것이 이 정책의 기본적인 의도요 목표다. 계약법전(출 22:24-26)과 성결법전(레 25:35-38) 모두 '가난한 사람'을 위해 이 정책을 실시하라고 강조하고 있다. 문무왕의 경우도 선별적으로 가난한 사람을 위해 이 정책을 실시하였다. 절박한 처지에 있는 가난한 사람들 이외의 경우에는 이자를 받고 채무를 갚도록 하는 것을 허용하고 있다.

이자금지와 채무면제의 목표가 절박한 채무자를 구제해주기 위한 것이었는데 그 부담은 채권자들인 부자들이 지도록 하였다. 그러나 느헤미야의 경우는 통치자인 자신도 그 부담을 지는 모습을 보였다.

이처럼 통치자가 혹은 국가가 이자금지와 채무면제의 부담을 지는 모습은 고대 한국에서도 발견할 수 있다. 고대 한국에서는 국가의 임무를 외적의 침략을 방어하는 국방의 책무를 다하는 것과 흉년이 발생할 때 백성을 구휼하는 것이라 여겼다. 백성을 구휼하는 방법으로는 국가가 곡식을 저장하여 두었다가 흉년이 들 때, 혹은 춘궁기에 종자와 곡식을 백성에게 대여 해주고 추수 때 돌려받는 형식을 취하였다. 이러한 대여의 경우 이자를 면제하거나 저리로 대여를 해주었다.

이러한 구휼정책은 삼국시대부터 실시되었는데, 고구려에서는 194년(고국천왕 16) 을파소를 시켜 진대법(賑貸法)을 시행했으며, 신라에서는 점찰보(占察寶)가 설치되었다. 고려에서는 태조 때 흑창(黑倉), 성종 때 의창(義倉, 986년), 그리고 상평창(常平倉, 993년) 등을 두어 진휼사업을 실시하였다.

조선시대에도 환곡이라는 제도를 통해 구휼을 실시했으나 차이나는 점은 이제까지 긴급한 상황에 대처하기 위해 일회성으로 실시했던 것을 조선시대에는 제도로 정착시켜 연속적으로 구휼정책을 실시했다는 점이다.[181] 국가가 구휼정책을 실시하는 이유는 농업 재생산을 원활하게 유지하고 농촌의 경제적 안정 위에서 정상적인 조세 수취를 하기 위해서였다.

중요한 것은 환곡제도에 정퇴(停退)가 있었다는 사실이다. 이것은 흉년 때 백성이 빌려간 곡식을 도저히 갚을 수 없다고 판단할 때 정부가 정퇴령을 내려 원곡과 이자격인 모곡 수납을 유예하거나 탕감해 주는 제도이다. 즉 흉년 때 환곡의 경우 이자금지와 채무면제가 시행되었다.[182]

2) 정치적 목표를 위한 이자금지와 채무면제

이자금지와 채무면제는 느헤미야와 문무왕만 실시한 것은 아니었다. 주전 약 2350년 경 수메르 도시국가인 라가쉬(Lagash)의 왕 우루-이님기나에 의해 작성된 법의 제 11항에는 "채무자로 살고있는 라가쉬 거민들을 위해 부채를 청산했고 면제했다"고 하면서 채무면제 사건을 기록하고 있다.[183] 우루-이님기나 법 선포는 가난한 백성들을 착취하는 세력가들을 견제하면서 사회를 안정시키고 왕권을 강화하기 위한 것이었다.[184] 이처럼 고대 메소포타미아의 왕들은 사회정의를 실현하는 행정조치를 취했는데 그것을 미샤룸(Misharum)이라 불렀다. 미샤룸은 사회의 경제적 기능 부전(不全)을 치료하기

---

181 환곡제도가 정부 주도로 구휼정책을 실시하는 훌륭한 제도였지만 관리들의 부정부패 때문에 조선 후기에는 백성들을 착취하는 수단으로 전락한 것은 큰 비극이었다.

182 최병선, 조병훈, "다산의 부패와 반부패 인식에 관한 연구: 환곡제도를 둘러싼 부패문제를 중심으로," 한국행정학회 하계학술발표논문집. Vol. 2007 No.0 (2007), 8.

183 이종근, "수메르 우루-이님기나 법과 히브리 법의 사회 정의 고찰," 「구약논단」 28집(2008), 148.

184 이종근, 윗글(2008), 160.

위한 것으로 채무면제도 포함하고 있다.[185] 미샤룸 칙령을 선포하면서 채무관계가 기록된 서판(점토판)을 깨뜨리면서 채무면제를 공포하기도 하였다.[186] 그리고 미샤룸 선포는 왕이 등극했을 때 혹은 재위 기간 중 몇 차례 걸쳐서 행하기도 하는데 전적으로 왕의 의지에 달려 있다고 볼 수 있다.

또한 아테네에서 집정관으로 선출된 솔론은 주전 594년 경제개혁을 주도하였는데 채무관계를 완전히 무효화 시키고 채무노비제도를 금지시킨 적이 있었다.[187] 그리고 고대 로마에서도 파당들 간의 분열과 갈등 속에서 채무경감이 선포되었다.[188] 호민관 리시니우스와 섹스티우스 시대에는 채무상환을 완화하고 채무노비 매매를 금지한 적도 있었다.[189] 이들은 노비 해방에 중점을 둔 조치라 할 수 있지만 고대 그리스와 로마에서도 채무면제 사건이 있었다는 점을 확인할 수 있다. 이상의 모든 경우에 있어서 이자금지와 채무면제는 권력이 있는 통치자의 결단에 의해 시행된 것이며 경제적인 목표도 있지만 정치적인 목표가 우선적이었다는 사실을 발견할 수 있다.

최근 기욤(Philippe Guillaume)은 "느헤미야 5장: 경제적인 위기가 아니다(Nehemiah 5: No Economic Crisis)"라는 논문에서 느헤미야의 경우를 분석하면서 경제적인 이슈라기보다 정치적인 이슈라고 주장하였다.[190] 그는 느헤미야의 경우가 채무로 인해 야기된

---

185 이종근, 윗글(2008), 149.

186 이종근, "히브리 성서의 희년과 메소포타미아의 미샤룸 제도," 「구약논단」 1집 (1995), 75-90.

187 Marvin L. Chaney, 윗글(1991), 132.

188 Marvin L. Chaney, 윗글(1991), 133.

189 Marvin L. Chaney, 윗글(1991), 134.

190 Philippe Guillaume, 윗글, 3, 17.

것을 해결하려는 경제적인 문제해결이라는 점에는 동의하지만 채무 탕감의 동기와 의도를 깊이 있게 파헤쳐보면 보다 더 근본적인 이유를 발견할 수 있다는 것이다. 즉 느헤미야 5장은 통치자인 느헤미야를 부각시키려는 의도에서 저술된 것이고, 외국인(고임)과 유대인을 분리하기 위해 저술된 것이라 주장하였다.[191] 신명기 법전(신 15:1-3; 23:20-21)에도 이러한 내용이 나타나는데 유대인 '형제'로부터는 이자를 받지 말되 외국인(고임)으로부터는 이자를 받을 수 있다고 하면서 '형제'와 외국인을 구분하였다. 기욤(Pilippe Guillaume)의 논문을 논평한 밀러(Marvin Lloyd Miller)는 기욤의 주장을 대폭 수용하면서도 경제적인 상황을 염두에 두어야 한다는 점을 강조하였다.[192]

이자금지와 채무면제에 대한 이와 유사한 시각은 체이니(Marvin L. Chaney)가 그의 논문 "이스라엘 역사와 전통에 나타난 채무 경감정책(Debt Easement in Israelite History and Tradition)"에서 채무 경감정책이 정치적인 역학 관계에서 이루어질 수 있는 것이라는 점을 주장하는 시각에서도 찾아볼 수 있다. 특히 그가 각주에서 한국의 예를 들면서 논문을 전개하고 있는 점은 주목할 만하다.[193]

쿠트(R. B. Coote)도 유사한 주장을 하였다. 쿠트는 계약법전을 여로보암 1세가 정권의 정당화를 위해 J 문서를 개작한 것이라 보았다.[194] 여로보암 1세는 다윗 왕가와 결탁하여 채권자가 된 계약에

---

191 Philippe Guillaume, 윗글, 3.

192 Marvin Lloyd Miller, "Nehemiah 5: A Response to Philippe Guillaume," *Journal of Hebrew Scriptures* 10, (2010), Article 13, 2-7.

193 Marvin L. Chaney, 윗글(1991) 128, 각주 6.

194 R. B. Coote, *In Defense of Revolution: The Elohist History* (Minneapolis: Fortress Press, 1991). Marvin L. Chaney, 윗글(1991), 135, 각주 27.

대해서는 불법이라고 선포하면서 새로운 왕국의 구성원들에게 실질적인 혜택이 돌아갈 수 있도록 할 필요가 있었다. 그리고 이러한 와중에서도 북왕국의 세력가와 지주들의 권한은 보호해 줄 필요가 있었다. 결국 여로보암 1세의 채무경감 정책은 새로운 왕조의 왕권을 강화시키는 차원에서 선포된 것이라 주장하였다.[195]

또한 쿠트는 출애굽기 22장 25-27절은 히스기야 시대의 첨가부분이라 보았다.[196] 히스기야는 앗수르에 대항하기 위해 지출된 막대한 국방비로 인해 농민들이 가난하게 된 상태에서 지방 채권자들을 약화시키고 빚에 몰려 있던 농민들을 구제하려고 한 것이라 주장하였다.[197]

그리고 쿠트는 어린 나이로 왕위에 오른 요시야가 장성하여 왕권을 강화하기 시작했을 때 부채경감을 발표하여 다수의 농민들의 지지를 받으면서 동시에 지방의 정적들인 세력가들의 힘을 약화시켰다고 주장하였다.[198]

쿠트의 이러한 주장은 많은 논란을 불러일으킬 소지가 있다. 과연 계약법전을 여로보암 1세의 것으로 볼 수 있느냐는 것과 출애굽기 22장 25-27절을 히스기야 시대의 것으로 보는 것, 그리고 신명기의 것을 요시야 시대로 볼 수 있느냐는 것에 대해 많은 학자들이 다른 의견을 가지고 있는 것이 사실이다. 그럼에도 불구하고 쿠트의 주장을 주목하는 이유는 새롭게 무엇을 시작하려는 왕 혹은 통

---

195 Marvin L. Chaney, 윗글(1991), 135–136.

196 Marvin L. Chaney, 윗글(1991), 136, 각주 32. R. B. Coote, 윗글(1991).

197 Marvin L. Chaney, 윗글(1991), 136.

198 Marvin L. Chaney, 윗글(1991), 136–137. 쿠트는 신명기 가운데 요시야의 개혁 부분은 다음과 같다고 하였다; 신 15:1–18; 23:19–20(BHS 20–21절); 24:6, 10–13, 17–18. Marvin L. Chaney, 윗글(1991), 229.

치자들이 채무경감의 특별조치를 시행했다는 점은 상당한 공감을 불러일으키고 있기 때문이다.

이자금지와 채무면제는 경제면에 있어서는 혁명적인 것이고 순간적으로 경제가 위축될 수 있는 정책이다. 동시에 빈부격차의 심화나 채무노비화 되는 극단적인 상황을 타개하기 위한 경제쇄신 정책으로 기존 경제의 부전(不全)을 치유하고 경제를 건강하게 만드는 극약처방일 수도 있다. 그런데 이러한 정책을 실제로 실시하려면 권력있는 사람이 강력하게 실시해야 가능한 것이다. 보통 새로 왕조를 창건하거나 새롭게 왕위에 등극한 왕이 백성들에게 정의롭고 선한 이미지를 부각시키기 위해 실시하는 경우가 많다. 또한 새롭게 부상한 개혁세력들이 백성의 지지를 확보하고 기존의 세력들을 견제하기 위해 이자금지와 채무면제를 시행하는 경우가 있다. 물론 왕이 실시할 때도 귀족들을 견제하거나 정적들을 견제하기 위한 왕권강화의 의도로 시행하는 경우가 많다. 그러나 개혁세력들도 세력을 확보하고 나면 더 이상 이러한 정책을 지속적으로 실시하지 않는 경우가 대부분이다.

따라서 채무에 시달리는 가난한 백성의 입장에서 보면 일회성이고 단기간에 실시되는 이자금지와 채무면제로 인해 조금은 숨을 돌릴 수는 있어도 근본적인 대책이 되지 못한다는 사실을 알게 된다. 보다 더 근본적인 대책이 되려면 제도화되어야 한다. 성경에서 제시한 7년마다 혹은 50년마다 실시되는 면제년과 희년이 바로 제도화된 근본적인 대책이라 볼 수 있다. 이렇게 제도로 정착이 된다면 부자들이 더 이상 가난한 백성을 이용해서 치부하려는 계획을 세울 수가 없게 될 것이다. 즉 흉년 때 빌려준 것을 갚지 못하면 토지를 차압한다거나 채무노비로 만들어 재산을 증식하는 수법을 사용하지 못하게 되는 것이다. 왜냐하면 빌려준 돈은 7년이 되면 자동적으로 소멸되기 때문이다. 다만 이러한 제도가 어느 정도 정착되어 실행되었는지는 알 길이 없으나 제도적으로 7년마다 혹은 50년마다 주기적으로 실행되었다는 사례를 구약에서 발견할 수 없기 때문에 실행되기는 어려웠다고 추측할 수밖에 없다.

3) 형제애와 사회통합의 목표

샤인(Andrew Schein)은 이자제한은 경제적인 불평등을 감소시키고 채권자들을 견제하기 위한 목적이 있다고 주장하였다. 그리고 이자제한은 공동체적 정신인 '형제애' 때문에 시행하는 것으로 이해하였다.[199]

신명기의 경우 '형제'에게는 이자를 받지 말고 면제년도 지키라고 하였으나 외국인으로부터는 이자도 받을 수 있다고 하였다(신 23:20-21). 따라서 신명기가 강조하는 것은 이자금지와 면제년의 정신은 '형제애' 정신임을 알 수 있다. 그리고 이 '형제'의 범위에는 이주자도 포함되고 있기 때문에 혈연적인 형제라기보다 '신정적(神政的) 형제애(theocratic brotherly love)'라 할 수 있다.[200]

공동체 정신이라 할 수 있는 형제애를 실천한다면 형제가 곤궁함을 기회로 이용해서 돈을 벌겠다는 생각을 할 수는 없다는 것이다. 형제애를 실천한다면 형제가 어려움에 처할 때 '형제를 지키는 자'가 되어야 하는데 이자를 받는다면 그것은 적군의 행동이나 다름없다는 것이다.

사실 돈을 빌려주고 과도하게 이자를 받는다는 것 자체가 동등성이 파괴되고 형제애를 깨뜨리는 요인이 될 수 있다. 왜냐하면 채권자는 언제나 채무자보다 권한이 강해지기 때문이다. 그래서 잠언

---

199 Andrew Schein, 윗글, 788–797.

200 Edward E. Neufeld, 윗글, 195.

에는 “부자는 가난한 자를 주관하고 빚진 자는 채주의 종이 되느니라”(잠 22:7)고 하였다. 채권자의 권한이 강해지면서 형제의 동등성이 파괴되는 일을 미연에 방지하고자 계약법전에는 돈을 빌려주되 ‘채권자같이 하지 말라’(출 22:25)고 충고하고 있다.

원금을 돌려받고 이자를 받는 것보다 더 중요한 점이 있다는 것을 “네가 만일 이웃의 옷을 전당 잡거든 해가 지기 전에 그에게 돌려보내라”(출 22:26)고 한 말 속에 담겨 있다. 그것은 ‘형제애’라는 것이며 이것을 하나님께서도 지켜 주고 계신다는 점이다.

형제애를 손상시키는 또 다른 것이 있는데 그것은 자존심에 상처를 입히는 것이다. 가난한 사람이 부자로부터 현금이나 곡식 등을 직접적으로 적선을 받는다면 경제면에서는 도움이 되겠지만 자존심은 상처를 입게 되는 것이다. 따라서 밭에서 이삭을 줍는다든가(레 19:9, 10; 23:22; 신 24:19-22) 이자를 받지 않고 대여해주는 방식을 통해 가난한 사람들이 자존심을 지키면서도 도움을 받을 수 있도록 권고하였다.

형제애라는 덕목과 자존심 상하지 않고 도우는 자선의 의미가 들어있기 때문에 이자금지와 채무면제는 백성들 모두가 환영하는 것이고 사회통합을 만들어야 하는 통치자가 시행하고 싶어하는 것이다. 동시에 세력가들을 견제할 수 있으니 통치자로서는 일석이조라 할 수 있다. 노비가 되지 않도록 양민을 보호하는 방책이기도 하다. 궁극적으로는 현 경제체제와 사회체제를 정화시키고 건강하게 만드는 치유책으로도 효과를 볼 수 있는 시책이기도 하다.

마지막으로 반드시 짚고 넘어가야할 사항이 있다. 이처럼 이자금지와 채무면제가 주기적으로 시행된다면 과연 부자들이 가난한 사람들에게 충분하게 돈과 물자를 빌려주겠는가 하는 것이다.[201] 신명기에서도 면제년을 시행할 때의 반작용을 염두에 두고 부자들이 대여해주지 않으려는 점을 감안해서 아주 강력하게 대여하도록 권고하고 있다. 즉 가난한 사람에게 인색하게 외면하지 말고 손을 펴서 넉넉하게 꾸어주라고 권고하고 있고 그렇게 하면 하나님의 복을 받지만 그렇지 않으면 죄를 범하게 되는 것이라 하였다(신 15:7-11). 한편 이러한 반작용을 보완하기 위해, 즉 대여 기금이 줄어지지 않도록 실제로 1세기의 랍비 힐렐은 면제년인 7년째가 되어도 면제가 되지 않는 채무를 별도로 계약할 수 있도록 허용하기도 하였다.[202] 그러나 앞에서도 분석해보았듯이 이자금지와 채무면제는 기존의 경제의 병폐를 치유하고 경제를 건강하게 만드는 방식이며, 통치자의 권력이 강화되는 것이고, 형제애를 표현하며 사회통합을 강화시키는 방식이기에 현실세계에서도 실시될 수밖에 없을 것이다. 그리고 이자금지와 채무면제라는 치유적인 행동을 하지 않는다면 공동체가 파국에 직면하게 될 것이라는 자명한 사실을 깨달을 때 이 제도는 실시할 수밖에 없는 것이다. 무엇보다 이자금지와 채무면제를 실시하기 위해서는 지도자인 통치자의 의지와 하나님의 뜻을 따르는 백성들의 신앙적인 결단이 필요하다.

—

201 Andrew Schein, 윗글(2003), 791.

202 윗글.

6. 결론

고대 이스라엘에는 이자를 금지하고 채무를 면제하라는 법이 있었고(출 22:24-26; 레 25:35-38; 신 23:20-21) 7년마다 빌린 것의 원금도 면제하라고 기록되어 있는 면제법도 있었다(신 15:1-3). 일상적인 경제관계를 일거에 얼어붙게 하는 이러한 충격적인 법이 과연 지켜졌는지 혹은 실제로 현실에서 지킬 수 있는 법인지에 대한 논란이 있어왔다.

본 연구에서는 실제 이러한 법을 실시한 느헤미야의 경우(느 5:1-13)와 신라 문무왕의 경우를 세밀히 분석 비교하여 이자금지와 채무면제의 동기가 무엇이며 그 목표가 무엇인지에 대한 해답을 추적하였다.

이자금지와 채무면제의 동기와 목표를 살펴보면 다음과 같다; 1) 가난하고 굶주려 생존을 위해 빚을 얻었으나 흉년을 비롯한 재난을 만나 상환할 능력이 없어 채무노비가 되는 사람을 구하기 위해 이자를 금지하고 채무를 면제하였다. 2) 통치자가 정적을 약화시키고 왕권 혹은 통치권을 강화하기 위해 이자금지와 채무면제의 정책을 시행하였다. 3) 이자금지와 채무면제는 공동체의 '형제애'를 나타내는 방식이며 사회통합을 위한 것이다. 그리고 가난한 사람의 자존심을 지켜주면서 도우는 자선의 방식이다.

따라서 표면적인 경제논리만 따른다면 이자금지와 채무면제를 실시하기는 어렵지만, 정치적인 면과 사회통합 면을 본다면 현실 상황에서도 실시할 수 있는 조치임을 알 수 있다. 이자금지와 채무면제는 기존의 경제의 병폐를 치유하고 경제를 건강하게 만드는 방식이기 때문이다. 그리고 이자금지와 채무면제라는 치유적인 행동을 하지 않는다면 공동체가 파국에 직면하게 될 것이라는 자명한 사실을 깨달을 때 공동체 구성원이 이 제도를 실시할 수밖에 없기 때문이다.

또한 이자금지와 채무면제라는 극약처방을 경제체제 전체에 실시하는 것이 아니라 특수한 병을 부분적으로 치유하듯이 필요한 부분에 한하여 실시할 수도 있기에 실시할 가능성이 높다. 따라서 이자금지와 채무면제가 현실적으로 필요한 정책이며 경우에 따라 충분히 활용할 수 있는 정책이라 할 수 있다.

CHAPTER 06

제6장

희년은 실시될 수 있는가?

한국 토지 개혁과 희년 실시 방안

제 6 장

•희년은 실시될 수 있는가?
– 한국 토지 개혁과 희년 실시 방안

I. 서론

현대 한국사회를 들끓게 하는 쟁점은 빈부격차와 보편적 복지 문제다. 그리고 일인당 국민소득이 23,000 달러가 넘는다는데 국민들의 생활은 제자리걸음 혹은 후퇴를 하고 있으며 노동조건을 보면 비정규직이 확대되면서 갈수록 열악해지고 있다. 빈부격차 문제는 한국만의 문제가 아니라 세계적인 이슈로서 1%를 위해 99%가 희생당하고 있다고 항의하는 데모가 월스트리트에서 시작되어 세계적으로 확산되고 있다. 이처럼 세계화와 신자유주의 경제 논리가 빈부격차를 심화시킨다는 목소리가 높아가고 있으며, 일터가 줄어들고 일을 하더라도 기본적인 삶을 영위하기 힘든 사람들의 숫자가 늘어가는 현실 속에서 오늘날 희년정신에 주목할 수밖에 없는 것이다.

그런데 희년 연구에 있어서 중요한 걸림돌은 과연 희년이 현실에서 실시될 수 있을까 라는 의구심이다. 레위기에 나타나는 희년법을 읽는 독자라면 누구나 이러한 의문을 느낄 수 있을 것이다. 그만큼 희년은 충격적이며 비현실적이고 이상적인 제도로 여겨져 왔다. 이러한 생각을 뒷받침해주는 것은 성경에서 희년이 구체적으로 지켜진 증거를 찾기 힘들다는 사실이다.

따라서 여러 학자들이 희년은 현실에서 실현하기 어려운 이상향에 대한 토라로 보았으며 드보(R. de Vaux)와 갓왈드(N. K. Gottwald)도 희년의 현실성에 대해서 부정적으로 보았다.[203] 그리고 나우트(Robin J. DeWitt Knauth)는 그의 박사학위논문에서 희년사상의 변형을 연구하였다. 그는 초기에는 희년규정이 사회적 복지차원에서 만들어진 규정이었으나, 포로후기에는 귀환자들의 새로운 공동체 구성을 위해 변형되어 활용되었고, 쿰란공동체와 신약의 누가 공동체에서는 종말론적 구원의 모델로 변형되었다고 주장하였다.[204] 결국 그도 희년규정이 후대에 와서는 현실적으로 실현될 수 있는 제도로 보기 힘들다고 하였다.

그러나 희년이 실제로 실시되었으며 현대에도 실시될 수 있다고 주장하는 학자들도 있다.[205] 실제로 고대 이스라엘에서 명확하게 희년을 실시했다는 기록을 찾기 힘들지만 그 흔적을 발견할 수는 있다. 구약을 살펴보면 희년이 이미 전제되어 있거나 기정사실화 되어 있는 본문을 발견할 수 있다. 레위기 27장은 희년을 전제로 한

---

203 R. de Vaux, *Ancient Israel* (New York: McGraw-Hill, 1961), 177; N. K. Gottwald, "The Biblical Jubi1ee: In Whose Interests?," In *The Jubilee Challenge: Utopia or Possibility?* edited by Hans Ucko (Geneva: WCC Publications, 1997), 36-38.

204 Robin J. DeWitt Knauth, "The Jubilee Transformation: From Social Welfare to Hope of Restoration to Eschatological Salvation," (Dissertation, Havard University, 2004).

205 J. Milgrom, *Leviticus 23-27* (New York: Doubleday, 2001), 2264-2270.

규정임을 알 수 있다. 즉 토지를 헌물할 때는 희년을 기점으로 토지가격을 산정하라는 내용은 희년 제도를 전제로 한 내용이다(레 27:16-25).[206] 그리고 슬로브핫의 딸들 사건에서도 희년을 전제로 하여 이야기가 전개되고 있다(민 36:1-12). 에스겔도 희년을 전제하고 이야기하는 것을 볼 때(겔 46:16-17) 비록 어느 정도 충실하게 지켜졌는가에 대해서는 의문이 들지만 왕정시대 때 이미 희년제도가 널리 알려져 있었음을 알 수 있다.

그러나 실제로 희년이 지켜졌는가에 대해서는 명확하지 않다. 시드기야 왕과 느헤미야의 경우가 희년과 관련이 있을 것이라는 주장이 있지만 확실한 것을 발견하기 어렵다. 시드기야 왕은 바벨론 군대의 위협 속에서 위기를 극복하고 왕의 통치권을 강화하기 위해 일시적으로 노비들을 방면했지만 바벨론 군대가 예루살렘 포위를 풀자 다시 노비화 하였다.[207] 특히 시드기야와 느헤미야의 경우 모두 노비의 방면과 채무면제에 초점이 맞추어져 있으며 근본적인 문제인 토지개혁을 실시하지 않았다는 점에서 희년을 지켰다고 보기는 힘들다. 다만 희년의 개혁사상이 이러한 개혁의 근거로 활용되었을 것이라는 점은 충분히 짐작할 수 있다.

비록 구약에서는 명확한 희년 준수 사실을 발견하기는 힘들지만 희년과 유사한 경우를 고대 중동에서는 찾아볼 수 있다. 희년을 다른 지역의 토지개혁과 비교 연구한 경우는 주로 고대 중동 지역과의 비교연구가 주를 이루고 있다.[208] 예를 들면 이종근은 희년과 메

---

206 J. S. Bergsma, "The Jubilee from Leviticus to Qumran: Its Origin, Development, and Interpretaion in the Hebrew Scriptures, Second Temple Literature, and Qumran Texts," (Dissertation; University of Notre Dame, 2004), 127–132.

207 정중호, "시드기야 왕의 노비 해방과 왕권강화," 『구약논단』 제44집 (2012), 178–201.

208 Issac Mendelsohn, *Slavery in the Ancient Near East* (New York: Oxford University

소포타미아의 미샤룸 제도를 비교하여 연구하였으며 구약의 희년이 하나님의 권위에 의해 그리고 주기적인 절기인 점에 비해 미샤룸 제도는 불규칙적이며 왕의 의지에 전적으로 달려있음을 지적하였다.[209] 또 다른 차이점은, 함무라비 법전의 경우 자유시민만 혜택을 받지만 레위기의 희년법에서는 노비를 포함한 이스라엘 모든 백성이 혜택을 받는 차이가 있다는 점이다.[210]

그리고 고대 이스라엘 사회에서는 희년법이 실현가능한 법이었다는 사실도 주목할 필요가 있다. 희년법의 시대적 배경에 대한 논란은 포로후기이냐 아니면 왕정시대 혹은 지파시대냐 라는 쟁점에 집중되어 있다. 포로후기를 주장하는 학자들은 페르시아 시대에 귀환한 사람들이 자신의 땅을 되찾으려는 의도에서 희년법을 작성했다는 논지를 전개하였다.[211] 그러나 렘케(N. P. Lemche)는 50년이라는

Press, 1949); Eduard Neufeld, "Socio-economic Background of Yōbēl and Šemiṭṭā," *Rivista degli studi orientali* 33 (1958) 53–124; Julius Lewy, "The Biblical Institution of Derôr in the Light of Akkadian Documents," *Eretz-Israel* 5 (1958), 21–31; J. J. Finkelstein, "Some New Misharum Material and its Implications," *Assyriological Studies* 16 (1965), 225–31; Moshe Weinfeld, "Sabbatical Year and Jubilee in the Pentateuchal Laws and their Ancient Near Eastern Background," in *The Law in the Bible and its Environment*, ed. R. Veijola (Helsinki: Finnish Exegetical Society/Göttingen: Vandenhoeck & Ruprecht, 1990), 39–62.

209 이종근, "히브리 성서의 희년과 메소포타미아의 미샤룸 제도" 『구약논단』 제1집 (1995), 75–90.

210 김선종, "레위기 25장의 형성-안식년과 희년의 연속성과 불연속성," 『장신논단』 40집 (2011), 107.

211 J. S. Bergsma,"The Jubilee: A Post-Exilic Priestly Attempt to Reclaim Lands?" *Bib* 84 (2003), 225–246; Marvin L. Chaney, "Debt Easement in Israelite History and Tradition," David Jovling et al. ed. *The Bible and the Politics of Exegesis: Essays in Honor of Norman K. Gottwald on His Sixty-Fifth Birthday*, (Cleveland: The Pilgrim Press, 1991), 127–139; Jeffrey A. Fager, *Land Tenure and the Biblical Jubilee: Uncovering Hebrew Ethics Through the Sociology of Knowledge* (JSOTSup 155; Sheffield: Sheffield Academic Press, 1993), 60–63; Norman C. Habel, *The Land is Mine: six Biblical Land Ideologies* (OBT; Minneapolis:

주기를 설정해서 주기적으로 희년이 시행되도록 한 것은 희년을 실시할 수 있는 강력한 권한을 가진 왕이 없었던 시대였기 때문이라고 주장하면서 희년 기원의 고대설을 주장하였다.[212] 희년법이 비록 후대에 편집되었을지라도 법 자체는 씨족을 중심으로 자족적인 경제를 영위했던 지파시대가 더 적합함을 알 수 있다. 특히 휴경을 강조하는 농법은 고대 농법으로 상경화(常耕化) 되기 전의 농법이다. 즉 시비법(施肥法)이 발달되기 전의 농업경영 상황이라 볼 수 있다.

그러므로 희년이 현실에서 실시될 수 없는 것이라는 부정적인 생각에만 사로잡힐 필요는 없다. 그런데 희년의 실현여부라는 논란의 와중에서 눈에 띄는 사건을 한국에서 발견할 수 있다. 밀그롬(J. Milgrom)이 해방 후 한국의 농지개혁 사건을 들면서 희년이 실제적으로 실시된 경우라고 하였다.[213] 사실 한국에서 해방 후 실시된 농지개혁은 세계 역사상 주목할 만한 토지개혁 사건이었다. 또한 한국의 역사 가운데서도 괄목할 만한 사건이었는데 권병탁은 "농지개혁의 한국사적 의의는 8.15 광복에 버금갈 만큼 큰 것"이라 평가하였다.[214] 그리고 고려말 이성계의 주도로 실시된 과전제(科田制)도 희년정신을 구체화한 실례로 볼 수 있다. 따라서 희년 실시 여부의 논란에서 벗어나서 실제로 희년정신이 현실세계에서 실시된 한국의 토지개혁 사건들을 분석하면서 구약의 희년법을 재해석할 필요가 있다.

Fortress, 1995), 97–114; Norman K. Gottwald, "The Biblical Jubilee: In Whose Interests?" Hans Ucko ed. *The Jubilee Challenge: Utopia or Possibility?* (Geneva: WCC Publications, 1997), 37.

212 N. P. Lemche, "The manumission of slaves – the fallow year – the sabbatical year – the jobel year," *Vetus Testamentum* 26 (1976), 38.

213 J. Milgrom, Leviticus 23–27, 2271.

214 권병탁, 『한국경제사』 (박영사, 1984), 507.

이러한 연구에 국한하여 선행연구를 살펴보면, 구체적으로 한국의 농지개혁 사건을 성경과 연결시켜 연구한 논문이 있다. 김승욱은 “이승만 정부의 농지개혁에 대한 기독교적 평가”라는 논문에서 농지개혁이 기독교적 사랑과 경제정의 실현에 기여했다는 점을 높이 평가하였지만 희년을 언급하거나 희년과 연결지어 논하지는 않았다.[215]

박명기(Myungki J. Park)는 그의 박사학위 논문에서 희년에 대해 간단하게 설명하고 한국의 농지개혁이 성경에 부합하는 개혁임을 주장하였지만 레위기의 희년규정을 한국의 농지개혁과 연관시켜 재해석하지는 않았다. 그는 미래의 한국통일을 바라보며 성경적 토지관을 적용해야 한다는 점에 치중하며 논지를 전개하였다.[216]

선행연구를 조사한 바에 의하면 한국의 토지개혁 사건들인 과전제(科田制)와 농지개혁과 연관시켜 희년법을 연구한 논문은 아직 없었다. 따라서 희년정신이 실제로 구체화된 한국의 토지개혁을 분석하여 현대에 희년을 실시할 수 있는 방안을 모색하는 것은 반드시 필요하다. 그러므로 본 연구의 목적은 한국에서 실시된 과전제(科田制)와 농지개혁을 분석하여 왜 이러한 개혁이 실시되었는지 그리고 어떻게 실시되었는지를 분석한 후, 레위기의 희년제도와 비교연구하여 오늘날 희년을 실시할 수 있는 방안을 모색하려는 것이다. 레위기의 희년이 토지개혁만을 이야기하는 것은 아니지만 토지문제가 가장 기본적인 문제로 설정되어 있기 때문에 토지개혁을 중심으로 희년과 한국의 토지개혁을 비교하여 연구를 진행할 것이다.

---

215 김승욱, “이승만 정부의 농지개혁에 대한 기독교적 평가” 『신앙과 학문』 16(4) (2011), 33–74.

216 Myungki J. Park, “Toward a contextual approach to land reform for post-reunification Korea,” (Dissertation, Fuller Theological Seminary, 2001).

2. 한국의 토지개혁

고대 사회부터 근대에 이르기까지 토지를 이용한 농업이 생활기반이 되어 있었기 때문에 토지를 확보하는 것은 바로 생활기반을 확보하는 것이었다.

한국에서도 고대 사회부터 조선시대에 이르기까지 백성의 기본적인 생활권을 보장하는 것은 통치자의 가장 큰 과제였다. 그러나 부자 귀족들과 대지주들이 토지를 겸병하여 소농가들의 토지가 줄어들고 혹은 빼앗기는 결과를 초래하는 경우가 속출하였다. 따라서 새로운 왕조가 들어선다든가 혹은 큰 변란이 일어난 후에는 농민들에게 토지가 돌아갈 수 있도록 개혁해야 한다는 목소리가 자주 나왔으며 토지개혁을 단행하려는 시도도 있었다. 그러나 토지개혁이 성공한 기록을 찾아보기는 쉽지 않다. 다행한 것은 한국 역사상 토지개혁이 성공한 경우가 있는데 이성계가 단행한 과전제(科田制) 토지개혁과 해방 후 실시한 농지개혁이 바로 그것이다.

1) 과전제(科田制)

고려 말기 권문세가에 의해 점유된 토지는 국가의 문제점으로 부각되었다. 심지어 왕실도 토지확장에 열을 올리고 있었다. 그들은 토지를 확대하고 많은 노비를 소유하였다. 권문세가는 세금을 내지도 않았고 농민들을 수탈하고 있었던 것이다. 또한 농민들 가운데는 빚을 갚지 못해서 혹은 과중한 세금과 부역에 지쳐서 자진해서 대지주의 노비가 되기도 하였다. 그 결과 양인의 숫자는 줄어들고 노비의 숫자는 늘어만 갔으며 국가의 재정도 바닥을 드러내었다.

따라서 이성계가 위화도 회군을 한 후 세력을 장악하고 단행한 중대한 정책이 바로 토지개혁이었다. 이성계의 토지개혁은 고려 말기 조준이 국왕에게 상서한 정전제(井田制)를 그 바탕으로 하고 있다. 즉 국가가 토지를 소유하여 백성에게 토지를 나누어 주는 방식으로 왕토사상(王土思想)에 입각하여 토지를 수용하고 재분배해야 한다는 제안이다.[217] 이성계는 왕토사상(王土思想) 혹은 공전의식(公田意識)을 바탕으로 전국적으로 국가가 세금을 거두는 방향으로 개혁을 단행하였다.

이성계의 사전개혁(私田改革)의지가 표면화된 것은 1388년 8월 전국적으로 착수된 양전사업(量田事業)이었다.[218] 그리고 1390년 공양왕 2년에 토지대장인 공사전적(公私田籍)을 불사르고 1391년 공양왕 3년 5월에 과전법(科田法)을 공포하였다.[219] 과전법에 의해 농민들은 농지를 균등하게 분배받았고 소유권을 얻을 수 있었으나 매매는 제한하였다. 그리고 농민에게 국가가 직접 조세(租稅), 요역(徭役)과 군역(軍役), 공부(貢賦) 등을 부과하였다. 과전제 시행으로 농민들 가운데 70% 이상 토지를 소유하게 되었으며 대지주의 가혹한 수취에서 벗어나 국가로부터 보호를 받을 수 있게 되었다.[220] 결국 이성계에 의해 토지개혁이 실시되어 고려의 권문세가는 약화되었고 이 세력에 의해 유지되었던 고려왕조 또한 멸망하게 되었다. 그리고 귀족들에 의해 점유된 토지를 국가가 재분배해서 신흥관료의 경제적 기반을 제공해 주었다.

---

217 『高麗史』 권32, 食貨誌1. 이동현, "朝鮮時代의 土地改革思想–均田制와 閭田制를 中心으로," 『韓國地籍情報學會誌』 통권 제4호 (2002.12), 17.

218 『高麗史』 권78, 食貨1, 田制, 經理, 辛禑 14년 8월, 中册, 707. 양전사업(量田事業)은 전국적인 토지조사 사업을 가리킨다.

219 이경식, 『한국중세토지제도사–조선전기』 (서울대학교출판문화원, 2012), 10.

220 『世祖實錄』 권11, 세조4년 정월 병자조.

이러한 이성계의 개혁은 토지생산력 향상과도 관련이 있다. 휴경(休耕)을 해야만 농사를 지을 수 있었던 토지가 고려말 농업기술의 발달과 시비법(施肥法)의 활용으로 매년 계속해서 농사를 지을 수 있는 상경농법(常耕農法)으로 변경됨에 따라 토지의 가치가 높아지게 되었던 것이다. 따라서 토지를 바탕으로 국가가 세금을 거두려고 한 것이다. 또한 백성의 지지가 필요한 시점이었으며 새로운 관료층인 신흥사대부에게 지급할 토지가 부족했던 것도 개혁의 원인이 되었다.

그리고 흥미로운 것은 산림천택(山林川澤)을 사유지로 분배하지 않고 공유(公有)로 변경하였다는 점이다.[221] 고려에서는 산판을 시지(柴地)란 이름으로 관료에게 과전과 함께 지급하여 농지처럼 가산화(家産化)하였다. 아마도 당시는 화전으로 경작하는 경우가 많았기에 이렇게 산림을 급료로 지급한 것으로 보인다. 그러나 농업의 발달과 더불어 과전제를 실시하면서 산림천택을 몰수하여 국가가 소유하였고 개인에게 분배하지 않았다. 특히 현대에도 공원이라든가 산림천택이라는 부분은 분명 공전의식(公田意識)이 필요한 부분이다.

2) 농지개혁

16세기 초에 이르러 다시 토지개혁이 필요하다는 목소리가 나오기 시작하였는데 한전제(限田制), 균전제(均田制), 여전제(閭田制) 등 다양한 제안이 쏟아졌다.[222] 그러나 이러한 여러 가지 토지개혁에

—

221 이경식, 『한국중세토지제도사-조선전기』 (서울대학교출판문화원, 2012), 21-22

222 이동현, "朝鮮時代의 土地改革思想-均田制와 閭田制를 中心으로," 『韓國地籍情報學會誌』 통권 제4호 (2002.12), 17-20.

관한 제안이 실시된 적은 없었다. 다만 이러한 토지개혁 논의가 끊임없이 계속되었다는 점은 주목할 만하다.

이처럼 해방 후 실시된 농지개혁은 돌출적인 사건이 아니라 한국사의 역사적 흐름 속에 내재되어 있던 개혁사상과 맥이 닿아 있다. 중요한 것은 해방 후 한국은 실제로 농지개혁을 단행하였고 대지주가 대부분 사라졌으며 대부분의 토지가 실제로 경작하는 소농가에 돌아가는 성과를 거두었다는 사실이다.

2차 세계대전 후 세계 각지에서 농지개혁이 실시되었다. 그러나 라틴아메리카의 경우 실패로 끝났는데, 멕시코의 경우 토지를 분배받은 농민들이 영농능력이 없어서 백인지주에게 다시 되파는 현상이 일어나 농지개혁이 실패로 끝났다. 마찬가지로 버마의 경우도 외국인 지주로 변경되어 실패하였다.[223]

동아시아의 경우는 미국의 영향력이 컸다. 소련의 영향력으로 공산화가 되는 것을 막기 위해 동아시아 지역을 발전시켜 자본주의적 경제권으로 만들어야 한다는 미국의 행동이 큰 역할을 하였다. 일본은 맥아더 사령부 통제 하에서 1946년 9월 농지개혁안을 공포하여 실시하였는데 결과적으로 총 소작지의 80%가 소작인의 손에 들어가게 되었다.[224] 가장 성공적인 토지개혁의 경우는 한국과 대만이었다.[225] 한국의 경우 농지개혁이 성공할 수 있었던 것은 농민들의

---

223 신병식, "동아시아와 라틴아메리카 토지개혁의 비교," 이수훈 외, 『한국과 제3세계의 민주변혁』 (경남대학교극동문제연구소, 1989), 228-232.

224 전운성, "일본의 농지개혁," 『근현대사강좌』 no. 3 (1993), 174.

225 신병식, "한국과 대만의 토지개혁 비교연구", 『한국과국제정치』 4권 2호 (1988), 89-91. 대만의 경우는 자작농이 전체 농가의 31%에 이르러 한국 해방 후 상황보다는 자작농 비율이 높았다. 그리고 농지개혁 절차는 한국과 비슷한데, 먼저 소작료를 낮추고, 공유지를 불하한 후 지주 토지를 재분배하였다. 한국과 같이 유상매입 및 유상분배를 하였다. 토지 재분배를 통해 소작면적의 53%가 농민에게 분배되었다. 대만 역시 공산화를 미연에 방지하기 위해 미군정과 국가 주도로 토지개혁이 실시되었

토지소유 욕구가 대단하였고, 공산화 위기감이 큰 요인으로 작용하였으며, 미군정과 이승만 정부의 개혁의지가 확고하였기 때문이라 볼 수 있다.

해방 직후 남한의 총 경지면적 232만 정보 가운데 63.4%가 소작지였으며 자소작지까지 포함하면 소작지는 80%에 달했다.[226] 해방 후 농경지에 대한 농민들의 요구가 그 어느 나라보다 강력했던 이유를 알 수 있는 수치이다.

농지개혁은 3단계로 진행되었는데 첫째, 소작료 제한 조치이다. 미군정은 1945년 10월 5일 '최고소작료 결정의 건'(군정법령 제9호)을 공포하고 소작료를 생산물총액의 삼분의 일을 초과하지 못하도록 하였다. 그러나 지주측의 반발과 군정의 소극적 정책의지 때문에 실제로 시행되지 못한 곳이 많았다. 비록 실효를 거두지 못했지만 토지개혁이 있을 것이라는 전주(前奏)로서의 역할을 하였다고 볼 수 있다.[227]

두 번째 단계는 미군정이 귀속농지를 소작인에게 불하한 것이다. 미군정은 일본인이 남겨둔 토지를 신한공사를 조직하여 운영하였는데 신한공사가 관할한 농지는 남한 총경지면적(2,102,162정보)의 13.4%였으며 이 농지를 소작하는 농가는 당시 남한 총 농가(2,066,000가구)의 26.8%에 이르는 규모였다[228]. 미군정은 1948년 3월에 과도정부법령 제172호로 신한주식회사를 해체하고, 법령 제

으며 지주들은 토지가격의 하락, 토지개혁이 실시되리라는 예측, 지주들의 산업자본화 등으로 저항이 약화되어 토지개혁이 순조롭게 진행되었다.

226 조선은행 조사부, 1949: 28–29

227 황한식, "광복과 미군정의 농업정책," 『근현대사강좌』 no. 3 (1993), 46–47.

228 이대근, 『해방 후 1950년대의 경제: 공업화의 사적 배경연구』 (삼성경제연구소, 2003), 82–83.

173호로 '중앙토지행정처'를 발족시켜 귀속농지를 소작인에게 불하하였다. 조건은 불하가격을 연간 생산액의 3배로 정하고 15년간 분납하도록 하였다.[229] 이러한 조치를 단행한 이유는 북한의 토지개혁과 맥아더 사령관이 추진한 일본의 농지개혁의 영향 때문으로 판단된다.[230] 또 다른 이유는 이승만 정권이 집권하면 그 토지가 독재권력을 강화시킬 수 있겠다는 우려에서 실시된 것이라 할 수 있다.

세 번째 단계는 이승만 정부에 의해 단행된 농지개혁이다. 농지개혁법안은 1949년 6월 21일에 국회에서 통과되었으나 시행하지 못하였다. 결국 이 법은 1950년 3월 10일에 개정안이 통과되고, 3월 25일에 시행령, 4월 25일에 시행규칙이 공포되었다.[231] 그러나 정부는 이미 1949년 5월부터 12월까지 전국적으로 농가실태를 조사하였고 1950년 5월까지 농민이 확정된 분배 토지를 종람하도록 하였다. 따라서 토지의 재분배는 1950년 5월에 이미 끝났다고 볼 수 있다. 이승만 정부가 농지개혁에 대한 확고한 의지를 가지고 신속하게 진행시킨 정황을 알 수 있는 대목이다.

농지개혁법의 내용을 보면 유상매수와 유상분배로 요약할 수 있다. 농지를 분배할 때 농가 1호당 경지면적은 3정보를 초과하지 못하도록 하였고 가격은 연평균 생산량의 1.5배였으며 5년 동안 갚도록 하였는데 등록세와 취득세를 면제하였다.[232] 그리고 지주에 대한 보상은 지가증권으로 5년 동안 균분 지불하도록 하였다. 그런데

---

229 김일영, "농지개혁을 둘러싼 신화의 해체," 박지향, 김철, 김일영, 이영훈편, 『해방전후사의 재인식 2』 (책세상, 2006), 301.

230 김승욱, "이승만 정부의 농지개혁에 대한 기독교적 평가," 『신앙과 학문』 16 (2012), 37, 39.

231 김성호, "이승만과 농지개혁," 175-176.

232 권병탁, 『한국경제사』 (박영사, 1984), 521

지가증권이 교부되기 전에 6.25전쟁이 발발하여 1951년 1월 15일부터 보상이 시작되었고 지주 1인당 5년간 평균 보상액은 30.2석이었다.[233]

농지개혁의 추이를 살펴보면 이승만 정부의 개혁의지를 주목할 수밖에 없다. 이승만은 기독교 이념에 기초한 국가건설을 추구하였다.[234] 이승만 대통령은 1950년 2월 21일에 이미 농지개혁을 단행하라는 대통령 특별지시를 내려 농지개혁을 미리 진행시켰다. 왜냐하면 봄의 파종시기를 놓치게 되면 농지개혁이 1년 연기가 되기 때문에 서둘러 진행시켰다. 이렇게 서두른 이유 중 하나는 5월 30일 선거를 앞두고 있었기 때문이었다.[235] 이 선거에서 이승만은 지지기반을 확보할 수 있었다.

정부측은 1950년 4월 10일에 이미 농지분배를 완료했다고 국회에 보고할 정도였다.[236] 정부는 1950년 4월 15일, 120만호에 42만 정보의 농지를 분배했다고 발표하였다.[237] 이승만은 공산주의자 경력이 있는 조봉암을 초대 농림부 장관으로 임명하고 농림부 차관 강정택, 농지국장 강진국 등 사회주의 사상을 가진 인물들을 기용하여 농지개혁을 신속하게 추진하였다.[238] 따라서 농지개혁은 일본과 같이 미군정이 전적으로 시행한 것이 아니라 자주적인 판단에 의해 실시된 것이었다. 오히려 북한이 국회 내의 좌익세력을 동원하여 남한

---

233 위의 책, 528.

234 김흥수, "기독교인 정치가로서의 이승만" 유영익편, 『이승만 대통령 재평가』 (연세대학교출판부, 2006), 407.

235 김일영, "농지개혁을 둘러싼 신화의 해체", 박지향, 김철, 김일영, 이영훈편 『해방전후사의 재인식2』 (책세상, 2006), 325–30.

236 김성호, "이승만과 농지개혁," 『한국논단』 239권 (2009), 176.

237 권병탁, 『한국경제사』, 525.

238 김성호, "이승만과 농지개혁", 175

의 농지개혁을 방해하였다.[239]

결과를 보면 미군정의 귀속농지 23만 정보와 농지개혁으로 분배된 토지 32만 정보로 총 55만 정보가 소농가에 분배되어 38%의 성과를 달성하였다. 이 수치만 보면 농지개혁이 성공했는지 의아할 정도다. 그러나 농지개혁 이전에 집중적으로 지주들이 소작지를 방매하여 소농가에게 넘겨진 것을 합하면 총 89만 정보로서 소작지 전체의 62%가 소농가의 손으로 넘어가게 되었다.[240] 소작지가 방매된 것은 농지개혁이 이루어질 것이라는 예측 하에 이루어진 것이므로 소문으로 진행된 개혁이 법으로 진행된 농지개혁 못잖게 큰 도움이 되었다.[241]

1946년 10월 1일에 대구에서 일어났던 10.1 폭동사태 등으로 지주들은 불안해하였다. 그리고 1946년 3월 5일 북한에서 무상몰수 무상 분배한 사건이 있었기 때문에 더더욱 불안해하였다. 해방 직후 지주들은 무상몰수도 당할 수 있다는 위기감을 느꼈기 때문에 토지를 매도하려는 동기가 높아졌다. 반면 농지를 매입하려는 수요층은 작아 토지가격이 하락하였다. 따라서 소작인들이 헐값으로 농지를 구매할 수 있었다. 대지주들은 농지개혁법이 발효되기 이전에 이미 3분의 2를 시장에 처분하였으나 중소지주와 영세 지주는 미리 처분하는 비율이 낮았다.[242]

토지개혁과 같이 극단적인 방법으로 토지를 재분배하려고 할 때 당연히 지주들의 저항이 있기 마련이다. 그런데 농지개혁을 실시

---

239 김성호 외, 『농지개혁사 연구』 (한국농촌경제연구원, 1989), 995.

240 신병식, "제1공화국 토지개혁의 정치경제," 『한국정치학회보』 31집 3호 (1997), 41.

241 김성호 외, 『농지개혁사 연구』, 659.

242 전용덕, "한국의 농지개혁, 소득 재분배, 농업생산, 그리고 거래비용", 전용덕, 김용영, 정기화, 『한국경제의 성장과 제로변화』 (자유기업센터, 1997), 112.

할 때 반발이 별로 없었다. 이유는 농지개혁 이전에 이미 지가가 하락했고 방매할 수 있는 기회가 있었다는 사실이다. 그리고 농지개혁 직후에 6.25가 발발하였고 이어서 북한에 의해 지주들이 인민재판을 받고 강제로 몰수당하는 사례가 나타났었기 때문에 지주들이 농지개혁을 수용하는 태도를 가질 수밖에 없었다.[243] 전쟁이라는 재난이 농지개혁을 도운 모양새가 되었다.

농지개혁이 실시된 후 변화된 모습은 괄목할 만한 것이었다. 자작농의 자녀들이 대거 교육을 받을 수 있었는데 1945-1955년 사이 중고등학생은 8.4배, 대학생은 9.9배로 증가하였다. 그리고 1950년 후반에는 영국보다 한국의 대학 진학률이 높아지게 되었다.[244] 물론 학생 수 증가의 원인을 농지개혁으로만 설명할 수는 없지만 자작농 비율이 높아진 것이 큰 요인임은 분명하다.

3. 희년법 재해석과 희년 실시 방안 모색

1) 희년을 실시할 수 있는 핵심적 동인

한국의 토지개혁을 살펴보면 개혁을 단행해야할 절박한 이유가 있었다. 해방 후 농지개혁의 경우에는 공산화의 위기감과 농민들의 폭동 등 대지주들이 위협을 느낄만한 요인이 있었다. 또한 대토지를 소유했다가는 목숨도 위태로울 수 있겠다는 생

243 위의 책, 110, 119.

244 권병탁, “농지개혁의 긍정적 의의”, 『쟁점 한국근현대사』 3권(1993), 121.

각도 들었고 갈수록 토지가격이 급격히 하락했기 때문에 미리 처분해야겠다는 계산을 할 수 밖에 없었다. 무엇보다 북한의 경우를 볼 때 공산화가 되면 무상몰수 당할 수 있겠다는 예상도 할 수 있었다. 따라서 공산화를 막을 수 있는 유일한 방법이 토지개혁이었기 때문에 대지주들도 개혁을 받아들일 수밖에 없었다. 그리고 이러한 점을 예상할 수 있었기에 개혁이 단행되기 전에 대지주들이 먼저 헐값으로 토지를 방매하는 사태가 일어났다. 토지개혁이 확실시 되는 상황에서 대지주들이 먼저 개혁에 동참한 것이나 다름이 없었다.

그러면 희년법에는 대지주들이 따를 수 밖에 없는 절박한 이유 혹은 토지개혁의 확신을 줄 수 있는 내용이 들어있는가? 희년법(레 25:8-55)은 시내산 전승단락(출 19:3-민 10:10) 말미에 자리잡고 있으며 모세를 통해서 주신 야웨의 말씀이다. 십계명에서와 같이(출 20:2) 희년 규정에서도 출애굽 사건을 부각시키면서 "나는 너희 하나님 야웨"(레 25:55)라는 구절을 강조하고 있다.

> 나는 너를 이집트 땅, 종 되었던 집에서 인도하여 낸 너희 하나님 야웨니라. (출 20:2)
>
> 참으로 이스라엘 자손은 나의 종이며, 그들은 내가 이집트 땅에서 구해낸 나의 종들이다. 나는 너희 하나님 야웨니라. (레 25:55)

따라서 희년은 십계명과 같은 하나님의 명령이며 반드시 지켜야할 말씀으로 나타난다. 희년을 '거룩한 해'(레 25:10, 12)로 부르고 있는 것을 보아도 희년을 실시해야 할 당위성이 신적(神的)인 권위에서 나오고 있음을 알 수 있다. 신앙인이라면 희년 실시에 대해 의아심을 가질 것이 아니라 십계명을 지키듯이 어떻게 희년을 실시할 지를 고민해야 한다는 점을 이러한 면에서도 확인할 수 있다.

또한 희년은 제의적으로 지켜야 할 절기이다. 제의적 절기는 레위기 23장에 나타나는데 이러한 절기가 희년에서 그 절정을 이루고 있음을 알 수 있다. 그리고 안식일에서 시작하여 안식년을 거쳐 희년으로 마무리하는 절기의 흐름을 볼 수 있다. 레위기 25장은 안식년으로 시작되며 희년으로 이어지는데 안식년이 7번 반복되는 해 그다음인 50년을 희년으로 지키도록 하였다(레 25:10-11).[245] 마치 안식일을 7일마다 지키듯이, 그리고 안식년을 7년마다 지키듯이 50년마다 희년을 지켜야 하는 것이다. 안식일이 제의적 규정이듯이 희년도 제의적 규정인 것이다.

레위기의 전반부(제사장 자료)는 16장 대속죄일 규정에서 절정을 이루고, 레위기 후반부(성결법전)는 25장 희년법에서 그 절정을 이룬다. 이러한 두 봉우리가 희년에 함께 만나서 동시에 시작된다. 거룩한 희년은 대속죄일에 나팔을 불면서 시작되며 하나님의 이름으로 자유가 선포되는 해이다. 희년의 의미가 대속죄일의 의미와 연관되어 있기에 함께 지키도록 되어 있다. 대속죄일은 회개하지 않은 모든 죄를 대제사장이 지성소에 들어가서 정화시켜 하나님이 이스라엘 백성 가운데 평안히 거할 수 있도록 하는 절기이다. 대속죄일은 정결한 지성소를 회복하는 날이며 하나님의 평안이 회복되는 날이고 동시에 온 공동체의 평안이 회복되는 날이기도 하다.

마찬가지로 희년은 정의가 무너지고 하나님이 분배해 주신 땅에서 사람들이 유리되는 상황이 치유되고 회복되어 하나님이 분배해 주신 처음 상태로 돌아가는 해이며 결과적으로 공동체의 평안이 회

---

245 희년이 49년째인지 50년째인지에 대한 논란에 대해서는 다음의 최근 논문을 참조 바람; J. S. Bergsma, "Once Again, the Jubilee, Every 49 or 50 Years?" *Vetus Testamentum 55* (2005), 121–125; Young Hye Kim, "The Jubilee: Its reckoning and inception day," *Vetus Testamentum* 60 no. 1 (2010), 147–151.

복되는 해이다. 마치 자정능력을 발휘하는 것처럼 희년은 사람의 탐욕과 악행으로 인해 왜곡된 경제 상황을 주기적으로 올바르게 바로 잡아 준다.

희년법에 의하면 땅은 하나님의 소유라고 되어 있다(레 25:23). 그래서 하나님의 소유인 땅을 사람이 아주 팔아서는 안된다는 것이다. 만일 땅을 팔았으면 땅 무르기를 허락해야 하는데, 만일 땅 무르기를 하지 못했다면 희년에는 땅(기업)이 풀려져서 사람이 그의 땅(기업)으로 돌아간다고 표현되어 있다(레 25:28). 이 때 사용된 '희년에 풀려져서(וְיָצָא בַּיֹּבֵל 야차 바요벨)'라는 구절은 법률적 용어이면서 자주 반복되는 관용구이다(레 25:28, 30, 31, 33, 41, 54, 27:21; 참조 출 21:2, 5, 11). 이 구절은 아카디아어의 ina durari usu 와 동일하다.[246]

또한 희년법에는 땅이 부각되어 있다. 땅은 '기업(אֲחֻזָּה 아훗자)'으로 표현되며 희년이 되면 땅에서 유리되었던 '사람'이 땅(기업)으로 돌아간다고 하였다(레 25:10, 13). 보통 '땅을 빼앗긴다' 혹은 '땅이 차압 당한다'고 하여 땅이 다른 곳으로 가는 것처럼 표현하는데 희년 규정에는 땅은 그대로 있고 '사람'이 떨어져 나가는 것이라 묘사되어 있다. 원래 하나님이 분배해주신 땅은 하나님의 뜻을 받들어 제 자리를 지키고 있는데 왜곡된 경제활동으로 인해 사람이 유리되었다는 것이다.

그리고 사람만 절기를 지키는 것이 아니라 땅도 하나님의 명령에 순종하여 신실하게 안식한다. 오히려 땅이 먼저 그리고 신실하게 안

---

246 M. Weinfeld, "Social and Cultic Institutions in the Priestly Source Against Their Ancient Near Eastern Background," *Proceedings of the Eighth World Congress of Jewish Studies*, (Vol. 5. Jerusalem: World Union of Jewish Studies, 1983), 128; J. J. Finkelstein, "Some New Misharum Material and its Implications," 234.

식년과 희년을 지키는 것이다. 사람은 희년을 지킬지 말지 고민하며 갈등을 일으키지만 땅은 전적으로 하나님의 뜻을 받들어 지키고 있는 것이다. 만일 희년을 지키며 안식하려는 땅을 방해한다면 땅은 사람을 토해낼 수밖에 없다. 따라서 땅(자연)이 경우에 따라서는 경고의 메시지를 보낼 수 있는 것이다.

희년법을 분석해 보면 만일 희년을 지키지 않을 때는 하나님의 명령과 규례를 어기는 것이 된다. 당연히 하나님의 징벌이 예상된다. 희년법 다음에 배열되어 있는 레위기 26장은 이러한 명령과 규례를 지키지 않을 경우 하나님의 징계가 있을 것임을 반복해서 강조한다. 그리고 그 징계는 공동체 전체의 파멸로 이어질 수 있는 강력한 징계임을 누누이 밝히고 있다. 공동체 파멸이라는 요소는 대속죄일 제의에도 포함되어 있다. 대속죄일의 제의도 공동체 파멸을 방지하기 위한 목적에서 실시되는 것이었다.

결국 희년법에 의하면 희년을 반드시 실시해야 하는 이유가 공동체 파멸을 방지하기 위한 것임을 발견할 수 있다. 공동체에는 대지주도 포함되어 있다. 따라서 대지주 자신들의 안위를 위해서도 희년을 실시할 수밖에 없다는 논지로 전개되어 있다. 그리고 이러한 논지가 신적인 권위라는 근거에서 출발하고 실제로 땅이 희년을 실시하라는 하나님의 뜻을 신실하게 순종하고 있다는 점을 강조하고 있다. 고대 농법에서 밭의 소출을 기대하려면 반드시 실시해야 하는 휴경이라는 요소를 포함시켜 희년이 현실성 있는 방안임을 설득한 것이다. 오직 사람이 희년 실시에 참여할지 말지를 선택하는 일만 남아 있는 것이며 이것은 결국 대지주 자신들을 포함한 공동체 전체의 생명과 죽음을 선택하는 것임을 알 수 있다. 현대의 사회적 경제적 갈등의 문제는 공동체 파멸이라는 경고를 느낄 수 있게 해준다. 희년이 실시되어야 하는 당위성과 희년 실시의 핵심적 동인을 이러한 위기 의식에서 발견할 수 있다.

2) 공동체가 실시하는 희년

토지개혁과 같은 극단적인 개혁을 실시하려면 개혁에 대한 공동체 구성원의 공감도 중요하지만 이러한 공감을 현실적으로 정책화시키고 제도화하여 강력하게 개혁을 추진하는 지도자의 개혁에 대한 의지와 추진력이 반드시 필요하다.

과전제를 실시할 때 이성계와 신흥사대부들의 개혁의지와 강력한 추진력에 의해 시행될 수 있었다. 토지대장을 소각시키는 것은 재산몰수와 다를 바 없는데 지도자의 강력한 추진력이 없으면 불가능한 것이었다. 해방 후 농지개혁도 공산화를 방지해야겠다는 확고한 정책의지를 바탕으로 미군정과 이승만 정부가 신속하고 강력하게 개혁을 진행시켰기 때문에 가능할 수 있었다. 통치자들이 토지개혁을 강력하게 추진할 수 있었던 것은 토지개혁으로 인해 지도자들이 얻을 백성들의 지지도 중요한 요인임을 또한 부인할 수 없다.

그런데 희년법에는 이러한 지도자의 의지가 나타나는가? 누가 희년을 실시한다고 되어 있는가? 희년법에는 '이스라엘 자손'인 '너희들'이 희년을 실시해야 하는 주체로 나타난다. 다만 대속죄일에 나팔을 불 때는 단수인 '너'로 나타나는데 이것은 모세를 가리키며 모세의 임무를 계승하는 제사장의 임무임을 알 수 있다(레 25:9).

굳이 지도자를 든다면 대속죄일 때 나팔을 부는 제사장이 선두에서서 이끌어간다고 볼 수 있다. 희년은 신적인 권위에 의해 제정된 것이고 실시도 종교적인 지도력에 의해 제의적으로 시행되고 있음을 볼 수 있다. 마치 대속죄일에 제사장의 집전으로 공동체 전체가 제사를 드리듯이 공동체 전체에 의해 희년이 실시되는 것이다.

어떻게 이러한 지도력에 의해 그러한 충격적인 경제개혁인 희년이 실행될 수 있을까? 과연 이러한 일이 일어날 수 있을까? 의문의 꼬리가 이어진다. 정치적인 강력한 통치자의 의지와 추진력을 언급하지 않았던 것은 원래 희년 규정이 만들어진 시대적 상황이 왕정 시대가 아니었기 때문이다. 그 시대는 가족과 같은 씨족 공동체로 여겨진다. 그래서 공동체 전체가 희년을 시간의 골격인 거룩한 절기로 받아들였던 것이다. 주기적으로 실시되는 희년이라는 제도는 절대 권력을 지닌 누군가에 의해 주도될 수 있는 형태가 아님을 보여준다. 대지주를 포함한 공동체 전체가 신의 권위에 순복하고 동의할 때 일어날 수 있는 것이 희년임을 보여준다. 특정 지도자가 강제적으로 하지 않아도 주기적으로 희년이 되면 대지주 스스로 땅을 돌려줄 수 있는 종교적 사회적 공감대가 형성되어 있다는 것을 알 수 있다.

그러나 오늘날의 사회는 씨족 사회나 지파 시대도 아니다. 민주주의와 법치주의가 사회를 받치는 기둥역할을 하고 있다. 이러한 상황에서 희년이 시행되려면 법으로 제정되고 법에 의해 실시되어야 한다. 그리고 법 제정이 있기 전에 희년을 원하는 국민의 열망이 끓어올라야 하며 그 열망이 법으로 구체화되어야 한다.

또한 희년을 실시하는 주체가 공동체 전체라는 것은 희년이 가난한 사람들을 위한 자선이라는 목표를 넘어서는 사건임을 알려준다. 희년의 목적을 이야기할 때 빚으로 인해 밭을 빼앗긴 가난한 사람들을 구제하는 것이라 생각하기 쉽고 백성의 기초생활권을 보장하는 것이라 여기기 쉽다. 그러나 희년 규정에는 누가(대지주 혹은 권력가) 누구(가난한 사람들)에게 자선을 베풀라고 되어 있지 않다. 공동체 구성원 모두가 희년을 주도적으로 실시하라고 되어 있다. 하나님께서 처음에 가나안 땅을 각 지파로, 각 가정에 분배했던 그 땅을 회복시키는 것으로 되어 있다. 좀 더 정확하게 표현하자면 하나님에 의해 분배된 땅에서 유리되었던 사람들을 다시 원래의 위치로 회복시키는 것을 말한다.

희년 토지 개혁의 대상은 농지였다. 도시는 제외되었다. 도시의 집은 희년 대상이 아니었다. 도시를 중심으로 국제무역업에 종사하는 극소수의 부자들은 희년제도에 포함되지 않았다. 그리고 가장 가난하고 낮은 계층인 외국인 노비는 처음부터 땅 분배와 관계가 없으므로 제외되었다. 백성의 대다수가 농부였으며 토지를 기반으로 생활을 영위하는 사람들을 위해 농지개혁을 단행하는 것이 희년의 목표였다. 그 결과 대다수 백성의 삶이 안정적인 바탕 위에서 영위될 수 있도록 하는 것이었다.

오늘날의 표현을 빌리자면 기초생활수급자 만 도와주는 것이 아니라 국민 모두가 적어도 경제적으로 자립할 수 있도록 경제구조를 근본적으로 개혁하는 것이다. 또 다르게 표현한다면 극빈자에게 선별적인 복지혜택을 주는 것이 아니라 국민 모두가 혜택을 받을 수 있는 보편적인 복지정책, 좀 더 정확하게 말하면 국민 전체의 생존정책을 실시하는 것이라고 볼 수도 있다. 그러므로 희년법을 재해석할 때 국민 모두가 참여하며 모두에게 혜택이 돌아가는 취지임을 염두에 두고 해석해야 한다.

희년정신을 현대에 구체화시킬 때 고려해야 할 것은 국민 대다수가 경제적으로 안정될 수 있는 방안이다. 따라서 현대에는 국민의 대다수가 도시에 거주하고 있고 임금노동자 혹은 중소규모 자영업자로 살아가는 상황에서는 이들에 대한 희년제도가 필요하다.[247] 현대에는 농지개혁만으로는 부족하다. 왜냐하면 서울의 상업지구인 명동의 토지 가격과 경남 산청의 밭의 가격은 비교할 수 없을 정도로 차이가 나기 때문이다. 따라서 국민 대다수를 위한 희년제도란 생활할 수 있는 일자리 제공과 중소규모 자영업을 할 수 있는 경제적 환경을 가리킨다. 즉 국민의 대다수가 열심히 일해서 가족과 더

---

247 2011년 도시인구는 46,230,613명, 농촌을 포함한 비도시 인구는 4,503,671명이다. 한국토지주택공사 국토주택정보처 도시정보부, "도시화 추세(2)".

불어 생활할 수 있는 기본적인 경제 환경을 조성하는 것이다.

그리고 희년을 추진한다는 것은 현대의 정치 지도자에게도 도움이 될 수 있다. 희년은 공동체 전체가 책임감을 가지고 실시하도록 되어 있지만 공동체를 지도하는 지도자의 역할은 역시 중요하다. 희년을 실시하는 것은 분명히 힘든 일이지만 희년을 실시할 수만 있다면 지도자에 대한 지지도는 급상승할 수 있다. 따라서 현대의 정치 지도자도 장기적인 계획 속에 희년을 실시하는 방안을 포함시키는 것이 지혜로운 행동이라 할 수 있다. 그리고 희년을 지향하여 나아간다는 정치적 이미지는 분명 긍정적으로 작용할 수 있을 것이다. 부자도 잃는 것만 있는 것이 아니다. 공동체 파멸의 원흉이라는 지탄의 대상이 아니라 존경을 받는 구성원이 될 수 있을 것이다. 그리고 희년을 통해 대부분의 가난한 백성들은 경제적 자립을 얻을 수 있으므로 공동체 구성원 모두가 나서서 함께 실시해야 하는 것이 희년이다.

3) 체계적이며 지속적인 희년 활동

희년은 50년 마다 주기적으로 지키도록 하였다. 그러나 현대에는 반드시 50년 사이클을 고집할 필요는 없다. 고대 이스라엘에는 수명이 약 40세 정도로 짧은 편이었는데 50년 주기라면 현대에는 수명이 80세를 넘기고 있으므로 100년 주기로 희년을 지켜도 된다고 본다. 혹은 급변하는 현대의 시대적 변화속도를 감안해서 25년 희년 프로젝트를 실시할 수도 있다. 어떤 기간을 정하든지 희년을 실시하려는 장단기 계획을 수립하여 체계적이며 지속적인 추진이 필요하다. 이를 위해서는 희년정신을 법제화하고 제도화하는 방안을 강구해야 한다.

그런데 한국의 헌법에는 이미 희년 정신이 일부 반영되어 있다.

제10조. 모든 국민은 인간으로서의 존엄과 가치를 가지며, 행복을 추구할 권리를 가진다.

제32조. ① 모든 국민은 근로의 권리를 가진다.

제34조. ① 모든 국민은 인간다운 생활을 할 권리를 가진다.

이러한 헌법정신을 구체화할 수 있는 세부적인 법을 제정하고 제도를 만들어가는 노력도 필요하고, 때로는 헌법도 희년정신에 걸맞게 개선하는 노력도 필요하다.

해방 후 농지개혁이 1950년에 실시되었지만 이미 몇 년 전부터 농지개혁이 실시될 것이라는 예측을 할 수 있었다. 이러한 예축이 있었기에 토지가격은 급락하였고 대지주는 토지를 헐값으로 방매하였다. 상당한 토지가 개혁 전에 이미 재분배되었다고 볼 수 있다. 토지개혁이 실시될 것이라는 확신만 있다면 이처럼 개혁이 실시되기 전에라도 개혁이 진행될 수 있듯이 희년이 실시된다는 확신만 있다면 그 전에라도 희년은 지속적으로 실시될 수 있는 것이다. 특히 성전에서 희년의 계산법을 지키도록 강조하고 있다(레 27:16-25). 따라서 교회가 선두에 서서 희년이 실시된다는 확신을 전파하면서, 레위기 27장에서 보듯이 구체적으로 헌금에 대해서 희년정신을 실천하는 모습이 절대적으로 필요하다.

이 뿐만 아니라 희년법은 구속자(גֹּאֵל 고엘)의 노력도 이야기 하고 있다. 가까운 가족이나 친족이 대신 값을 지불하고 토지와 사람을 다시 찾아오는 구속자의 노력은 희년의 정신을 49년 동안에 실시하는 또 다른 방식인 것이다. 경전으로서 레위기에 나타난 희년은 안식일과 안식년을 지키는 것을 포함해서 함께 지키도록 되어 있으며 중간 중간 구속자의 역할을 기대하고 있다. 따라서 희년 주기만을 기다릴 것이 아니라 그 안에서 다양한 방안으로 희년 정신을 실시할 수 있어야 할 것이다. 특히 개인과 가정의 경제자립을 위해 일자리를 확대하고 근로자를 보호하고 격려하는 방안을 모색해야 한다.

희년이 반드시 실시되며, 희년을 우리가 실시해야 한다는 확고한 신앙의 바탕 위에 교회와 기독교인들이 희년정신을 실천하는 선구적인 노력이 절실히 요구된다.

4. 결론

본 연구의 목적은 한국에서 실시된 과전제(科田制)와 농지개혁을 분석하여 왜 이러한 개혁이 실시되었는지 그리고 어떻게 실시되었는지를 분석한 후, 레위기의 희년제도와 비교 연구하여 오늘날 희년을 실시할 수 있는 방안을 모색하려는 것이다.

과연 희년이 현실에서 실시 될 수 있을까에 대해서 의구심을 가지지만, 역사적으로 살펴보면 희년과 유사한 정책이 실시되었다는 점을 발견할 수 있다. 그리고 자본주의 체제로 살아가는 현대에도 희년과 유사한 정책이 부분적으로 실시되고 있다.

비록 이스라엘에는 희년이 실시되었다는 기록을 찾아보기 힘들지만 이성계가 실시한 과전제와 해방 후 농지개혁을 통해 희년이 현실에서 실시되었다는 증거를 발견할 수 있다. 과전제와 농지개혁, 그리고 희년법을 통해 발견할 수 있는 희년 실시 방안은 다음과 같다.

(1) 희년이 반드시 실시된다는 확신이 있을 때 희년은 실시될 수 있다. 희년법은 십계명과 같은 하나님의 명령이요, 제의적인 규정이

고, 대속죄일과 같이 공동체를 파멸에서 구할 수 있는 제도라는 신학이 그 확신에 바탕을 이루고 있다. 그리고 땅은 하나님의 소유이고 땅이 하나님의 뜻을 받들어 충직하게 희년을 실시하고 있는데 관건은 사람이 희년에 동참하느냐하는 선택만 남아 있다는 것이다.

(2) 희년은 공동체 모두가 실시해야 하는 하나님의 법이다. 희년을 실시할 때 지도자는 백성의 지지도가 높아가는 효과를 얻을 수 있을 것이요, 부자는 지탄의 대상이 아니라 존경을 받는 구성원이 될 수 있을 것이다. 그리고 대부분의 가난한 백성들은 경제적 자립을 얻을 수 있으므로 공동체 구성원 모두가 나서서 함께 실시해야 하는 것이 희년이다.

(3) 희년은 제도화해야 하며 법제화해야 한다. 이미 헌법에 희년정신이 포함되어 있으므로 이러한 헌법정신을 구현할 수 있는 세부적 법을 제정하는 노력이 있어야 한다. 고엘(구속자)의 역할을 격려하며, 부분적이지만 다양한 방법으로 희년정신을 구현할 수 있는 방안을 모색하고 실시하여야 한다. 특히 개인과 가정의 경제자립을 위해 일자리를 확대하고 근로자를 보호하고 격려하는 방안을 모색해야 한다.

CHAPTER 07

제7장

노비해방과 한국 기독교

제 7 장

노비해방과 한국 기독교

1. 서론

노비해방에 한국 기독교가 기여하였는가? 한국의 경우 갑오경장(甲吾更張, 1894년) 때 공식적으로 노비해방이 선포되었다. 이러한 개혁은 근대화의 일부였지만 기독교의 영향이 있었음도 배제할 수 없다. 개신교는 1884년부터 선교사의 입국으로 선교가 활발해졌고 만민평등이라는 기독교정신이 신분철폐에 기여하였다.[248] 교회 내에서는 천민인 백정이 교회의 장로가 되고 목사가 되는 일이 일어났다. 비록 이러한 일이 주로 교회 내에서 일어나는 일이었지만 사회적인 영향을 끼칠 수밖에 없었다.

---

248 Robert S. Maclay 선교사는 1884년 6월 24일에, Horace N. Allen 선교사는 의사로 1884년 9월 20일에 한국에 입국하였다. 이만열, "한국의 기독교 수용과 그 특징," 「亞細亞研究」 Vol.44 No.2 (2001), 3.

천주교도 공식적으로 개신교보다 거의 100년 정도 먼저 한국에 들어왔고 그 이전에도 간헐적으로 중국에 전파된 천주교의 영향을 받았지만 교회 내에서 만민평등 정신을 구현하는 정도였다. 당시 천주교회 내에서는 참으로 놀라운 일이 일어났다. "나에게는 천당이 둘 있으니 이 땅에서 하나요, 하늘나라에서 하나라"라고 말할 정도로 신분차별 없이 대해주는 천주교인 공동체 안에서 천민들은 크게 감격하였다. 분명히 개신교와 천주교는 만민평등이라는 교리적 차원에서 영향을 미쳤지만 사회적으로 노비해방을 요구하고 주도하는 역할을 하지는 못하였다.

본 장의 목적은 한국 역사 가운데 노비의 역사를 조명하면서 기독교 정신이 한국 노비제도의 개혁과 노비해방에 어느 정도, 그리고 어떻게 기여하였는지를 밝히려는 것이다.

2. 성경의 채무노비 및 노비해방법

1) 성경과 채무노비

십계명 서문은 "나는 너를 애굽 땅, 종 되었던 집에서 인도하여 낸 네 하나님 여호와니라"(출 20:2)로 시작된다. 기독교는 이 구절을 십계명의 서문으로 보지만 이스라엘 사람들은 이 구절을 십계명 제1계명으로 본다. 그리고 이 구절이야말로 하나님 주신 말씀의 바탕이요 시작으로 본다. 노예에서 해방되어 자유를 얻은 사건, 출애굽 사건은 이스라엘 백성의 신앙고백 가운데 핵심을 이루고 있다.

이러한 신앙고백을 하게 된 연유는 출애굽 사건 때문만은 아니다. 하나님께서 태초부터 사람을 자유로운 존재로 창조하셨고 심지어 범죄 하였을 때도 그 자유를 빼앗지 않으셨다는 사실을 깊이 믿고 있었기 때문이다. 하나님은 처음 사람들인 아담과 하와에게 선과 악을 택할 수 있는 자유를 주셨는데 금지된 선악과를 먹는 잘못된 선택을 했을 때도 선택의 자유를 거두어 가지 않으셨다. 아담의 아들 가인도 자신이 선택해서 아벨을 죽이는 사건이 일어났다. 하나님은 가인에게 죄를 저지르지 말도록 "죄가 너를 원하나 너는 죄를 다스릴지니라"(창 4:7)라고 충고했음에도 가인은 자신의 잘못된 선택으로 아벨을 죽인 것이다.

이처럼 비록 사람이 잘못된 선택을 할 가능성이 충분히 있음에도 태초부터 지금까지 하나님은 사람에게 '자유'를 거두어 가지 않으셨다. 오늘도 하나님은 자신의 행동에 책임을 지는 성숙하고 자유로운 인간으로 성장하기를 여전히 기대하면서 기다리고 계시는 것이다. 그리고 하나님이 주신 자유를 빼앗는 경우 하나님은 내가 해방시킨 내 백성이라 하시면서 강력하게 경고하신다(레 25:42, 55).

그러나 하나님께서 주신 소중한 자유를 박탈 당하는 사람이 있는데 그가 바로 노예(노비)다. 역사적으로 살펴보면 노비가 되는 경우는 전쟁 포로가 노비가 되는 경우가 많았다. 그런데 전쟁이 없음에도 노비가 증가되었는데 그것은 자녀 출산과 채무노비 때문이었다. 고대 이스라엘에도 노비의 자녀가 노비가 되는 제도가 있었으며 고려와 조선 시대에도 이러한 제도가 있었다.

구약에도 빚을 갚지 못해 노비가 되는 이야기가 나타난다. 엘리사 설화 가운데 채무노비의 이야기가 나타나는데, 과부가 가난하여 빚을 갚지 못해 아이들이 노비로 빼앗긴다는 이야기다(왕하 4:1-7). 이러한 상황에 엘리사가 개입하여 기적을 일으켜 아이들이 노비로 팔려가지 않도록 하였고 과부와 아이들이 생활할 수 있도록 경제적으로 조치하였다. 이 이야기는 문제발생과 문제해결이라는 구조로 엮어져 있는데 아이들이 노비로 팔려가는 것이 표면적 문제라면 보다 더 근본적인 문제는 생활비의 부족이었다. 엘리사는 "남은 것으로 너와 네 두 아들이 생활하라"(왕하 4:7)라고 하면서 근본적인 문제인 생활비 문제를 해결해 주었다.

채무노비가 나타나는 근본 원인은 생활비의 부족으로 인한 것이었다. 먹을 것이 없으니 곡식을 빌릴 수 밖에 없고 빌린 빚을 갚지 못하니 노비로 팔려갈 수 밖에 없는 것이다. 특히 주전 8세기에 세력가들이 토지를 확대하여 대농장을 형성하면서 가난한 농민들이 땅을 잃어버리는 일이 많이 일어났다.[249] 땅을 잃어버린 농민은 결국 채무노비로 전락하는 경우가 많았다.

> 밭들을 탐하여 빼앗고 집들을 탐하여 차지하니 그들이 남자와 그의 집과 사람과 그의 산업을 강탈하도다.
> (미 2:2)
> 가옥에 가옥을 이으며 전토에 전토를 더하여 빈 틈이 없도록 하고 이 땅 가운데에서 홀로 거주하려 하는 자들은 화 있을진저... (사 5:8)

잠언에서도 채무노비가 있음을 기정사실로 인정하고 있다; "부자는 가난한 자를 주관하고 빚진 자는 채주의 종이 되느니라"(잠 22:7). 채무노비는 주로 과중한 세금을 납부하지 못해서, 혹은 재해나 기근 때문에 발생하였다.

---

249 R. Coote, 우택주 역, 「아모스서의 형성과 신학」(대한기독교서회, 2004), 52-54.

2) 구약성경의 노비 해방법

구약성경에는 노비제도의 부당함을 지적하며 노비를 해방시킬 것을 명하고 있는 노비 해방법이 나타나는데 계약법전(출 21:2-11), 신명기법전(신 15:12-18), 성결법전(레 25:39-46) 등에서 나타난다. 구약에서 일관성 있게 강조하는 것이 있는데 그것은 이스라엘 백성을 노비로 부려서는 안된다는 주장이다. 비록 경우에 따라 노비가 되는 일이 일어나더라도 노비가 아니라 품꾼같이 여겨야한다는 점을 누누이 강조한다. 왜냐하면 노비로 억압을 당했던 이집트에서 해방시켜 약속의 땅으로 올 수 있도록 인도하신 분이 하나님이신데 어찌 사람이 다시 하나님의 백성을 노비로 만들 수 있겠느냐는 것이다.

가장 고대의 법전으로 알려진 계약법전은 노비법부터 시작된다. 고대 중동의 법전에는 노비에 관한 항목이 나중에 편재되어 있는데 비해 구약성경의 법전에는 노비법부터 시작되는 것이 특이하다. 그만큼 구약성경에서 노비해방은 중요한 사항으로 부각되어 있는 것이다. 출애굽기 21장 2-11절에서는 7년이 되면 노비가 주인집에서 나갈 권리가 있음을 명시하고 있다.

그런데 신명기 법전에는 동족인 '히브리 노비'를 품꾼같이 대하고 7년째는 주인이 노비를 해방시켜야 할 의무가 있다고 명시하고 있다. 계약법전과 달리 신명기 법전에서는 노비를 해방시키는 것이 개인적인 사항이 아니라 전국적인 사항이요 면제년이라는 절기에 해당한다고 하였기에 노비 해방은 의무조항이 된 것이다. 신명기 법전에서 주목해야할 부분은 노비를 해방시켜 내 보 낼 때 빈 손으로 보내지 말아야 한다는 점이다.

네 동족 히브리 남자나 히브리 여자가 네게 팔렸다 하자

만일 여섯 해 동안 너를 섬겼거든
일곱째 해에 너는 그를 놓아 자유롭게 할 것이요
그를 놓아 자유하게 할 때에는 빈 손으로 가게 하지 말고
네 양 무리 중에서와 타작 마당에서와 포도주 틀에서 그에게 후히 줄지니
곧 네 하나님 여호와께서 네게 복을 주신 대로 그에게 줄지니라 (신 15:12-14)

노비가 해방되었다고 하지만 당장 어떻게 살아가야할지 굶주림의 문제를 어떻게 해결해야할지 막막할 수 있다. 이러한 현실적인 문제를 주목하면서 주인의 인도적인 배려를 하도록 명령하고 있는 것이다.

신명기 법전에서 발견되는 특이한 점은 주인이 노비에게 자유를 주어 해방시키겠다고 했는데 노비가 스스로 주인의 노비로 계속 남아있겠다고 한다는 것이다(신 15:16). 해방시켜 주겠다고 하는데 왜 노비가 스스로 거부하는가? 노비가 가족과 함께 막상 주인집을 나선다고 했을 때 닥치는 문제는 어디 가서 살겠는가 하는 주거문제, 무엇을 먹고 살 것인가 하는 양식문제, 앞으로 무엇을 해서 가족을 부양하겠는가하는 장래 경제문제 등을 해결할 길이 막막할 수가 있다. 차라리 주인집에 있으면 자유는 제한되지만 위의 문제들이 해결이 되기 때문에 주인집을 떠나지 못하고 망설이게 되는 것이다. 이처럼 성경에서도 노비문제가 인권문제일 뿐 만 아니라 경제문제임을 지적하고 있는 것이다.

마지막으로 성결법전에서는 7년이라는 기간을 명시하지도 않고 노비가 자원할 경우 주인집에 계속 있을 수 있다는 조항도 없다. 왜냐하면 노비가 되는 근본적인 문제가 해결되었기 때문이다. 노비가 되는 원인이 채무 때문인데 희년이 되면 토지가 회복되고 가정

경제를 이끌어 갈 수 있는 수입이 발생하기 때문에 더 이상 빚에 시달리지 않아도 되기 때문이다. 희년이 되면 자녀를 포함한 온 가족이 해방되어 함께 살 수 있게 되는 것이다. 따라서 성경의 노비해방법은 노비의 문제가 경제문제임을 분명히 보여 주면서 경제적으로 이 문제를 해결해함을 보여 주고 있다.

3. 한국의 노비제도와 한국 기독교

1) 한국의 노비제도

노비가 발생하는 원인을 보면, 범죄자로 처벌 받았을 때, 전쟁에서 포로가 되었을 때, 그리고 채무를 갚지 못해 노비가 되는 경우로 크게 나눌 수 있다. 고대사회에서는 범죄자와 전쟁포로가 주로 노비공급원이었다면 후대에는 주로 채무로 인해 노비가 되는 경우가 많았다. 즉 경제적 요인이 중요해진 사회에서는 빚을 갚지 못해서 노비가 되는 경우가 많아질 수 밖에 없는 것이다.

그런데 구약의 법전을 보면 노비를 방면할 때 그 대상은 '히브리 노비'에 국한하고 있음을 발견할 수 있다. 히브리 노비는 범죄자도 아니었고 전쟁포로도 아니었다. 히브리 노비는 빚을 갚지 못해 노비가 된 채무노비였다. 따라서 먼저 채무노비에 대해서 살펴볼 필요가 있다. 고대 한국과 이스라엘에서 노비가 발생하는 원인을 살피면서 채무노비가 발생하는 양상을 상세히 분석할 것이다.

고대의 노비에 관한 기록을 보면 범죄했을 때 노비의 형벌을 받았다. 고조선의 범금팔조(犯禁八條)에 남의 물품을 훔친 자는 그 피해자 집의 노비로 삼는다는 규정이 있고 일단 노비가 된 사람이 그 신분에서 벗어나기 위해서는 막대한 돈을 물어야 된다라는 규정이 있다.[250]

> 남의 물건을 훔친 자는 남자는 데려다 그 집의 노(奴)로 삼고 여자는 비(婢)로 삼는데 자속(自贖)하려면 1인에 50만전이며 비록 면하여 민(民)이 되더라도 풍속에 오히려 이를 부끄럽게 여겨 가취(嫁取)에 짝이 없었다. 이에 그 백성이 마침내 서로 도둑질을 하지 않아 문호를 닫음이 없고 부인은 정신(貞信)하여 음란하지 않았다.[251]

부여의 법률에도 살인자의 가족은 노비로 삼는다는 규정이 있다; "형벌을 씀이 엄하고 급하여 사람을 죽인 자는 죽이고 그 가족은 몰입하여 노비로 삼는다".[252] 이처럼 노비의 기원이 범죄자라는 것은 후대 노비제도의 당위성을 주장할 때 자주 등장하는 근거가 되었다

그런데 범죄자 뿐 만 아니라 빚을 갚지 못한 채무자도 노비가 된다는 법이 고구려에 나타난다. 고구려에서는 채무를 진 자를 노비로 삼는다는 기록이 있다.[253]

> 도둑질을 한 자는 10여배를 징수하고 만일 가난하여 징

---

250 고조선의 노비법은 형벌에 목적이 있기 때문에 형벌노비를 노비의 기원으로 볼 근거가 약하다(지승종, 1991, "한국 고대사회의 노비의 창출과 이전," 「최재석교수 정년퇴임기념논총 한국의 사회와 역사」 438)

251 漢書 志 卷28下, 地理志, 第8下 이인철, "한국 고대사회에서 노비와 노비노동의 역할," 「한국고대사연구」 29(2003. 3) 154.

252 三國史記 권제16, 故國川王 元年.

253 北史 열전 권94, 열전제82 고려 고구려전. ≪이십오사≫ 10, ≪주서≫, 1976, 경인

수할 수 없는 경우와 공사(公私)의 부채가 있는 자는 모두 그 자녀를 평가하여 노비로 삼아 이를 갚을 수 있도록 한다.[254]

통일 신라 시기에 빚을 갚지 못할 때는 채무노비가 된다는 기록도 있다; "곡식을 남에게 꾸어주어 늘리고 갚지 못하면 고용하여 노비로 삼았다".[255] 삼국시대 말 인구를 살펴보면, 고구려인구는 69만여호요 백제인구는 76만여호이고 신라도 비슷한 인구였다면 전체 인구는 210만호가 되었을 것이다. 1호에 5명의 가족이 살고 있었다면 약 1천만 명의 인구가 한반도와 만주일대에 살고 있었다고 추정할 수 있다.[256] 삼국시대 말에 노비인구는 4%였는데 통일신라 시대인 815년경에는 5.4%정도로 증가하였다.[257] 통일신라의 특징적인 점은 세습노비보다 채무노비의 비율이 날로 높아갔다는 사실이다. 아마도 철제 농기구와 소를 활용하여 노동생산성이 향상되었고 대토지를 소유하는 지배층이 등장하였기에 이에 필요한 노비 인구가 증가한 것으로 짐작된다. 특히 토지를 상실한 농민이 노비, 특히 채무노비로 전락하는 경우가 늘어났기 때문이다. 그러나 아직도 신라 통일 시대에는 대토지 소유주가 많이 등장했다고 보기 힘들다.

문화사 영인본, 408(885)쪽

254 주서, 열전 권49 열전 제41, 이역상 고려

255 新唐書, 열전 권220, 열전 제145, 동이, 신라.

256 이인철, "한국 고대사회에서 노비와 노비노동의 역할," 「韓國古代史研究」 Vol.29 (2003), 172-173.

257 이인철, "한국 고대사회에서 노비와 노비노동의 역할," 183. 참고로 주전 400년경 아테네 인구의 30%, 주전 31년에는 로마 인구의 35%가 노예였다고 한다. K. Hopkins, 「로마노예제의 발전과 실제」 고려대학교 대학원 서양고대사 연구실 편역, 1981.

또한 재상들이 광대한 토지를 소유할 때도 일반 농민이 농사를 지었고 노비가 농사를 짓는 경우는 아니었다.[258]

그러나 고려시대부터 양상이 달라졌다. 노비의 숫자가 눈에 띄게 증가한 것이다. 특히 채무노비가 고려와 조선 시대에 급속히 증가하였다. 조선시대 성종실록(1475년)에는 채무로 인해 노비가 되는 과정을 자세히 묘사한 기록이 있다.

> 호조(戶曹)에서 아뢰기를, ...빈궁한 백성은 전지 1결을 가지고서 권세가의 7결의 요역까지 합쳐서 제공하다 보니, 농사철에 농업을 폐지하게 되어 가을에는 수확이 없습니다. 그래서 이곳 저곳에서 이식(利息)을 주고 빌려서 생활하다가 이듬해 봄에 이르러서는 전답(田畓)과 주택을 다 팔아 갚고, 돌아갈 곳이 없게 되자 부유하고 세력 있는 집에 붙어서 얻어 먹으며 고용사리[傭作]를 감수하다가 마침내 종이 되는 지경에 이르게 되니, 몹시 슬퍼할 일입니다.[259]

또한 조선시대 중종 때의 실록을 보면 양민이 채무노비가 되는 실상을 한탄한 대목이 나타난다;

> 무릇 백성이 살아가는 것은 그 토지 때문인데 호우(豪右)가 겸병하니, 빈궁한 자는 비록 부자상전(父子相傳)의 토지라도 모두 팔아버립니다. 이 때문에 부자는 토지가 천백(阡佰)을 이었는데 빈자는 송곳 하나 꽂을 땅이 없습니

---

258 이인철, "한국 고대사회에서 노비와 노비노동의 역할," 163.

259 성종실록 57, 성종 6년 7월 신해조

다. 부익부 빈익빈이 지금만큼 심한 때가 없습니다.[260]

빚을 갚지 못할 때는 결국 가정경제가 파탄이 나고 가지고 있는 땅을 헐값에 팔 수 밖에 없다. 왜냐하면 굶어죽지 않기 위해서다. 그리고 땅 한 뼘 없는 농민은 생존을 위해 지주의 밭을 소작할 수 밖에 없게된다. 마지막에, 이것도 힘들면 결국 자진해서 지주의 노비로 전락하게 되는 것이다.

또한 양인(良人)으로 있으면 과중한 세금을 납부해야하고 반복되는 부역과 군대징집의 임무를 감당해야 한다. 양인으로 있으면서 가족의 굶주림도 해결하지 못하고 너무 과중한 부담을 견디지 못한 양인이 오히려 이러한 부담을 조금도 감당할 필요가 없는 부자집 노비를 부러워하여 스스로 부자집에 가서 노비로 살겠다고 간청하는 노비투탁(奴婢投託) 현상이 일어나는 것이다.

고려 후기에는 노비의 숫자가 급격히 증가하였다. 고려 후기에는 귀족들을 포함한 세력가들이 대토지를 소유하여 농경을 하는 경우가 많았기 때문에 노비들이 농경에 주로 투입되었다. 한 사람이 소유하는 노비의 수가 수십명 혹은 수백명인 경우가 많았으며 심지어 1,000명이 넘는 경우도 있었다. 이들 가운데는 양인 농민이었다가 노비가 된 경우가 많았는데 주로 부역이나 세금을 피하기 위해서 혹은 빚을 갚지 못해 노비가 된 채무노비의 경우였다. 심지어 양인 농민들이 부역이나 세금이 과중하여 노비의 처지를 선호하는 경우도 있었다.[261]

요약하면, 고대 이스라엘에도 채무노비가 대부분이었으며 우리 역

---

260 중종실록 32, 중종 13년 2월 경인조.

261 홍승기, 198

사 가운데 고려와 조선시대의 경우 대부분이 채무노비였다. 즉 빌린 돈인 빚을 갚지 못해 노비로 팔려가는 경우가 바로 채무노비인 것이다. 이 채무노비문제는 기본적으로 빚 문제 즉 경제문제에서 비롯된 것이기에 '경제'를 연결시켜 논의할 필요가 있다.

2) 한국의 노비제도 개혁과 해방의 역사

신라 진흥왕 시대 사다함이 노비를 해방시켰다.[262] 이 경우를 볼 때 신라 시대에는 주인의 의지에 따라 노비 해방이 가능했다는 것을 알 수 있다.

(1) 고려 태조 왕건과 광종의 노비 해방

고려를 건국한 태조 왕건은 918년 극심한 경제적 빈곤으로 인해 노비가 된 사노비(私奴婢) 1,000여명을 속환시켰다.[263] 태조는 궁예의 폭정을 비판하고 가난한 백성을 구제한다는 의미에서 사노비 1,000 여명을 속환시켰다. 태조의 이러한 조치는 당시 호족들의 반란세력을 약화시키기 위한 의도가 있었다. 노비가 많아지면 호족들의 경제력이 높아지고, 평상시에는 노동력을 제공하는 노비도 전쟁이 일어나면 군사력으로 쉽게 전환될 수 있었기 때문이었다. 고려시대 태조의 채무노비 해방은 일시적이었고 또한 부분적이었지만 왕권강화 차원에서 시행되었다.

고려 시대 또 다른 왕이 노비해방을 주도하였는데 광종이 노비안검법(奴婢按檢法)을 제정하고 귀족들이 소유하고 있었던 사노비 가운데 조상 전래의 상속노비를 제외하고 포로 출신이거나 매매로 인

---

262 삼국사기 권4, 신라본기4, 진흥왕23.

263 (출처 : www.krpia.co.kr)高麗史 1 世家 太祖 원년 8월 辛亥 詔

해 얻은 사노비를 해방시키고자 하였으며 일부 시행되었다. 그러나 불법으로 소유한 노비를 양민으로 전환시키려는 노비안검법은 호족들의 반발로 계속 집행할 수는 없었다. 성종 6년(987년)에 해방된 노비를 다시 노비로 되돌리는 노비환천법(奴婢還賤法)을 실시하게 되었다. 노비환천법이 시행된 배경에는 최승로와 같이 노비 해방을 반대하는 신하들이 있었다. 최승로는 성종 때(982년) 상서문을 올렸다.

> ...평민과 천인에 대한 법규(良賤之法)는 그 유래가 오랩니다. 우리 태조가 창업 초기에 여러 신하들 중 본래 노비를 가지고 있던 자를 제외하고는 본래 없는 자들이 혹은 종군하다가 포로를 얻어 노비를 삼기도 하였고 혹은 재물로써 노비를 사기도 하였습니다. 태조는 일찍이 포로를 석방하여 양민으로 만들려고 하였는데 공신들의 뜻이 동요될까 우려하시고 편리할대로 하라고 허락하였습니다. 그때로부터 60여 년 후에 이르기까지 공소하는 자가 없었습니다. 광종 때에 이르러 비로소 노비를 심사하여 그 시비를 분간하게 하였더니 이때에 공신들은 원망하지 않는 자가 없으면서도 간하는 자는 없었고 대목왕후가 간절히 간하였으나 왕은 듣지 않았습니다. 그래서 천한 노예들은 뜻을 얻어 존귀한 사람들을 능욕하고 다투어 허위 날조하여 본주인을 모함한 자들이 헤아릴 수 없었습니다. 광종은 스스로 화근을 만들어 놓고 그 폐해를 근절하지도 못하였으며 말년에 이르러 심히 많은 사람들을 부당하게 죽여 덕을 잃

은 바 컸습니다[264]

최승로는 유교사상에 입각한 중앙집권적 귀족정치를 하고자 하였다. 따라서 노비정책에 있어서도 귀족들의 세력을 키울 수 있는 사노비를 적극 옹호하였던 것이다. 특히 최승로가 강조한 것은 사노비들이 귀족을 우습게 여기는 상황이 되면 국왕과 국가도 불행해진다는 것이다; "천(賤)으로서 귀(貴)를 능멸하지 못하게 하고, 노와 주사이의 명분을 분명히 세우십시오! ...어찌 양(良)을 천(賤)으로 만들 수 있겠습니까?"[265] 이러한 최승로의 주장은 성종 때 받아들여졌다.

그런데 성종이 노비환천법을 시행했음에도 불구하고 노비 해방은 부분적으로 실시되었다. 성종은 주인이 요청할 경우에는 면천시킬 수 있게 허락하였다. 또한 현종 4년(1013년)에는 노비가 양인이 되고자 하는 소송을 금지한 것을 보아 그 이전에는 면천이 가능한 것으로 판단된다; "환천(還賤)된 노비가 다시 양인이 되고자 소송을 내면 삽면(鈒面)해서 주인에게 돌려준다."[266] 이러한 조치는 귀족들의 노비 소유권에 국가가 힘을 실어주는 효과가 있었다. 귀족들이 노동력과 토지를 안정적으로 지배할 수 있게 될 때 터져나오는 또 다른 갈등은 노비의 소유권에 관한 분쟁이다. 이를 해결하기 위해서 천자수모지법(賤者隨母之法)이 제정되었다.[267] 천자수모지법이란 노비가 자녀를 낳을 때 자녀의 소유권은 어머니의 주인에게 있다는 법이다.

---

264 高麗史 권93, 최승로전 성종 원년 최승로상서

265 高麗史 권85, 형법2 노비 성종 원년 6월 정국 최승로 상서

266 이상국, "고려 정종 5년 86 고려사 권85, 형법2, 노비, 현종 4년, 판

267 이상국, "고려 정종 5년 96

(2) 고려시대 노비 반란과 무신정권 시대

고려시대에는 여러 차례 노비들이 반란을 일으키는 일이 일어났다. 그런데 이러한 노비들의 반란은 고려 후반기에 일어난 사건들이다. 고려는 무신란을 기점으로 전반기와 후반기로 나눌 수 있다. 무신란은 1170년 의종 24년에 무신이었던 정중부, 이의방, 이고, 두경승, 이의민 등이 쿠데타를 일으켜 정권을 장악한 사건이었다. 무신정권은 권력다툼으로 치닫다가 1196년 최충헌에 의해 평정되었는데 이러한 무신정권은 원나라 간섭기까지 이어졌다.

중요한 것은 무신란을 일으킨 이의민이 천민출신이었는데 군인으로 발탁되었고 나중에는 최고의 권력자가 되었다는 사실이다. 이처럼 고려에서는 천민도 관직에 오를 수 있었고 신분간의 이동이 있기도 하였다. 물론 신분제가 정착되어 있었지만 사회적 혼란기에는 극적인 신분 상승도 가능했다는 것이다. 그리고 최씨 가문의 뒤를 이어 무신으로 최고의 권력자가 된 김준도 노비 출신이었다.

고려시대에는 유독 노비의 반란이 많았는데 그 가운데 1198년(신종 1년) 최충헌의 노비 만적이 모의했던 노비 해방운동이 중요하다. 만적은 노비들을 모아 놓고 난을 일으킬 것을 모의하면서 다음과 같은 연설을 하였다.

> 나라에서는 庚寅.癸巳年이후로 높은 벼슬이 천한 노예에게서 많이 나왔다. 公卿將相의 씨가 어찌 따로 있으랴. 시기가 오면 누구나 할 수 있는 것이다. 우리들만 어찌 육체를 괴롭히면서 채찍 밑에서 곤욕을 당할 수 있겠는가 하니, 여러 노예들이 그렇게 여기었다... 최충헌 등을 먼저 죽이고, 나아가 각기 그 주인을 쳐서 죽여 賤人의 文籍을 불살라 삼한에 천인을 없애 버리면, 공경 장상을 모두 우리

가 할 수 있을 것이다 하였다.[268]

고려시대 후기에는 노비 반란 뿐 만 아니라 연이어 민란이 많이 일어났다. 이러한 반란과 민란이 일어난 이유는 귀족들이 대토지를 소유하면서 농민들이 토지를 빼앗기는 일이 일어났고 관리들이 농민들을 극도로 수탈하는 일이 비일비재하였기 때문이다. 노비 뿐 만 아니라 양민들도 살기 힘들어 유민이 되고 나중에는 반란 세력에 합류하게 되었다. 고려시대 후기는 이처럼 불안정한 사회로 내리막길을 걷게 되었다.

(3) 고려시대 노비제도를 개혁한 기독교인 활리길사(闊里吉思 Giwargis)[269]

한국 기독교 역사를 살펴보면 교회 내에서는 그리스도 안에서의 한 형제와 자매라는 평등의 대원칙을 지키는 획기적인 일을 이루었지만 사회적으로 확산시키는 면에서나 제도화하는 노력에 있어서는 부족하기 그지없다. 그런데 고려시대에 기독교인이 노비제도를 개혁하고 법제화 시켰으며 실제 노비제도 개혁을 단행한 예가 있어서 소개를 한다.[270]

동방기독교인들은 어릴 때부터 종교생활을 통해 자연스럽게 몽골제국의 문자인 위구르어를 깨치고 서기, 통역, 의학, 역법 등의 분야로 진출하여 중요한 직책을 감당하였다. 이런 까닭에 원나라에는 신하 가운데도 기독교인이 많았다. 기독교도들 가운데 친카이(鎭海)는 수석서기관을 지냈고, 카닥은 구유크 시대 제국 전체를 관

---

268 「高麗史節要」권 14, 신종 원년 5월.

269 『元史』卷134에 활리길사의 열전이 나온다.

270 참조; 정중호, "고려시대 기독교," 「신학사상」 Vol.160 (2013), 109-140.

할하는 장관이었으며, 불가이는 몽케의 수석 서기관이었다.[271] 서아시아 출신인 이사(愛薛)는 기독교인으로 구유크와 쿠빌라이 시대에 점성과 의학을 담당하였고 한림원 승지를 역임하였으며 그의 아들들은 세례명을 따라 엘리야(也里牙), 흑총(黑冢), 기와르기스(闊里吉思), 루가(魯合), 요한(咬難) 등으로 지었다.[272] 기독교인들은 성경이나 교리서 중심의 종교생활을 했기에 일찍부터 문지를 깨우쳐 관직에 많이 등용되었는데 주로 서기, 통역, 의학, 역법 등의 분야에 두각을 나타내었다. 이러한 신하 가운데 고려에 파견된 기독교인 신하가 있었는데 바로 활리길사(闊里吉思)였다.

'활리길사(闊里吉思)'라는 이름은 '기와르기스(Giwargis)'의 발음을 한자로 옮겨 적은 것이며 영어로는 George라는 이름으로 기독교인의 이름임을 알 수 있다. 이 이름은 기독교 부족인 옹구트 족 수령의 이름이기도 하였다. 활리길사(약 1250-1310년)는 1299년 정동행성(征東行省)의 평장정사(平章政事)로 임명되어 고려에 부임하였다. 정동행성은 일본을 정벌하기 위해 고려에 설치된 원나라의 기구였지만 활리길사가 부임할 당시에는 고려의 내정까지 간섭할 수 있는 위치에 있었다.[273]

기독교 역사학자들은 고려에 온 원나라 관리 활리길사가 노비해방을 시도했다고 하면서 이러한 시도는 기독교 정신에 따라 행동한

---

271 김호동, op. cit., 199-200.

272 Ibid., 198-200. 이사의 부인 이름은 세례명으로 보이는 사라(撒剌[살랄], Sarah)였는데 소르칵타니 베키의 시종이었다. 김호동, "몽원제국기(蒙元帝國期) 한 색목인(色目人) 관리의 초상 – 이사 켈레메치('Isa Kelemechi, 1227-1308)의 생애와 활동", 『中央아시아研究』 11권(2006), 82.

273 고병간, "역대 정동행성의 연구," 『동아외교섭사의 연구』 (서울대학교출판부, 1970), 184-292; 장동익, 『고려후기외교사연구』 (서울: 일조각, 1994), 56-59.

것으로 주장하였다.[274] 그러나 구체적으로 어떤 과정을 거쳐서 그리고 무슨 이유로 활리길사가 그러한 행동을 했는지에 대한 깊이있는 분석을 하지 못하였다. 한편 역사학자들은 종교적인 동기에 의해 활리길사가 행동한 것에 대해서 언급하기보다 원나라 정책과 고려와의 관계를 분석하면서 활리길사의 행동을 설명할 뿐이다.[275] 따라서 이러한 시각차에 대해 깊이있는 분석이 필요하다.

당시 고려의 왕은 '국왕'이라는 호칭을 사용하였지만 원 황실의 부마이기도 하였다. 이런 까닭에 원 세조(쿠빌라이)는 1281년 충렬왕에게 부마고려국왕인(駙馬高麗國王印)을 하사하였다.[276] 고려의 왕들은 이러한 위상을 바탕으로 독립국가로서의 위상을 고집하였지만 원에서 보는 입장은 원 황실의 부마이고 원제국의 신하로서 보는 것이었다. 이러한 이중적이고 애매한 입장은 당시의 상황이기도 하였다. 원제국은 황제인 '칸'을 중심으로 중앙집권적인 정치체제를 갖추기는 하였지만 지방분권적인 면모도 동시에 갖고 있었다. 원의 동쪽을 통치하는 세력들도 왕이라는 칭호를 가지면서 동시에 원의 지방관리이기도 하였다. 고려의 충렬왕도 1283년에 '정동행성 좌승상'으로 임명되기도 하였다.[277]

정동행성이 실제적으로 독자적인 행정력을 발동한 것은 활리길사가 1299년 평장정사로 부임하면서 부터였다. 그래서 지리지(地理志)의 경우 정동행성의 출범시기를 1299년으로 보았다.[278] 이 때는 충렬왕과 충선왕의 갈등이 고조되어 정치적으로 불안한 시기였는데 활

---

274 A. Toepel, op. cit., 279–289.

275 이강한, "정동행성 활리길사의 고려제도 개변시도,"『한국사연구』 139(2007), 83–128.

276 김호동, 『몽골제국과 고려』(서울대학교출판부, 2007), 111, 각주 75.

277 『高麗史』 卷32, 世家32 충렬왕 28년(1302년).

278 『元史』 卷63, 志15 地理6 征東等處行中書省.

리길사가 원의 관리로서 고려의 정치적 안정을 도모하려고 하였다.

활리길사는 고려의 통치상황을 보면서 몇 가지 개혁을 시도하였다. 즉 형벌체계의 불공정성과 관원 숫자의 과다로 인한 폐단이나 부역의 과중함, 권호들의 불법 등을 지적하였다.[279] 그리고 중요한 것이 노비정책에 관한 것이었다. 당시 고려는 "부모 한 쪽이 천인인 자는 모두 천인이다"는 일천즉천(一賤則賤)의 원칙이 있었다. 이러한 원칙이 있었기 때문에 노비의 숫자는 갈수록 늘어날 수 밖에 없었고 노비 소유자인 귀족들의 재산은 증대될 수 있었다. 그런데 활리길사는 "부모 한쪽이 양인(良人)인 자는 양인(良人)이다"는 일량위량(一良爲良)으로 변경하려고 하였다. 이러한 활리길사의 개혁을 따르면 노비의 숫자는 갈수록 줄어지고 양민의 숫자는 늘어나게 되는 것이다. 그러나 노비해방이라고 부르기에는 미흡한 것이었다.

활리길사가 어떻게 이러한 개혁을 시도할 수 있었는가? 혹시 당시 원나라의 제도를 고려에 적용하려고 한 것이 아닌지 원의 법령을 참고할 필요가 있다. 이강한은 활리길사가 시도한 여러 가지 개혁을 보면서 활리길사가 고려의 폐단과 불합리한 점을 원나라의 법령인 지원신격(至元新格)을 기준으로 융통성있게 적용하려 하였다고 보았다.[280] 지원신격에 의하면 아버지의 신분을 따르는 것을 원칙으로 하고 있다. 그리고 예외적인 경우로서 절혼(竊婚)의 경우 어머니의 신분을 따라가도록 하였다.[281] 그러나 활리길사가 제안한 것은 아버지가 양인이면 아버지를 따르고, 어머니가 양인이면 어머니를 따른다는 것으로 아버지도 따를 수 있고 어머니도 따를 수 있는 것

---

279 『高麗史』 卷32, 世家32 충렬왕 27년(1301년) 4월 己丑; 『元史』 卷208, 列傳95 外夷1 高麗.

280 이강한, op. cit., 103.

281 『元史』 卷63, 志15 刑法3 姦非.

이었다. 따라서 활리길사의 노비제도 개혁이 아버지를 따른다는 원제국의 법을 따른다고 보기 어렵다. 따라서 활리길사는 원의 제도를 적용하려고 한 것이 아니었다.

또 다른 주장을 보면, 활리길사가 다른 지역에서 행정을 담당했을 때 지방 호족의 세력을 약화시키고 원의 중앙집권적 통치권을 강화하기 위하는 행정을 펼쳤기 때문에 고려에서도 동일하게 그러한 행정을 실시했다는 것이다. 복건행성평장정사(福建行省平章政事)로 재직할 때 지방 관리들과 호족의 경제적 기반 확장을 봉쇄하려는 행정을 실시한 것이다. 고려의 경우 노비의 숫자가 줄어들면 귀족들의 노동력이 감소하면서 경제적으로 많은 타격을 받게 되고 결국 귀족들의 세력이 약화되는 것이다. 그러나 고려의 왕과 고려 국가의 세력은 어떻게 되는가? 노비의 숫자가 줄어지고 양민의 수가 늘면 세원(稅源)이 증대되어 왕실에 도움이 될것이며 장기적인 안목으로 볼 때 고려의 세력이 증대되는 효과를 가져 올 것이다. 결국 원의 관리인 활리길사는 고려의 국력을 신장시키는 장기계획을 실시한 것이다. 이것은 복건행성에서 지방의 세력을 약화시키고 원의 통치권을 강화시키려는 것과는 반대되는 것이다. 이러한 차이는 복건행성의 경우 원의 관리인 활리길사가 행정의 수장이었지만 고려의 경우 고려왕이 행정의 수장이었고 활리길사는 원의 관리로 파견되었다는 점에서 찾아볼 수 있다. 즉 복건행성의 경우는 활리길사의 정책에 의해 지방세력이 약화되고 원의 통치권이 강화되었지만, 고려의 경우는 활리길사의 노비제도 개혁이 진행되면 왕과 국가의 세력이 증대되었지 원의 통치권이 강화되는 것이 아니었다는 것이다.

그런데 이상한 점은 당시 고려의 왕 충렬왕도 활리길사의 노비정책에 대해 반대의사를 표명했다는 사실이다. 왕실의 노비가 적어진다는 우려 때문일까? 만약 그렇다면 고려왕은 너무나도 근시안적인 판단을 한 것이다. 고려의 왕은 노비가 양민이 된다면 앞으로 국가에 반란을 일으킬 세력이 많아진다고 우려하면서 반대하였다.[282] 왕권이 아직도 미약하다는 것을 드러내 보인 것이다. 그러나 왕이 주도적으로 귀족들의 소유인 노비들을 해방시킨다면 그들이 왕에게 반역할 리가 없다. 아마도 귀족들의 등쌀에 왕도 동조한 것으로 보인다. 그리고 활리길사의 혁신적인 노비정책이 실지로 실시되었음을 볼 때 충렬왕이 극력 반대하지 않고 어느 정도 허용한 것으로 보인다. 왜냐하면 활리길사가 돌아간 후 고려는 1301년 6월 전미변정사를 설치하여 활리길사가 면천시켜준 양민들을 다시 노비로 만들었기 때문이다.[283] 즉 활리길사의 개혁은 실제로 시행되었고 노비가 양민이 된 일이 일어났던 것이다.

그러나 노비에 관한 활리길사의 개혁은 계속적인 반대에 부딪쳤고 고려의 내부가 혼란스러워지는 결과를 초래하였다. 따라서 원은 1301년 3월 활리길사를 급거 소환했으며 그와 함께 부임했던 야율희일도 그해 5월에 귀국하였다.[284]

활리길사의 노비정책이 원나라의 법령을 따르려는 것도 아니고, 고려의 세력을 약화시켜 원의 통치권을 강화시키려한 것도 아니라면 무슨 연유에서 이러한 노비정책을 실시했는가? 활리길사의 개혁적인 노비정책을 다르게 설명할 방법이 없는 상황에서 그가 신봉했던 기독교의 정신을 고려할 수 밖에 없다. 이강한도 활리길사가 '본인의 신념'이라는 요인에 의해 행동했을 가능성을 지적하였다.[285] 당

---

282 『高麗史』 卷31, 世家31 충렬왕 26년(1300) 10월; 『高麗史』 卷85, 지39 형법2 노비.

283 『高麗史』 卷32, 世家32 충렬왕 27년(1301) 6월 癸巳; 『高麗史』 卷32, 世家32 충렬왕 28년(1302) 1월 戊申.

284 『高麗史』 卷32, 世家32 충렬왕 27년(1301).

285 이강한, op. cit., 117-118.

시 원나라에는 동방 기독교가 들어와 있었다. 그리고 활리길사라는 이름만 보아도 기독교인임을 알 수 있다. 그런데 동방기독교는 노예소유를 금지하였으며 그 내용이 경교유행중국비(景教流行中國碑)에도 다음과 같이 새겨져있다.[286]

> 不蓄臧獲 均貴賤於人
> (노비를 기르지 않는 것은, 인간의 귀천이 없이 균등함이라)[287]

따라서 활리길사는 기독교 정신에 따라 고려에서 노비의 숫자를 줄이려고 시도하였다는 것임을 짐작할 수 있다.[288] 비록 단기간에 그리고 적은 수의 노비만 양민으로 면천된 사건이었고 미완으로 그친 일이었지만 그 파장은 결코 작은 일이 아니었다. 활리길사가 시도했던 노비제도의 개혁은 고려시대와 조선시대를 이어가면서 불거지는 여러 가지 노비와 관련된 사건들과 연관시킬 수밖에 없는 큰 사건이었다.

(4) 고려말 노비제도 개혁

고려 역사에 있어서 특이한 것은 원의 간섭기에 노비출신 인물들이 고위관직에 등용된 예가 많았다는 점이다. 이것은 왕과 귀족이 대립하는 구도 속에서 왕에게 충성을 바치는 노비를 면천시켜 높은

---

286 네스토리우스파는 585년 Isoyahb I 대회에서 노예소유금지를 천명하였다. A. Toepel, op. cit., 286, 각주 35.

287 P. Y. Saeki, *The Nestorian Documents and Relics in China* (Tokyo, The Murosen Co., 1951), 3.

288 김호동(2002), op. cit., 239–240; 장동익, op. cit., 84–87.

직책에 앉혔기 때문이다. 심지어 원의 세력을 직접 등에 업고 활동하는 노비도 있었고 원의 관직에 임명되는 경우도 있었다.[289]

이렇게 세력가들의 채무노비가 증가하자 고려 왕실에서는 전민변정도감(田民辨正都監)을 고려말기에, 원종대에서 공양왕까지, 일곱 차례에 걸쳐 설치하여 토지와 함께 백성을 본래대로 회복시키고자 하였다. 이러한 시도를 할 수 있었던 것은 고려말기 홍건적과 왜구의 침입으로 노비에 관한 기록이 많이 소실되었기 때문이었다. 그러나 대농장을 소유한 권세가들의 반대에 부딪쳐 큰 성과가 없었다.[290]

고려말기 개혁파들의 의도는 노비의 수를 줄이고 양민의 수를 증가시키는 양인확대정책이었다. 이러한 의도는 고려가 망한 해인 공양왕 4년(1392년)에 정비된 노비결송법으로 법제화하였다. 그 내용 가운데 중요한 것은 노비와 양인이 결혼하여 낳은 자녀는 양인으로 한다는 것이었다.[291] 이러한 법은 이제까지 고려가 시행해 온 노비와 양인이 결혼하여 낳은 자녀는 노비로 한다는 일천즉천(一賤則賤)의 원칙을 깨뜨리는 파격적인 것이었다.

(5) 조선의 태조 이성계의 채무노비 해방

고려에서는 채무노비를 어느 정도 인정하고 있었으나 조선은 개국 초기부터 채무노비를 금지시켰다. 그리고 만일 빚을 갚지 못할 경우 채무의 액수만큼만 채권자에게 가서 일하게 한 후 방면하도록

---

289 홍승기, 424

290 김현라, "고려후기 노비제의 변화양상," 「부대사학」 제17집(), 250.

291 고려사 권85, 형법 소송 공양왕 4년 3월 "양천(良賤)이 서로 결혼하면 지금부터 금단율(禁斷律)에 의거하여 홍무(洪武) 25년 정월 이후에 율을 어기고 서로 결혼하는 자는 주인과 노(奴)는 죄를 논하고 소생자는 양인으로 한다".

하였다.[292] 노비가 아니라 품꾼으로 일하는 것이다.

조선을 건국한 태조 이성계는 채무로 인해 양인을 노비로 만드는 것을 금지시키는 조치를 취하였다. 태조실록에 기록된 내용은 다음과 같다;

> 다섯째는, '부채 노비(負債奴婢)를 금지해야 된다.'고 하였는데, 도평의사사에서 의논이 적당하다고 여깁니다. 우리 조정에서는 양민(良民)과 천민(賤民)의 법이 매우 엄격한데, 양민(良民) 가운데 부채를 갚지 못한 사람을 영구히 노비로 삼으니 매우 이치에 맞지 아니합니다. 지금부터는 부채를 갚지 못하면 제공한 전곡(錢穀)의 수량을 노비(奴婢) 역가(役價)의 수량과 비교하여 부채(負債)의 수량을 다 갚은 사람은 방면(放免)하게 하고, 한 본전에 한 이자로 하여 함부로 역사(役事)하지 못하게 하고, 이를 일정한 규정으로 삼고, 어긴 사람이 있으면 양민을 압박하여 천민으로 삼는 죄로 논죄(論罪)하게 하소서."
>
> 임금이 말하였다.
>
> "그 음사(淫祀)의 금지는 예조에 내리어 상세히 상정(詳定)하여 보고하도록 하라."[293]

태조실록의 내용을 설명한다면, 고려시대에 용인해왔던 채무노비를 금지시키는데, 채무는 일을 하여 갚도록 하였다. 품삯은 노비가

---

292 「조선전기노비신분연구」 146.

293 태조실록 2, 태조 원년 11월 갑오조. 채무 때문에 남의 노비가 되는 부채노비를 금지할 것을 이민도(李敏道) 가 상소함 ≪조선왕조실록≫ 1, 탐구당 영인본, 35쪽

일하는 역가인 하루에 포삼십척(布三十尺)이었다.[294] 그리고 채무에 대해 과도한 이자를 부과하지 말도록 하였으며 이를 위반할 때는 불법으로 억압하여 양민을 노비로 만들었다는 범죄로 다스리겠다는 것이다.[295]

(6) 동학과 노비해방

동학을 창시한 최제우는 가정의 여종들을 한 사람은 며느리로 그리고 또 다른 사람을 딸로 입양을 하였다. 노비를 해방시키는 것도 파격적인데 자신의 가족으로 받아들였다는 사실이 더더욱 중요하다. 사실 노비를 해방시킨다는 것은 단순히 자유를 준다고 해서 완성되는 것이 아니다. 노비로부터 해방 된 후 어떻게 살아갈 수 있을지, 경제적 문제까지 해결해 주어야 노비해방이 완성되는 것이다. 따라서 단순히 해방시키지 않고 가족으로 받아들여 살아갈 수 있는 실제적 문제까지 해결해준 최제우의 방식이 돋보이는 것이다. 이러한 정신은 성경의 정신과 일맥상통한 면이 있다.

동학은 종교운동으로 알려져 있지만 결과적으로 노비를 해방시키는 근거를 교리를 통해 제공해주었다. 동학은 누구나 하느님을 모신다는 의미의 시천주(侍天主) 교리가 있었기에 신분제의 근본을 격파시킬 수 있었고 만인평등을 선언할 수 있었다. 동학(東學)은 서학(西學)인 천주교를 의식하면서 이름을 지었고, 천주교에서 사용했던 '천주'라는 용어를 사용하였다. 물론 '천주'라는 용어가 불교에서도 사용된 용어였지만 당시 가장 많이 알려져 있던 천주교의 용어인데 그 용어를 과감하게 사용했다는 점을 눈여겨 볼 필요가

---

294 고려사 39, 형법조, 노비조. 이 역가는 고려 성종 5년(986년)에 정해진 것이었다.

295 (태조 1년 11월 갑오) 채무 때문에 남의 노비가 되는 부채노비를 금지할 것을 이민도(李敏道) 가 상소함 ≪조선왕조실록≫ 1, 탐구당 영인본, 35쪽

있다. 실제 최제우는 천주교 신부들과 대화했을 것으로 추정되며 천주교 서적을 접할 기회가 있었다. 그리고 천주교 사상을 비평을 하면서도 부분적으로 수용한 면이 있다. 따라서 한국 노비해방 역사에 있어서 중요한 전기를 마련한 동학운동에 기독교의 영향이 있었음을 확인할 수 있다.

4) 한국 기독교와 노비해방

현대 한국 사회에는 노비제도가 없지만 빚으로 인해 노비화 되어 있는 사람들이 있다. 빚을 갚지 못해 신용불량자가 된 사람들이나 저임금에 허덕이면서 빚의 압박 속에 시달리는 사람들의 경우는 현대판 준노비의 상황이라 볼 수 있다. 빚의 무게 속에 가정이 깨어지고 가족들이 흩어지는 경우는 노비의 신세와 별 다를 바 없다. 그리고 가난과 빚을 대물림한다면 노비의 신분을 대물림하는 것과 다를 바 없는 것이다.

최근 통계에 의하면 노인들의 자살 증가률이 OECD국가 가운데 한국이 가장 높다고 한다.[296] 그리고 저임금을 받으며 일하는 한국 노인의 취업률이 급격히 상승되는 것을 볼 수 있다.[297] 이러한 현상을 분석해보면 노인들이 한계상황으로 내몰리는 것을 발견할 수 있

---

296 보건복지부 자료를 보면, 65세 이상 노인 자살자수는 1990년 314명에서 2009년 4071명으로 크게 증가하였다. 2011년 80대 이상 노인 인구 자살률(10만 명당 자살자)은 112.9명이다.

297 보건복지부는 최근 10년간 65세 이상 노인 취업률을 분석한 결과 1998년 29%에서 2008년 34.5%로 5.5%포인트 높아진 것으로 나타났다고 발표하였다. 또한 보건복지부 발표에 의하면 2011년 경우 노인 종사 직종 분석표에 의하면 농어축산업 종사자와 단순노무 종사자가 79%이며 판매 및 서비스 업종 종사자까지 합하면 90%에 이른 것을 발견할 수 있다.
http://www.index.go.kr/egams/stts/jsp/potal/stts/PO_STTS_IdxMain.jsp?idx_cd=1409

다. 즉 경제적으로 궁핍해진 노인들의 궁여지책이라 볼 수 있는 것이다.

또한 외국 노동자들이 저임금을 받으면서 의료와 복지혜택도 받지 못하고 일하고 있는 상황, 혹은 불법체류자가 되어 부당하게 저임금을 받으며 착취당하는 상황은 노비의 상황과 다를 바 없다.

부자가 가난한 자를 노비로 삼는 것은 역사상 반복되는 현상이다. 중요한 것은 노비화로 치닫는 사회.경제적 병폐는 공동체를 파멸로 이끌 수 있다는 사실이다. 구약은 이러한 점을 지적하면서 노비 해방을 하나님의 명령으로 선포하고 있다. 노비가 되는 중요한 요인이 빚을 갚지 못한 채무노비라는 점을 직시하면서 채무면제와 이자금지를 명령하고 있다.

그리고 근본적인 치유책으로 희년을 제시하고 있다. 그리고 이스라엘 백성은 하나님의 백성이라는 점을 기본으로 해서 50년마다 왜곡된 공동체를 치유하고 모두 새롭게 출발하려는 것이 희년정신이다. 신학과 신앙을 바탕으로 주기적으로 하나님의 명령을 준수함으로 공동체의 병폐를 치유하려는 것이다.

노비 문제는 채무와 연관되어 있으며 가계의 기본 수입과 연결되어 있다. 단순히 자선이라는 개념으로 접근해서는 아니 되는 문제다. 경제의 기본 구조를 면밀히 분석하는 것이 필요하다. 시간이 갈수록 빈부격차를 확대시키고 저임금 노동자 혹은 실업자를 증가시키는 구조라면 이러한 구조는 노비를 증가시키고 공동체를 파멸로 이끄는 구조라 볼 수 있다. 경제의 기본 구조를 개선 혹은 개혁하는 특별한 노력이 필요하다.

노비해방은 결코 쉬운 문제가 아니었다. 성경에서도 노비를 해방시킨 사례를 찾아보기 힘든데 시드기야 왕의 경우가 한 예라 할 수 있다. 바벨론에 의해 예루살렘이 포위되고 희망을 찾기 힘들 때 시드기야 왕은 전격적으로 노비를 해방시키는 칙령을 내렸다. 노비 소유주들은 불만이었지만 성이 무너지면 모두가 죽는다는 절박감 속에서 혹시나 하나님께서 구해주시기를 바라면서 한 가닥 희망을 걸고 노비를 해방시켰다. 그런데 바벨론은 자신들의 사정에 의해서 잠시 예루살렘 포위망을 거둔 적이 있었다. 그러자 한 숨 돌린 예루살렘의 부자들은 해방시킨 노비가 아까워 다시 잡아들이는 일이 일어났다.[298] 참으로 노비 해방은 쉬운 일이 아니었다.

한국 역사를 살펴볼 때 고대부터 조선시대에 이르기까지 노비제도가 존재했으며 신분제가 유지되었다. 그러나 가혹한 처지에 떨어진 노비들의 반란도 끊임없이 일어났으며 때로는 왕실에서 부분적으로 노비를 해방시킨 사례도 있다. 노비를 해방시킨 사례들은 고려시대 왕건과 광종의 경우가 있다. 조선시대의 세종대왕은 노비들을 하늘이 내신 백성이란 뜻으로 천민(天民)이라 부르면서 노비를 위한 복지정책을 실시한 적이 있었다.[299] 그런데 이들의 경우를 분석해보면 대부분 왕권강화를 위해 실시한 것임을 알 수 있지만 결과적으로 노비에게 혜택이 돌아간 경우라 할 수 있다.

본 장에서도 밝혔듯이 노비문제는 채무와 연관되어 있다. 따라서

---

298 참조; 정중호, "시드기야 왕의 노비 해방과 왕권강화," 「구약논단」 44집 (2012), 178-201.

299 "노비는 비록 천민이나 하늘이 낸 백성 아님이 없으니, 신하된 자로서 하늘이 낳은 백성을 부리는 것만도 만족하다고 할 것인데, 그 어찌 제멋대로 형벌을 행하여 무고(無辜)한 사람을 함부로 죽일 수 있단 말인가"(世宗實錄 권105, 세종 26년 윤7월 신축); "옛적에 관가의 노비에 대하여 아이를 낳을 때에는 반드시 출산하고 나서 7일 이후에 복무하게 하였다. 이것은 아이를 버려두고 복무하면 어린 아이가 해롭게 될까봐 염려한 것이다. 일찍 1백 일 간의 휴가를 더 주게 하였다. 그러나 산기에 임박하여 복무하였다가 몸이 지치면 곧 미처 집에까지 가기 전에 아이를 낳는 경우가 있다. 만일 산기에 임하여 1개월 간의 복무를 면제하여 주면 어떻겠는가. 가령 그가 속인다 할지라도 1개월까지야 넘을 수 있겠는가. 그러니 상정소(詳定所)에 명하여 이에 대한 법을 제정하게 하라."(世宗實錄 권50, 세종 12년 10월 병술).
참조; 정중호, "구약의 노비관과 조선 초기 천민사상(天民思想)," 「구약논단」 48집 (2013), 167-194.

노비문제 해결은 채무면제가 이루어져야 가능하다. 성경에서는 느헤미야가 채무면제를 실시하였고, 한국 역사에서는 신라의 문무왕이 삼국통일 후 채무면제를 실시한 경우가 있다.[300] 현대에도 신용불량자의 채무를 감면해준다든가, 혹은 채무에 짓눌리고 있는 가난한 나라들의 채무를 부자 나라들이 탕감해주는 경우가 있다. 이러한 경우는 단순한 자선이 아니라 나라의 경제를 원활하게 움직일 수 있도록 하기 위한 것이고, 국제적으로 무역이 단절되지 않고 지속적인 국제경제의 운영을 위해서 취한 조치들이었다.

한국 역사에서 발견할 수 있는 획기적인 사건은 해방 후 농지개혁 사건이다. 미군정과 이승만 정권이 공산화를 방지하기 위해 신속하고 강력하게 실시한 토지개혁인데 결과는 성공적이었다. 그 결과 가난한 농민들이 토지를 소유할 수 있게 되었고 농민들의 자녀들이 중.고등학교와 대학에 진학하는 비율이 급격히 상승하게 되었다. 당시 대학진학률만 비교한다면 영국보다 높았다고 한다.[301] 밀그롬(J. Milgrom)은 한국의 농지개혁 사건이야말로 현실에서 실시된 희년이라고 간주하였다.[302] 이처럼 한국은 비록 노비제도를 지속시켰지만 노비해방에 대한 열망이 있었고, 공동체 의식이 있었으며, 해방 후에는 토지개혁으로 새로운 발걸음을 내 디딘 역사를 이루었다.

비록 사회운동으로 활발하게 전개시키지는 못하였지만 한국의 기독교는 정신적으로 만민평등의 의식을 심어주었고 신앙공동체 의식을 보여주었다. 그러나 여전히 아쉬운 것은 신앙과 신학이 경제개혁

---

300 참조; 정중호, "느헤미야와 문무왕의 이자금지와 채무면제." 「구약논단」 51집(2014), 169–197.

301 참조; 정중호, "한국 토지 개혁과 희년 실시 방안." 「장신논단」 Vol. 46 No. 2(2014) 35–60.

302 J. Milgrom, *Leviticus 23–27* (New York: Doubleday, 2001), 2271.

으로 나아가지 못한 면이다. 영혼구원에 치중하며 교회 내부 활동에 치중한 나머지 사회 전체를 인도하시는 하나님의 사역을, 특히 경제문제 해결을 위해 선도적인 역할을 하지 못한 면이 안타까운 면이다.

한국에서 목소리가 높아가고 있는 경제민주화와 보편적 복지도 현대판 노비 문제를 해결하는 중요한 요인이라 할 수 있다. 이러한 정책을 제도화하고 법제화하면서 실제로 삶의 현장에서 시행될 수 있도록 노력을 기울일 필요가 있다. "내가 해방시킨 내 백성을 다시 노비로 만들지 말라"라는 하나님의 명령을 실천할 수 있는 구체적인 방안을 모색하는 것이야말로 말씀을 순종하는 결연한 모습이라 할 수 있다.

5. 결론

"노비해방에 한국 기독교가 기여하였는가?"라는 질문으로 시작한 본 장은 성경의 노비해방법과 조선후기 노비 상황을 검토하여 노비문제가 경제문제임을 밝히고, 현대 사회에서 노비해방법을 어떻게 적용할 수 있을지 그 방안을 모색하였다.

비록 노비제도는 사라졌지만 여전히 노비와 같은 취약한 경제 상황 속에 놓여있고 경제적인 자유가 제한 당하고 있는 사람들이 우리 주위에 있다. 노비라는 이름으로 부르지는 않지만 여전히 빚의 사슬에서 헤어나지 못하고 악순환의 고리 속에 갇혀있는 사람들이 있다.

성경의 노비해방법은 단순히 말로 위로하는 것이 아니라 제도를 만들고 법제화시켜서 공동체 전체가 노비해방 문제를 근본적으로, 경제를 통해서 해결하라고 명령하고 있다. 자신이 땀 흘려 농사를 지어 가족과 함께 자신의 집에서 함께 나누어 먹을 수 있는 모습이야말로 하나님이 바라시는 아름다운 삶의 모습임을 예언자들은 보여주었다.[303] 경제적인 왜곡현상을 치유하지 않은 상태로 하나님의 나라가 이 땅에 이루지기를 바라는 것은 허망한 망상이다.

예수님은 하나님의 나라가 가까이 왔다고 선포하시면서 이사야 두루마리에서 '은혜의 해' 즉 희년에 대한 말씀을 읽으시면서 '자유'를 또한 강조하셨다.

> 주의 성령이 내게 임하셨으니
> 이는 가난한 자에게 복음을 전하게 하시려고 내게 기름을 부으시고
> 나를 보내사 포로 된 자에게 자유를, 눈 먼 자에게 다시 보게 함을 전파하며
> 눌린 자를 자유롭게 하고
> 주의 은혜의 해를 전파하게 하려 하심이라 하였더라.
> (눅 4:18-19)

희년은 복음이면서 동시에 경제정책이기도 하다. 하나님의 나라가 이 땅 위에 이루어지기를 기도하면서 원하는 기독교인과 교회가 선도적인 역할을 할 수 있기를 기대한다.

---

303 미 4:4; 사 65:21-22.

CHAPTER 08

제8장

결론

희년 공동체와 한국

제 8 장

•결론

– 희년 공동체와 한국

1. 서론

2014년 다보스 포럼은 '세계의 재편(The reshaping of world)'이라는 주제로 개최되었는데, 제시한 '세계 5대 리스크' 가운데 '소득 불균형 확대'와 '구조적 실업 증가' 등을 중요한 리스크로 꼽았다. 이처럼 세계는 빈부격차의 문제와 일자리 부족과 열악해지고 있는 노동여건에 대해 심각한 우려를 보이고 있다. 이러한 우려는 2008년 경제위기에서 경험했듯이 신자유주의 정책의 모순이 드러나고 금융자본의 투기적 탐욕이 세계의 약자들을 착취한데서 기인하고 있다.

오늘날 빈부격차와 열악한 노동조건은 공동체 화합에 심각한 타격을 주고 있다. 공동체의 화합과 화목을 저해하며 균열을 일으키는 가장 큰 요인은 '차별'이다. 그래서 공자는 위정자의 책임을 "적음을 걱정하는 것이 아니라 균등하지 못함을 걱정하는 것(不患寡而

患不均)"이라고 했다.[304] 그런데 비정규직은 공공연한 차별이요 분노를 불러일으키는 가장 큰 요인이다. 동일한 노동을 하는 데도 정규직보다 대우나 보장 면에 있어서 많은 차별을 당하는 것이기에 마치 현대판 신분제를 보여주는 것 같다. 현재 인건비를 절감하고 노사관계의 어려움을 감당하지 않으려는 이유 때문에 노동자 가운데 32.6%가 비정규직으로 차별을 당하고 있다.[305] 한국 사회의 장점이 민족적 혹은 가족적 혹은 사회적 유대감이요 신뢰감인 '우리' 정신인데 비정규직과 파견직은 이러한 유대감을 뿌리째 흔들어 버린다. 최근 일본의 현상을 여러 각도로 설명해 볼 수 있지만, 비정규직 도입으로 인해 사회적 유대감이 낮아지고 경제 활력이 떨어지고 있다는 주장을 주목할 필요가 있다.[306]

현재 이러한 경제체제를 우려 섞인 시선으로 하는 가운데 다보스 포럼처럼 새로운 길을 모색하려는 움직임이 있다. 이러한 모색의 방향을 살펴보면 제3의 대안을 모색하고 있는데 그 가운데 '나눔'을 중요시 여기는 경제체제가 주목을 받고 있다.[307] 그런데 '나눔'이라면 희년을 주목할 수밖에 없다. 새로운 경제체제와 새로운 사회를 갈망하며 희망을 찾는 노력의 일환으로 희년을 연구할 필요가 있다.

—

304 論語 季氏 편의 '不患寡而患不均 不患貧而患不安(불환과이환불균 불환빈이환불안)'에서 나온 말로, "(나라를 소유하고 집을 소유한 자는) 적음을 근심하지 않고 고르지 못함을 근심하며, 가난함을 근심하지 않고 편안하지 못함을 근심한다"는 뜻이다.

305 통계청 자료 "비정규직 고용동향"에 의하면 2013년 하반기 비정규직 규모는 전체 노동자 수 1,824만명 가운데 32.6%인 5,946,000명이다.
http://www.index.go.kr/potal/main/EachDtlPageDetail.do?idx_cd=2477

306 기무라 다다시마 도쿄대 교수가 실시한 대인 신뢰감의 국제 비교조사 결과에 의하면, "대부분의 사람은 타인을 신뢰한다"라는 항목에 긍정적으로 응답한 경우는 핀란드가 73.6%, 한국이 48.2%, 일본이 29.27%였다. 기무라 다다시마(木村忠正), "'미디어성' 본격화의 해," 「NIRA 정책연구」 제18권 제12호 (2005), 31. 재인용, 진노 나오히코(神野直彦), 정광민 역, 「나눔의 경제학이 온다」 (푸른지식, 2013), 33-34.

307 윗글

희년이 주목받는 이유는 희년이 최하 극빈층만을 대상으로 하는 것이 아니라는 점이다. 흉년이나 재난을 당할 때는 대부분의 백성들이 빚을 지게 되고 토지가 차압당하는 일이 광범위하게 일어나게 된다. 그리고 부분적인 토지 차압도 포함된다고 보아야한다. 따라서 희년으로 혜택을 입는 사람들은 극빈층 뿐 만아니라 중산층까지도 포함한다고 볼 수 있다. 그리고 희년에 의해서 부채 없이 토지를 소유하게 된다는 것은 경제적으로 사회적으로 심리적으로 자립이 가능하게 된다는 것이요 공동체 구성원으로서의 충분한 여건을 갖추게 된다는 뜻이기도 하다. 따라서 공동체 대다수의 사람들이 동의할 수 있고 함께 혜택을 나눌 수 있는 제도이기에 희년은 오늘날에도 여전히 새로운 대안으로 주목받고 있는 것이다.

희년은 공동체가 파열음을 일으키고 깨어지는 현실을 직시하면서 과감하게 공동체를 회복시키는 제도라 할 수 있다. 그 가운데 드러나는 중요한 것은 경제적인 요인이라 할 수 있으며 내용을 살펴보면 노비해방, 채무면제, 토지개혁이 그 핵심임을 알 수 있다. 이와 더불어 사회적인 요인과 심리적인 요인을 발견할 수 있으며 가장 바탕을 이루고 있는 것은 신학적인 요인이다. 구약에서 희년은 레위기 25장에 나타나지만 노비해방과 채무면제에 대해서는 계약법전(출 22:25-27)과 신명기 법전(신 15:1-11)에서도 찾아볼 수 있다.

그러나 희년에 대해 이야기할 때 마다 나오는 질문은 과연 희년이 현실에서 실시될 수 있을까 라는 것이다. 왜냐하면 희년이 실시되었다는 구체적인 증거를 성경에서나 이스라엘 역사에서 발견하기 힘들기 때문이다. 학자들 가운데도 희년은 이상적이기는 하나 현실에서는 실현하기 힘든 것으로 보는 경향이 있다.[308]

---

308 Robin J. DeWitt Knauth, "The Jubilee Transformation: From Social Welfare to Hope of Restoration to Eschatological Salvation," (Dissertation, Havard University, 2004).

한편 다른 시각으로 살펴보면 희년을 실시한다는 것을 전제로 하는 내용을 성경에서 발견할 수 있다. 예를 들면 성전에서 희년을 기점으로 해서 토지가격을 산정하도록 하는 것(레 27:16-25),[309] 그리고 슬로보핫의 딸들 사건에서(민 36:1-12), 에스겔에서(겔 46:16-17) 희년을 전제로 이야기가 진행되고 있는 것을 발견할 수 있다. 희년의 핵심은 토지개혁이지만 채무면제와 노비해방에 관해서는 시행된 사례를 성경에서도 찾아볼 수 있다. 즉 느헤미야의 경우(느 5:1-13)는 채무면제를 시행한 사건으로 분류할 수 있다. 비록 나중에 다시 붙잡아 오기는 했지만 노비를 전격적으로 해방시킨 사례로는 시드기야 왕에 의한 노비해방 사건을 들 수 있다(렘 34:8-22). 따라서 이러한 부분들을 단서로 해서 희년이 현실에서 실시될 수 있는 제도라는 점에 동의하는 학자들도 있다.[310]

이스라엘 이외 지역의 역사 가운데서도 채무면제 사건과 노비해방 사건을 찾아 볼 수 있다. 채무면제 사건으로서는 주전 약 2350년경 수메르 도시국가인 라가쉬(Lagash)의 왕 우루-이님기나에 의해 실행된 미샤룸(Misharum)을 들 수 있다.[311] 그리고 채무면제와 노비해방이 함께 실시된 사건으로는 주전 594년 아테네 집정관 솔론이 실시한 경제개혁과 로마의 호민관 리시니우스와 섹스티우스 시대에 실시된 사건들을 들 수 있다.[312]

---

309 정중호, 「레위기-만남과 나눔의 장」 (한들출판사, 1999), 432-434.

310 N. P. Lemche, "The manumission of slaves – the fallow year – the sabbatical year – the jobel year," *VT* 26 (1976), 38. J. Milgrom, *Leviticus 23-27* (New York: Doubleday, 2001), 2264-2270.

311 이종근, "히브리 성서의 희년과 메소포타미아의 미샤룸 제도," 「구약논단」 1집 (1995), 75-90.

312 Marvin L. Chaney, "Debt Easement in Israelite History and Tradition," in David Jobling et al (eds), *The Bible and the politics of exegesis: essays in honor of Norman K. Gottwald on his sixty-fifth birthday* (Cleveland: Pilgrim Press, 1991), 127-139.

그런데 희년정신을 구체화 시킨 사례를 한국의 역사 가운데서 발견할 수 있다. 노비해방 사건으로는 고려시대 왕건과 광종의 노비해방, 그리고 이성계의 노비해방 사건을 들 수 있으며, 채무면제 사건으로는 신라 문무왕의 경우와 조선시대 환곡제도 가운데 정퇴(停退)를 들 수 있다. 그리고 토지개혁의 사례로는 이성계의 과전제(科田制)와 해방 후 농지개혁 등의 사례들을 들 수 있으며 이들은 희년정신을 현실 가운데 구체화 시킨 사례들로 볼 수 있다. 따라서 희년은 현실에서 실시될 수 없다고 단정 짓기보다 희년의 정신을 다시 분석해서 현대인이 희망하는 새로운 경제체제, 새로운 공동체를 세울 수 있도록 활용할 필요가 있다. 그러므로 본 연구의 목적은 노비해방, 채무면제, 토지개혁 등 희년과 관련된 한국 사례를 집중 분석하고 비교 연구하여 한국적인 희년공동체를 건설할 수 있는 방향을 제시하려는 것이며, 희년 공동체가 하나님의 공동체와 하나님의 나라와 연속선상에 있음을 밝히는 것이다.

2. 한국의 노비해방, 채무면제, 토지개혁 사례

1) 노비해방

구약의 노비 해방법(출 21:2-11; 신 15:12-18; 레 25:39-46)을 살펴보면 그 대상은 모든 노비가 아니라 이스라엘인으로 노비가 된 경우, 즉 '히브리 노비'에 한정시키고 있으며 이들은 주로 빚을 갚지 못해 노비가 된 채무노비(debt-slaves)였다. 그리고 노비 해방법에서 제외되는 노비는 전쟁 포로로서 혹은 매매로

취득한 노비였으며 이들은 재산으로 간주되는 노비(chattel-slaves)였다.[313]

인권이라는 측면에서 본다면 분명 성경은 이스라엘 사람과 외국인을 차별하는 불평등의 모습을 보여주고 있다. 물론 고대 사회에서는 신분제도가 있었고 노비제도를 인정하고 있었기 때문에 당시의 사회체제를 수용하는 이원적인 노비관이 있음은 부인할 수는 없다.[314] 그러나 경제와 생존이라는 측면에서 다시 이 내용을 검토해 볼 필요가 있다.[315] 왜냐하면 이스라엘 노비에게 해방되지 않는 '종신 노비'의 길을 열어놓았기 때문이다. 신명기 법전의 경우 노비가 해방될 경우 주인으로부터 곡식과 양 등 생활에 필요한 물품을 받을 수 있었다(신 15:12-14). 그러나 이 물품은 일시적인 생활비용이지 근본적인 생활 대책이 될 수는 없었다. 따라서 노비가 해방을 원하지 않는다면 '종신 노비'가 될 수 있는 길을 열어놓았다. 그러나 성결법전의 경우에는 '종신 노비'에 대한 언급이 없다. 왜냐하면 토지라는 근본적인 생활대책이 있기 때문이다.

이처럼 노비문제의 핵심이 경제적인 것임을 밝혀주는 유사한 사례는 조선에서도 발견할 수 있다. 16세기 조선 시대 노비는 전체 인구의 40-50%에 달하였다. 조선에서 노비의 숫자가 급증했던 원인을 살펴보면 태어날 때부터 노비가 되는 자연증가 현상 때문이기도 하지만, 자유인인 양인은 조세와 부역과 균역에 시달려 너무 곤궁한

---

313 레 25:44–45; Chirichigno, G. C., *Debt-slavery in Israel and the Ancient Near East* (Sheffield: Sheffield Academic Press, 1993), 140.

314 정중호, "구약의 노비관과 조선 초기 천민사상(天民思想)," 「구약논단」 48집(2013), 169–170.

315 Zipporah G. Glass, "Land, slave labor and Law: Engaging ancient Israel's economy," *JSOT* 91 (2000), 27–39; 정중호, "구약의 노비 해방법과 조선 후기 노비 현상," 「구약논단」 43집 (2012), 154–177.

데 노비는 이러한 부담이 없기 때문에 스스로 노비가 되는 소위 '노비 투탁(投託)현상'이 일어났기 때문이었다.[316] 그런데 19세기 후반에는 노비가 10%로 갑자기 감소하였다. 노비의 숫자가 급격히 감소된 이유에 대해서 다양하게 살펴볼 수 있지만 가장 큰 요인으로 경제적 요인이 있음을 발견할 수 있다.

조선시대 세력가들은 많은 수의 노비를 소유하고 있었는데, 그 가운데 대부분은 소유주와 별도로 떨어져 거주하면서 농업을 비롯한 다양한 생산 활동을 담당하는 노비였고, 소수의 노비는 소유주의 집에서 가사노동을 제공하는 노비였다. 따라서 노비 소유주의 중요한 목적은 노비의 생산 활동을 통해서 이득을 창출하려는 것이었다. 그런데 노비 소유주는 노비를 관리하는데 비용이 든다. 즉 노비가 살아갈 수 있도록 의식주를 제공하고 노비를 감독하는 비용이 드는데 태업과 저항과 도망을 감시해야 한다. 결국 노비생산성이 노비 관리비용보다 높아야 노비 소유주가 이득을 얻게 되는 것이다.

그런데 조선 말기에 이르러 태업과 저항과 도망이 빈번하여 관리비용이 증가하였다.[317] 그리고 노비 활동이란 자발적인 활동이기보다 강제노동이기에 생산성이 높지 않는 단점이 있다. 따라서 노비 소유주는 이득을 창출하기가 점점 어려워졌다. 더구나 가난한 농민들이 증가하고 유민들이 많이 발생하면서 임노동자의 수가 증가하여 싼 임금으로 인력을 고용할 수 있게 되었다. 따라서 노비 소유자들은 일 년 동안 계속해서 관리비용이 들어가는 노비를 소유하기보다 농번기 때 일시적으로 임노동자를 고용하는 것이 경제적이

---

316 지승종, "朝鮮前期의 投托과 壓良爲賤," 「사회와역사」 제8권 (1987.12), 17–19.

317 전형택, "노비의 저항과 해방," 역사비평 34 (1996) 18–19.

라 판단하기에 이르렀다.[318] 이러한 상황에서는 노비의 시장 가격이 급격히 떨어지게 된다. 1700년 초에 비해 노비의 시장 가격은 18세기 말에는 절반으로, 19세기 후반에는 1/3 수준으로, 그리고 19세기 말에는 거의 0에 근접했다.[319] 신분제를 유지하기 위한 사치노비 외에는 결국 아무도 관리비용을 지불하면서 노비를 소유하려고 하지 않게 되면서 노비의 수는 급격히 감소하게 된 것이다. 이처럼 노비 해방에 가장 큰 영향을 미치는 요인이 경제적 요인임을 조선 후기의 역사가 말해주고 있다.[320]

고려 광종의 경우나 이성계의 경우 채무노비를 불법이라 단정하고 채무노비를 해방시켰다.[321] 즉 빚을 빌미로 노비를 만드는 것을 압량위천(壓良爲賤)이라 부르며 채무노비를 부정적으로 본 것이다. 이처럼 채무노비를 불법화하고 채무노비의 숫자를 줄이려고 하는 것은 구약에서도 발견할 수 있는데 출애굽 사건을 들면서 이스라엘 동족을 노비로 만들 수는 없다는 내용이다. 동족이 노비가 되었다 하더라도 품꾼같이 대우하며 7년 혹은 희년에 해방시키도록 하였다. 동족으로서 사회 구성원의 지위를 유지할 수 있도록 사회통합을 도모하는 모습이다.

사회통합에 대해서는 또 다른 면으로 살펴볼 수 있다. 노비를 해방시킨 또 다른 동기와 목적을 살펴보면 고려 태조 왕건의 경우와 고려 광종의 경우, 그리고 이성계의 경우 모두 왕권을 강화시키고

---

318 이정수, 김희호, "조선후기 노비가 변동의 원인–생산성과 노비관리비용을 중심으로," 「지역과 역사」 23호 (2008), 188–189.

319 이우연, 차명수, "조선 후기 노비 가격의 구조와 수준, 1678–1889," 「경제학연구」 제58집 제4호(2010), 121.

320 정중호, "구약의 노비 해방법과 조선 후기 노비 현상," 「구약논단」 43 (2011), 154–177.

321 「高麗史」 88, 열전, 후비전, 대목왕후; 「太祖實錄」 2, 태조 원년 11월 갑오조.

노비소유주인 귀족들의 세력을 견제하기 위한 것임을 알 수 있다.[322] 동시에 국가에서 세금을 거둘 수 있고 부역을 시킬 수 있으며 군인으로 징병할 수 있는 양인의 숫자를 증대시키려는 통치자의 의도에 의해 노비를 해방시켰다. 구약에 나타나는 노비 해방의 사례는 시드기야의 노비 해방 사건을 들 수 있다. 시드기야는 바벨론 군대의 포위 속에서 하나님의 뜻인 계약법전과 신명기 법전을 따르면서 구원을 간청하는 의도에서 노비를 해방시킨 것으로 보이지만 동시에 왕권강화라는 목적도 있었음을 발견할 수 있다.[323] 개인적인 부를 축적하는 귀족 중심 체제보다 왕권을 강화시킬 때 국가 전체의 역량이 강화되며 국가 안보를 도모할 수 있고 국가 전체의 사회통합에 기여할 수 있는 장점이 있다. 따라서 노비 해방의 요인 가운데 왕권강화라는 사회통합의 또 다른 요인이 중요함을 확인할 수 있다.

경제적인 요인과 사회통합이라는 요인이 노비 해방의 중요한 요인이라면 구약의 노비 해방법을 현대 사회에도 적용할 수 있다. 왜냐하면 현대에는 신분제가 사라지고 노비가 거의 없기 때문에 구약의 노비 해방법을 고려할 필요가 없다는 생각은 짧은 생각일 수 있기 때문이다. 현대에도 저임금 속에서 빚에 허덕이면서 빚을 갚을 길이 없는 계층이 있고 이들은 당연히 누려야 할 자유를 제한당하고 있기도 하다. 구약의 노비 해방법에는 안식일을 누리는 것과 치료를 비롯한 기본적인 복지혜택에 있어서는 외국인 노비와 이스라엘 노비를 차별하지 않는다. 그리고 조선에서도 세종대왕은 천민사상(天民思想)을 이야기하면서 노비에게도 임신과 출산에 적어도 4개월간의

---

322 정중호, "시드기야 왕의 노비 해방과 왕권강화," 「구약논단」 제44집 (2012), 185–188.

323 윗글, 188–195.

휴가를 주도록 하였고 남편에게도 1개월간 출산휴가를 주도록 하였다.[324] 그러므로 현대에도 여전히 구약의 노비해방법을 근거로 저임금과 과중한 노동 및 채무의 덫에 갇혀있는 노동자들의 문제를 해결할 수 있는 방안을 강구할 필요가 있다.

2) 채무면제

이자금지와 채무면제에 관한 성경 본문(출 22:25-27; 레 25:35-38; 신 15:1-11; 23:19-20)을 읽으면서 현대인들은 과연 이러한 충격적인 법이 시행될 수 있을 지에 대해 의문을 표시한다. 그러나 느헤미야가 채무면제를 실시하였고(느 5:1-13), 메소포타미아의 미샤룸(Misharum)을 비롯하여 아테네와 로마에서도 발견할 수 있고 한국 역사 가운데서는 신라 문무왕의 경우와 조선시대 환곡제도 가운데 정퇴(停退)를 들 수 있다. 자본주의 시대인 현대에도 국제적으로 채무면제 사건이 일어나고 있는데 아프리카의 악성채무국가에 대해서 채무면제를 실시한 경우도 있다.[325] 그리고 채무면제는 법률에 의해 규정되어 있는데, 개인이나 기업이 파산 상태일 때 '채무자 회생 및 파산에 관한 법률'에 의해 채무를 면제하여 개인이나 기업이 다시 회생할 수 있도록 길을 열어놓고 있다. 최근에는 신용불량자를 구제하는 경우에도 채무면제를 시행한 적이 있는데, 2013년 5월 21일 정부가 신용불량자 10만 명에 대해 채무를 면제하고 연체기록을 삭제하여 신용을 회복할 수 있도록 하였다.[326]

---

324 「世宗實錄」 권64, 세종 16년 4월 계유.

325 권율, 박수경, "최근 공적개발원조 현황과 부채탕감 거품 효과," 「오늘의 세계경제」 8집 18호 (2008. 5. 13), 1-4.

326 SBS뉴스, "정부, IMF 신용불량자 10만명 오늘 대사면". http://sbscnbc.sbs.co.kr/read.jsp?pmArticleId=10000565849 (2014. 11. 12 검색).

돈을 빌렸으면 당연히 빚을 갚아야 하지만 경우에 따라서는 도저히 갚을 능력이 없는 경우가 발생한다. 이 경우 채무자가 다시 일어서서 사회 구성원으로서의 역할을 할 수 있도록 도움을 주는 채무면제가 필요한 것이다. 비록 '도덕적 해이'라는 염려가 따르지만 사회통합과 경제적 기능 부전(不全)을 치유하기 위해서는 불가피한 선택이라는 공감대가 형성되어 있기에 법률로서 채무면제를 규정하고 있는 것이다. 채무면제는 분명 자본주의 사회에서 허용하기 힘든 충격적인 조치이기는 하지만 기존 경제의 병폐를 치유하고 경제와 사회를 건강하게 만드는 하나의 방식임도 부인할 수 없는 사실이다. 따라서 채무면제가 불가능하다고 단정 짓기보다 성경의 채무면제법을 어떻게 실천할 것인지를 고민해야 할 것이다.

채무면제가 필요한 상황은 흉년과 전쟁 등 재난을 만나 생존을 위해 빚을 얻었으나 갚을 능력이 없을 때이다. 만일 이 상황을 방치하면 결국 채무자는 채무노비로 전락하고 국가적으로는 조세와 부역을 감당할 수 있는 양인이 줄어들게 되며 사회 통합 면에서도 심각한 타격을 받게 되는 것이다.

저자는 "느헤미야와 문무왕의 이자금지와 채무면제" 논문에서 한국의 사례와 느헤미야의 경우를 비교 연구한 적이 있다.[327] 느헤미야의 경우, 페르시아의 지원으로 예루살렘 성벽을 긴급하게 건축하는 과정에서 흉년이 덮쳐 백성들이 부르짖는 내용에서 시작하고 있다. 곡식을 빌려 굶주림을 해결하려 했으나 빚을 갚을 수 없어 자녀들이 노비로 팔려가야 하는 상황이라는 것이다(느 5:1-5). 이에 느헤미야가 대회를 열어 제사장을 불러 맹세하게 하면서 이자로 받은 물품 뿐 만 아니라 차압한 토지와 주택을 돌려보내도록 하였다.

---

327 정중호, "느헤미야와 문무왕의 이자금지와 채무면제," 「구약논단」 51집(2014), 167-197.

이와 더불어 7년마다 안식년을 지키면서 주기적으로 채무면제를 시행하도록 하였다(느 5:6-13). 이렇게 반란을 겪지 않고 느헤미야 개혁이 성공한 중요한 요인은 대회를 열어 신앙적인 차원에서 개혁을 추진하였고 채권자들의 동의를 얻었기 때문이다. 그리고 통치자인 느헤미야 자신도 채권자의 권리를 포기하는 솔선수범의 모습을 보여준 것도 성공의 중요한 요인이라 볼 수 있다. 결과적으로 신앙적인 대회를 통해 백성 모두가, 채권자와 채무자 모두가 아멘으로 화답하며 야웨를 찬송하는 모습에서 공동체 통합을 이루었다(느 5:7, 13).

신라 문무왕의 경우, 비록 신라가 삼국을 통일하였지만 전쟁을 수행하는데 총력을 집중하였기에 백성은 굶주렸고 농사는 피폐해져 있었다. 이에 문무왕은 669년 나라의 경제적 파국과 사회적 균열을 막기 위해 귀족들의 반대를 무릅쓰고 과감하게 부분적으로 흉년이 든 지방의 경우 왕명을 내려 채무면제를 시행하였다.[328] 이러한 채무면제 조치로 인해 채권자인 귀족들이 불만을 표시하였고 그 가운데 아찬(阿飡) 대토(大吐)가 반란까지 일으켰으나 초기에 진압되는 일이 있었다.[329] 그리고 결국 이러한 채무면제로 인해 문무왕의 왕권이 강화되었음을 발견할 수 있었으며 국가적인 안정과 사회통합에 있어서 유익했음을 알 수 있었다.[330]

또 다른 채무면제 사례로서 조선시대의 정퇴(停退)를 들 수 있다.

---

328 「三國史記」 6 신라본기 6 문무왕 9 년. 其百姓貧寒 取他穀米者, 在不熟之地者, 子母俱不須還, 若在熟處者, 至今年收熟, 只還其本, 其子不須還, ㅁㅁ[今月]三十日爲限, 所司奉行(백성들이 가난하여 다른 사람에게 곡식을 빌려 쓴 사람으로서 흉년이 든 지방에 사는 사람은 이자와 원금을 모두 갚을 필요가 없고, 풍년이 든 지방에 사는 사람은 곡식이 익을 때에 이르러 단지 원금만 갚고 그 이자는 갚을 필요가 없다. 30일을 기한으로 하여 담당 관청에서는 받들어 행하라.)

329 「三國史記」 7 신라본기 7 문무왕 13 년.

330 정중호, 윗글(2014), 191.

정퇴는 환곡제도 가운데서 극심한 흉년의 경우 이자와 채무를 면제해주는 제도인데 국가가 정퇴령을 내려 원곡과 이자격인 모곡 수납을 유예하거나 탕감해 주는 제도이다.[331]

느헤미야와 문무왕, 그리고 정퇴(停退)의 사례에서 볼 수 있듯이 채무면제 사건에는 이자금지라는 내용도 포함되어 있다. 이자금지는 구약에서도 볼 수 있고(출 22:25-27; 레 25:35-38; 신 15:1-11; 23:19-20) 고대 바벨론에서도 발견할 수 있다.[332] 이러한 이자제한 규정은 거의 페르시아 시대까지 이어졌다. 비록 간헐적으로 이자금지와 채무면제가 있었지만 주로 이자제한에 무게를 둔 정책이 시행되었다. 고대 사회에서 이자가 문제되는 이유는 20-33%의 이율이라 하더라도 결국 고율의 이자가 되기 때문이다. 왜냐하면 돈을 빌려주는 시점이 파종기이고 이자와 원금을 회수하는 시점이 보통 추수기이기에 그 기간은 길어도 6개월인데, 연이율로 환산하면 적어도 50-100% 이상인 고율의 이자가 되기 때문이다. 따라서 기근을 기회로 삼아 폭리를 취하는 태도는 공동체 정신을 훼손하는 것이기에 구약에서는 동족 간에는 이자를 금지하는 규정을 제정하게 된 것이다.

비록 자본주의 사회에서 채무면제를 시행하는 것은 불가능해보이고 금기사항처럼 보일 수 있으나 자본주의의 병폐를 치유하는 수단으로 현재에도 부분적으로 시행되고 있다는 점을 눈여겨보아야 한다. 고율의 이자를 금지시키고 부분적으로 채무면제를 시행하는 것은 사회 안전망을 설치하는 것이요, 추락한 사회의 구성원을 다시

---

331 최병선, 조병훈, "다산의 부패와 반부패 인식에 관한 연구: 환곡제도를 둘러싼 부패 문제를 중심으로," 한국행정학회 하계학술대회 (2007), 8.

332 W. F. Leemans, "The Rate of Interest in Old Babylonian Times," *Revue Internationale des Droits de L'Antiqite* 3, V (1950) 8–9.

회복시켜 공동체 전체를 건강하게 만들기 위함인 것이다. 한국에서도 최고이자율을 25%로 제한하는 개정 법률이 2014년 7월 15일부터 시행되고 있다.[333] 따라서 한국의 사례를 통해서도 확인할 수 있듯이 구약의 채무면제 규정은 여전히 실시 가능한 내용이며 새롭게 해석하여 건강한 공동체를 만드는 데 적극 활용하여야 할 것이다.

3) 토지개혁

희년의 핵심은 토지에 있다. 땅에서 유리된 사람이 다시 땅으로 돌아오는 해가 희년이다.[334] 여기서 주목할 것은 땅은 그대로 있는데 사람이 땅에서 떨어져 나갔다가 다시 돌아온다는 점이다(레 25:10). 계약법전과 신명기 법전에서 이미 노비해방과 채무면제에 대해 이야기한 바가 있지만 근본적인 생활대책인 땅이 제공되지 않았기 때문에 일시적이며 불완전할 수밖에 없다. 땅이 주어지지 않는 계약법전과 신명기법전의 경우 자원해서 종신노비가 되는 현상을 이야기 하고 있다. 그러나 땅이 주어지는 희년법에는 종신노비에 대한 내용이 없다.

희년의 핵심인 토지개혁이 과연 현실에서 실시될 수 있을까라는 의구심을 불식시킨 사건을 한국에서 찾아 볼 수 있다. 바로 이성계의 과전제(科田制)와 해방 후 농지개혁 사건들이며 이러한 한국의 사례에 대해 연구한 바가 있다.[335] 밀그롬(J. Milgrom)은 한국의 농

---

333 2014년 6월 11일 대통령령 제25376호.
http://www.law.go.kr/lsInfoP.do?lsiSeq=155488#0000 (2014. 11. 12 검색).

334 "땅이 차압당한다"고 하지만 사실 땅은 그대로 있고 사람이 떨어져 나간 것이다(레 25:10, 13).

335 정중호, "한국 토지개혁과 희년 실시 방안," 「장신논단」 Vol. 46 No. 2 (2014), 35-60.

지개혁 사건이 바로 희년이 실제적으로 실시된 예라고 하였다.[336] 이 가운데 과전제의 경우 노비해방과 토지개혁이 함께 실시되었다는 점, 그리고 산림천택(山林川澤)을 사유지로 분배하지 않고 공유(公有)로 변경하였다는 점이 눈길을 끌고 있다.[337]

고려 말 권문세가들은 토지 확대와 노비 증대에 열을 올리고 있었다. 반면 국가는 세금을 낼 수 있는 양인들의 숫자가 줄어들고 신흥관료들에게 나누어 줄 토지가 절대적으로 부족하게 되었다. 이성계는 토지대장을 불사르고 부분적이기는 하지만 1391년에 과전법(科田法)을 공포하여 시행하였다.[338] 과전제 덕분에 농민의 70%가 토지를 소유하게 되었으며 토지개혁의 결과로 고려의 권문세가들이 몰락하게 되었고 새로운 왕조는 경제적 기틀과 정치적 지지의 바탕을 마련하게 되었다.

해방 후 실시된 한국의 농지개혁은 큰 성공을 거두었다. 해방 직후 남한의 총 경지면적은 232만 정보였는데 그 가운데 소작지는 80%에 달하여 농민들의 불만이 대단하였다.[339] 그리고 공산화에 대한 위기감이 고조되어 있었기 때문에 미군정과 이승만 정부는 신속하고 강력하게 농지개혁을 단행하였다.

농지개혁은 3단계로 진행되었는데 첫째, 소작료 제한 조치였고,[340] 두 번째 단계는 미군정이 귀속농지를 소작인에게 불하한 것이다.[341]

---

336 J. Milgrom, 윗글, 2271.

337 이경식, 「한국중세토지제도사–조선전기」 (서울대학교출판문화원, 2012), 21–22

338 윗글, 10.

339 조선은행 조사부, 1949: 28–29

340 황한식, "광복과 미군정의 농업정책," 「근현대사강좌」 no. 3 (1993), 46–47.

341 이대근, 「해방 후 1950년대의 경제: 공업화의 사적 배경연구」 (삼성경제연구소, 2003), 82–83.

세 번째 단계는 이승만 정부에 의해 단행된 농지개혁이다. 1950년 5월에 거의 완료된 농지개혁은 유상매수와 유상분배의 형태로 진행되었다. 농지개혁 이전에 지주들이 소작지를 방매한 것까지 합치면 소작지 전체의 62%가 소농가의 손으로 넘어갔다.[342] 여기서 주목할 만한 것은 농지개혁을 강제로 실시하지 않았는데도 농지개혁이 있을 것이라는 확신이 있을 때 지주들이 스스로 싼값으로 농지를 방매하는 비율이 높았다는 것이다. 이처럼 개혁이 실시될 것이라는 확신을 공유한다는 것이 희년 실시에 있어서 가장 중요한 요인임을 발견할 수 있다.

3. 희년 공동체

오늘날의 희년은 무엇을 가리키는가? 희년에 있어서 중요한 것은 경제적으로 사회적으로, 그리고 심리적으로 자립할 수 있는 기반인 '땅'이 있어야 한다는 것이다. 이러한 '땅'은 오늘날 '부동산'만을 가리키는 것이 아니라 생계를 영위할 수 있도록 해주는 일자리와 중소자영업과 재산 등 수입원을 가리킨다. 그리고 희년을 실시한다는 것은 파격적으로 이러한 수입원을 각기 가질 수 있도록 재조정하는 것을 가리킨다. 따라서 희년을 실시한다는 것은 자본주의 사회에서, 법치주의 사회에서 쉽지 않다는 것을 알 수 있다.

---

342 신병식, "제1공화국 토지개혁의 정치경제," 「한국정치학회보」 31집 3호 (1997), 41.

그럼에도 불구하고 한국에서 농지개혁이 성공할 수 있었던 가장 큰 요인은 공산화에 대한 위기감이었다. 마찬가지로 희년을 실시하는 동기도, 그리고 실시할 수 있는 동력도 공동체 전체의 파멸을 방지하기 위한 것일 때 얻을 수 있는 것이다. 따라서 현대에도 공동체 파멸이라는 위기감은 희년 실시에 있어서 중요한 요인일 수 밖에 없다.

성경에는 희년이 십계명과 같은 하나님의 명령이기에 반드시 지켜야 한다고 되어있다. 그리고 대속죄을 지키듯이 절기로서 주기적으로 지켜야한다고 기록되어 있다. 대속죄일에 희년이 시작되는 것은 결코 우연한 일이 아니다. 죄로 인해 백성 전체가 파멸하지 않도록 대속죄일에 제사를 드린다. 그리고 경제적으로 공동체가 파멸하지 않도록 희년을 준수하는 것이다. 대속죄일이 죄로부터 자유를 얻는다면 희년은 채무로부터 자유를 얻는 것이다. 채무와 이자라는 것은 인간이 결코 장악할 수 없는 미래의 시간을 담보로 하는 것이기에 채무에서 해방된다는 것은 곧 진정한 자유를 얻게 된다는 것이다.

대속죄일을 절기로 지키듯이 희년을 절기로 지키라는 것은 각자 이득을 추구하고자 하는 경제활동의 속성상 어느 정도 세월이 지나면 빈부격차가 생기고 경제적 낙오자가 생길 수 있다는 가능성을 인정하는 명령이라 할 수 있다. 물론 경제적 낙오자가 발생하지 않으면 만분다행이지만 비록 그러한 일이 일어난다 하더라도 희년을 통해 바로잡을 수 있는 자정능력을 발휘하라는 것이다. 따라서 희년은 경제면에 있어서의 자정능력의 한 부분이며 치유기제에 속한다고 볼 수 있다. 만일 이러한 자정능력과 치유기제를 활성화하지 않으면 마치 면역성이 없는 신체와 같다는 것이다. 즉 희년이 없는 경제구조는 경제적 면역결핍증에 걸린 것과 같아서 에이즈 환자(후천성 면역 결핍 증후군[Acquired Immune Deficiency Syndrome])

와 같은 신세가 될 수 있다.

그러므로 희년 공동체란 경제정의의 기능적 부전현상이 일어날 때 희년을 통해 바로잡을 수 있는 자정능력을 발휘할 수 있는 공동체를 가리킨다. 따라서 희년 공동체란 경제적인 치유기제가 작동하는 공동체를 가리킨다.

4. 하나님의 공동체와 하나님의 나라

희년 공동체로서 자정능력을 발휘할 때의 모습은 사람으로만 구성된 공동체에 국한되지 않는 모습이 나타난다. 희년이 되면 “너희 각 사람은 자기 기업으로 돌아갈 것이요”(레 25:10, 13)라고 되어 있다. 즉 토지를 빼앗기고 빚더미 속에 살아가는 사람들이 나타나며 경제정의가 무너지는 사회가 된다 하더라도 땅은 움직이지 않고 그대로 있다는 것이다. 땅이 차압당해 다른 곳에 가는 것이 아니라 땅은 그대로 있고 사람이 튕겨나가는 현상이라는 것이다. 그리고 희년이 실시되어 땅이 회복되는 현상을 보면 “그가 그의 기업으로 돌아갈 것이다”(레 25:28) 혹은 “그의 조상의 기업으로 돌아갈 것이다”(레 25:41)라고 묘사되어 있다.

굳건히 제자리를 지키는 땅을 보면 문제를 일으키는 것은 사람이라는 사실을 발견할 수 있으며, 희년에 자정능력을 발휘한다는 것은 제자리를 지키고 있는 땅에 사람이 다시 돌아간다는 것임을 알 수 있다. 즉 언제나 하나님의 뜻에 순종해서 제자리를 지키고 있는 땅에 사람이 마음을 돌이켜서 협조하는 모습으로 나타나며 이것이 희년을 실행하는 모습이다.

땅이 제자리를 지키며 하나님의 뜻에 순종하는 모습은 안식년 규정에 더 명확하게 나타나 있다. 안식년 규정(레 25:2b-7)을 보면 땅이 안식년을 지킬 것이므로 사람도 협조하여 함께 안식년을 지키라고 되어 있다. 「개역개정」에 "너희는 내가 너희에게 주는 땅에 들어간 후에 그 땅으로 여호와 앞에 안식하게 하라"(레 25:2b)라고 번역되어 있으나 히브리어 문장을 보면 사람이 땅을 안식하게 만드는 것이 아니라 땅이 스스로 안식한다는 사실을 발견할 수 있다; "내가 너희에게 준 땅에 너희가 들어갈 때에 그 땅이 야웨께 안식을 지킬 것이다". 이와 동일한 방식으로 희년에도 땅은 스스로 안식한다(레 25:11-12).

그러나 땅이 안식을 하는데 사람이 협조하지 못하면 땅은 완전히 안식할 수가 없다. 안식년이요 희년인데도 사람이 무리하게 경작하려고 하면 땅은 견디지 못하고 사람에게 반격을 가한다. 즉 땅이 주민을 도저히 품을 수 없어 역겨워 주민을 토해내게 되는 일이 일어나게 된다. 혁명이나 전쟁 혹은 자연재해를 통해 주민이 추방당하고 피난갈 수밖에 없는 상황이 일어나는 것이다. 이리하여 세상이 뒤엎어지는 현상, 즉 부자가 가난한 자가 되고 가난한 자가 부자가 되는 현상, 땅을 소유한 자가 추방당하고 땅이 없는 사람들이 땅을 차지하게 되는 역전 현상이 일어나게 되는 것이다. 이러한 현상은 하나님의 심판으로 해석되어지고 있지만 하나님의 뜻을 받들어 희년을 고수하려고 하는, 자정능력을 발휘하는 땅의 역할도 주목할 필요가 있다. 그리고 하나님의 심판 가운데는 하나님에 의해 강제적으로 시행되는 희년 현상도 포함될 가능성이 있다.

여기서 우리는 희년이라는 사건이 사람이 홀로 시행하는 사건이 아니라 땅과 더불어 시행되는 사건이요 하나님도 함께 동참하는 사건이라는 사실을 발견할 수 있다. 하나님이 희년을 제정하고 땅(자연)이 하나님의 뜻에 순종하며 사람에게 희년을 실시할 것을 촉구하는 모습이 바로 희년 공동체의 모습이다. 희년 공동체는 구약을 관통하는 공동체인 '하나님의 공동체'와 그 맥을 같이하고 있다. '하나님의 공동체'의 모습을 그려보면 다음과 같다.[343]

하나님의 공동체

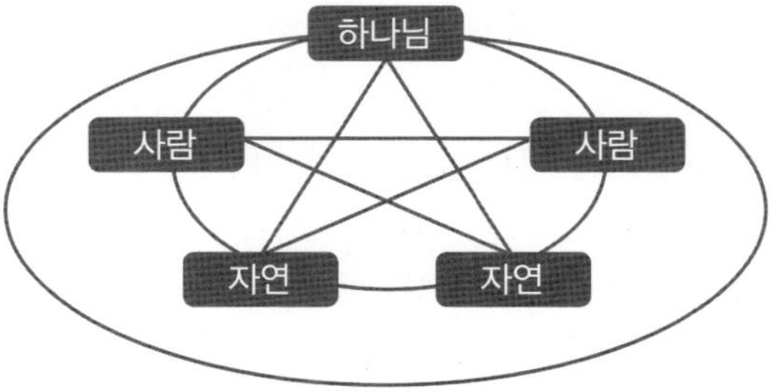

이 하나님의 공동체는 스스로 공동체에 들어오시는 하나님과, 하나님의 뜻을 순종하는 자연과, 선과 악을 선택할 수 있는 사람으로 구성되어 있다. 그리고 하나님과 사람과 자연은 한 가족이 되어 서로 영향을 주고받으며 공동체를 형성하고 있는데 사람의 선택 여하에 따라 공동체가 행복할 수도 있고 불행해질 수도 있다.

경제정의가 무너졌다면 당연히 공동체 전체가 희년을 실시해야 하는 것이다. 만일 사람이 방해를 한다면 하나님의 의지와 자연의 순종으로 희년이 강제로 실행되는 현상이 일어난다. 중요한 것은 비록 사람이 희년을 실시하지 않는다 해도 희년을 실시하시려는 하나님의 뜻은 변함이 없으며 땅은 하나님의 뜻을 따른다는 사실이다. 즉 경제정의를 올바로 세우시려는 하나님의 뜻은 어떤 형태로든 관철된다. 하나님은 경제정의가 살아있는 공동체를 만들기에 여념

---

343 정중호, 「하나님의 공동체」 (계명대학교출판부, 2012), 23-42.

이 없으시며 이러한 건강한 공동체를 만들어 결국 하나님의 나라를 완성시키시는 것이다.

희년 공동체는 이사야 예언서에 다시 나타나는데(사 61:1-2) 예수님이 나사렛 회당에서 낭독한 내용(눅 4:18-19)이기도 하다. 가난한 사람들에게 그리고 자유를 잃은 사람들에게 아름다운 소식을 선포하는 날이며 치유가 일어나는 날로 선포한 것이다. 예수님은 또한 이 예언이 '오늘' 성취되었다고 선포한다(눅 4:21). 이러한 선포는 가까이 다가오고 있는 '하나님의 나라'(막 1:15)와 맥을 같이한다. 그러므로 희년 공동체는 하나님의 공동체로, 그리고 하나님의 나라와 연속선상에 위치하는 것이다. 하나님의 나라가 이루어지려면 경제정의가 무너지고 울부짖음이 가득 찬 사회는 반드시 고쳐져야 하는 것이요 그 치유기제가 바로 희년인 것이다. 즉 하나님의 나라가 완성되기 위해서는 희년 공동체가 제대로 작동하는 모습이 선행되어야 하는 것이다.

5. 한국 희년 공동체 건설을 위해서

한국 역사를 살펴보면 노비해방, 채무면제, 토지개혁 등의 사건들이 일어났고 세계 역사상 주목할 만한 해방 후 농지개혁 사건도 일어났다. 이러한 사건들은 희년이 역사 가운데 실시되었다는 증거로 볼 수 있으며 한국의 희년 공동체가 일부분 작동하고 있었다는 사실을 확인할 수 있다.

이제 21세기의 시점에서 희년을 어떻게 실시할 수 있을까? 희년을 실시한다는 것은 경제의 구조적 병폐를 주기적으로 치유하는 것이다. 그리고 희년 때 뿔나팔을 불면서 그 때 비로소 희년이 시작되는 것이 아니라 이미 49년 전부터 희년을 준비해서 50년째 완성한다는 개념이다. 그리고 이러한 준비를 성전에서 솔선해서 시행하도록 되어있다. 토지를 하나님께 헌물할 때 성전의 제사장은 희년을 기준으로 토지의 가격을 산정하도록 되어 있다(레 27:18). 오늘날 교회와 기독교인이 희년을 확신하고 매년 희년을 향해 매진하는 모습을 보여야 하는 성경적 근거라 할 수 있다.

그리고 사회 전체가 희년을 확신할 수 있도록 희년의 '기쁜 소식' '은혜의 해'를 널리 전파하여야 할 것이다. 레위기에는 희년은 50년마다 주기적으로 실시해야 한다고 되어 있다. 그런데 고대 이스라엘의 평균수명은 40세를 넘기 어려웠다. 평균 수명이 40세일 때 50년 주기로 희년을 실시해야 한다면, 오늘날 평균 수명이 80세라면 100년 마다 주기적으로 희년을 실시할 수도 있을 것이다. 중요한 것은 제도적으로 규정되고 주기적으로 실시해야 한다는 것은 희년 공동체가 미래지향적이라 것이다.[344] 역사적으로 나타나는 희년 현상은 주로 과거의 병폐를 치유하기 위해 실시된 것인데 비해 레위기에 나타나는 희년 공동체는 미래에 대해 희망을 품고 미리 준비하며 나아가는 희망 공동체인 것이다.

희년을 완성하기 위해서 노력하는 49년의 기간 동안 해야 할 일은 '구속자'의 역할을 격려하며, 사회가 자연스럽게 희년을 준비하도록 하는 것이다. 법치국가인 현대 사회에서 이러한 힘을 발휘할 수 있는 길은 희년 공동체가 될 수 있도록 법을 제정하고 희년을 제도화 하는 것이요 그 이전에 희년에 대한 확신을 확산시키는 것이다.

—

344 M. Weinfeld, *Social Justice in Ancient Israel and in the Ancient Near East* (Jerusalem: Magnes Press, 1995), 9–10.

다행히 현재 한국의 헌법과 법률에 희년 공동체 정신이 반영되어 있는 부분이 있으며(헌법 제10조, 제32조, 제34조), 아래와 같은 경제민주화 정신도 헌법에 포함되어 있다.

> 국가는 균형있는 국민경제의 성장 및 안정과 적정한 소득의 분배를 유지하고, 시장의 지배와 경제력의 남용을 방지하며, 경제주체간의 조화를 통한 경제의 민주화를 위하여 경제에 관한 규제와 조정을 할 수 있다. (헌법 제119조 2항)

경제민주화 조항은 1987년 헌법 개정을 통해 새로운 헌법 원리로 포함된 것이며 정치경제적 폐해를 더 이상 방치할 수 없다는 국민적 우려를 반영한 것이다.[345] 국가는 헌법정신을 바탕으로 소득격차를 줄일 수 있는 방법을 강구하여야 하는데 공적 이전 프로그램을 확대하는 것과 조세 및 사회보장기여금을 통해 소득 재분배 효과를 얻을 수 있어야 한다.[346]

소득 격차를 줄이고 일자리를 창출하는 것이야 말로 희년 공동체 건설에 필요한 것이다. 그런데 이러한 목표를 달성하려면 그 이전에 대기업과 중소기업이 시장에서 건전한 경쟁을 벌일 수 있는 환경을 조성해 주어야 하며 중소기업을 살려 일자리 창출에 기여할 수 있게 해야 한다. 그리고 그 이전에 해야 할 일은 상호출자, 순환출자와 같이 지배주주경영자의 경영권을 실제 지분 이상으로 부풀려주

---

345 곽노현, "한국의 경제헌법과 경제민주화," 「민주법학」 Vol.9 No.1, (1995), 240.

346 반정호, "우리나라 소득 불평등 실태와 재분배 정책의 효과," 「노동리뷰」 94집 (2013), 62-75.

는 관행을 적절이 규제하는 것이다.[347] 여기서 중요한 것은 소득 격차를 줄이고 일자리를 창출하는 것이 부자를 억압하고 사회의 성장을 저해하는 것이 아니라는 점이다. 이러한 방식이야말로 장기적인 면에서 사회를 건강하게 하고 성장을 지속하게 하는 방안이라는 점이며 부자를 포함한 공동체 전체가 함께 파멸하지 않고 살 길을 찾는 방법이라는 점이다.

희년 공동체 정신을 구현할 수 있는 기업 형태로 사회적 기업을 들 수 있다. 그러나 사회적 기업은 일자리 창출에 적극 기여할 수 있는 기업형태이지만 이익을 발생하기 어려운 단점이 있다. 보다 더 절충적인 것을 찾는다면 크레이머(Mark Kramer)가 주창한 것인데 이익창출과 사회적 목적을 함께 구현할 수 있는 기업 모델인 '공유가치창조(Creating Shared Value)' 모델을 들 수 있다.[348] 드러커(P. F. Drucker)도 이와 비슷한 생각을 제시한 바가 있는데 그것은 '인간중심 자본주의(people-centered capitalism)'였다.[349] 중요한 것은 기업이든 개인이든 희년 공동체 정신에 부합하려는 행동은 단순한 자선이 아니라 생존전략이며 성공적이고 지속가능한 형태를 만들기 위한 것이라는 점이다.

그러나 국가와 법제정에 의지해서 희년 공동체가 건설되기를 바라는 것은 한계가 있다. 보다 더 중요한 것은 희년 공동체 정신의 확산과 희년 실시에 대한 믿음의 공유이다. 날마다 좁아져 가고 있는 지구촌에서 국경을 넘어 희년 공동체 정신을 공유하는 민중 스

---

347 조동성, "자본주의 5.0 시대의 경제민주화," 「專門經營人硏究」 제15권 제3호 (2012), 26–33.

348 M. E. Porter and M. R. Kramer, "The Big Idea: Creating Shared Value," *Harvard Business Review*, 89 (Jan/Feb. 2011), 62–77.

349 조동성, 윗글, 39.

스로의 자기조직화가 필요하다.[350] 희년에는 개혁의 주체가 공동체 전체이다. 즉 누가 누구에게 자선을 베푸는 차원이 아니라는 것이다. 공동체 구성원 모두가 개혁의 주체가 되어야 하며 공동체 의식 속에 진행되어야 한다. 따라서 희년을 간절히 원하는 열망이 끓어올라야 하며 공동체 전체의 공감대가 형성되어야 한다. 이러한 공감대 형성의 바탕에는 하나님으로부터 지파별로 그리고 가정 단위로 땅을 분배 받았다는 신앙이 반석처럼 자리 잡고 있어야 한다.

6. 결론

희년을 논할 때마다 당면하는 벽은 과연 희년이 현실에서 실시될 수 있을까 라는 의구심이다. 이러한 의구심을 염두에 두면서 희년의 내용을 노비해방, 채무면제, 토지개혁으로 세분화하고 희년과 관련되어 구체적으로 실시된 한국의 사례들을 분석하여 한국적인 희년공동체 건설 방향을 제시하였다.

노비해방에 대해서는 고려시대 왕건과 광종의 노비해방, 그리고 이성계의 노비해방 사건을 분석하였는데 주로 채무노비를 해방시켰다는 사실을 알 수 있었다. 노비제도는 이미 사라졌다고 여기지만 여전히 열악한 노동환경과 채무로 인해 허덕이는 많은 사람들이 있다는 현실을 보면서 구약의 노비해방법을 근거로 이러한 문제를 해결할 필요성을 발견할 수 있었다.

---

350 김정주, "신자유주의의 파상과 세계경제 위기," 「진보평론」 제51호 (2012), 35.

채무면제에 대해서는 신라 문무왕의 경우와 조선시대 환곡제도 가운데 정퇴(停退)를 연구하여 구약의 채무면제 규정은 여전히 실시 가능한 내용이며 새롭게 해석하여 건강한 공동체를 만드는 데 적극 활용할 수 있음을 확인하였다.

토지개혁에 대해서는 이성계의 과전제(科田制)와 해방 후 농지개혁을 연구하여, 희년이 핵심이 근본적인 생활대책을 세우는 것이며 극빈층 뿐 만 아니라 중산층까지 아우르는 공동체 전체의 건강을 회복시키는 제도임을 확인하였다.

희년은 극빈층을 위한 일시적인 해결 방책이 아니라, 주기적으로 계속되는 것이며 공동체 전체의 기본 경제구조를 개혁하는 것이요, 공동체가 파멸하지 않고 살 수 있는 길을 제시해주는 것이다. 대속죄일에 나팔을 불어 시작되는 희년은 죄에서 자유를 얻듯이 채무와 낙오에서 해방되는 자유를 얻는 해이며 백성 모두가 공동체 구성원으로 복귀하는 해라 할 수 있다.

소득재분배 정책이 경제성장을 저해한다는 전제 하에 성장위주의 경제정책을 시행한 후 분배 정책을 실시해야 한다는 목소리가 높아 있다. 그러나 구체적인 실례를 통해 확인한 것을 보면 소득재분배 증대가 오히려 경제성장에 긍정적인 영향을 미친다는 결론을 얻을 수 있었다.[351]

희년 공동체는 하나님의 주도로 이루어지며 땅이 순종하고 인간의 선택을 기다리는 하나님의 공동체라 할 수 있고 나아가서 하나님의 나라와도 연결되는 공동체라 할 수 있다. 하나님의 나라에 동참하듯이 희년 공동체 건설을 위해 참여해야 하며, 희년이 반드시 실시된다는 확고한 믿음을 공유하는 일이 무엇보다 중요하다.

---

351 채구묵, 김철주, "소득재분배정책과 경제성장: OECD 17개국의 소득재분배 수준과 경제성장과의 관계 분석," 「한국사회학」 제42집 5호 (2008), 34-36.

참고문헌

「高麗史」
「孟子」
「三國史記」
「新唐書」
「成宗實錄」
「世祖實錄」
「世宗實錄」
「詩經」
「樂記」
「正祖實錄」
「朝鮮經國典」
「周易」
「太祖實錄」
「太宗實錄」
「漢書」

고동환, "국가의 농민 지배방식의 변동을 통해 본 조선후기 사회성격의 해명-윤용출, 「조선후기의 요역제와 고용노동」 (서울대학교출판부, 1998)," 「역사와 현실」 30 (1998), 265-280.

곽노현, "한국의 경제헌법과 경제민주화," 「민주법학」 Vol.9 No.1, (1995), 239-244.

권병탁, "농지개혁의 긍정적 의의," 「쟁점 한국근현대사」 3권(1993),

109-134.

_____, 「한국경제사」. 서울: 박영사, 1984.

권율, 박수경, "최근 공적개발원조 현황과 부채탕감 거품 효과," 「오늘의 세계경제」 8집 18호 (2008. 5. 13), 1-4.

금장태, "유교의 천(天)·상제관(上帝觀)," 「사목」 제151호 (1991), 59-86.

김선종, "레위기 25장의 형성-안식년과 희년의 연속성과 불연속성." 「장신논단」 40집(2011), 95-117.

김성호, "이승만과 농지개혁." 「한국논단」 239권(2009), 175-177.

김성호 외, 「농지개혁사 연구」 서울: 한국농촌경제연구원, 1989.

김승욱, "이승만 정부의 농지개혁에 대한 기독교적 평가." 「신앙과 학문」 16(4) (2011), 33-74.

김일영, "농지개혁을 둘러싼 신화의 해체." 박지향, 김철, 김일영, 이영훈 편. 「해방전후사의 재인식 2」. (서울: 책세상, 2006), 295-344.

김정주, "신자유주의의 파상과 세계경제 위기," 「진보평론」 제51호 (2012), 13-36.

김흥수, "기독교인 정치가로서의 이승만." 유영익편. 「이승만 대통령 재평가」 (연세대학교출판부, 2006), 407-436.

박동현, 「예레미야 II」 대한기독교서회, 2006.

박진훈, "조선초기 사노비 정한법(정한법) 논의와 그 성격," 「역사와현실」 62 (2006), 309-343.

반정호, "우리나라 소득 불평등 실태와 재분배 정책의 효과," 「노동리뷰」 94집 (2013), 62-75.

백남혁, "高麗 光宗代 改革政治의 基盤과 成果," 「역사와 실학」 제23집 (2002), 5-37.

신병식, "동아시아와 라틴아메리카 토지개혁의 비교." 이수훈 외. 「한국과 제3세계의 민주변. 혁」 (경남대학교극동문제연구소, 1989), 221-252.

_____, "제1공화국 토지개혁의 정치경제." 「한국정치학회보」 31집 3호 (1997), 25-46.

_____, "한국과 대만의 토지개혁 비교연구." 「한국과국제정치」 4권 2호 (1988), 29-97.

신용하, “다산 정약용의 여전제 토지개혁사상.” 「규장각」 제7호(1983), 61-80.

윤용출, 「조선후기의 요역제와 고용노동」 서울대학교출판부, 1998.

이경식, “고려말의 사전구폐책과 과전법.” 「동방학지」 42권(1984), 133-183.

_____, “朝鮮前期의 土地改革論議.” 「韓國史研究」 제61·62호(1988-10), 217-246.

_____, 「한국중세토지제도사-조선전기」. 서울: 서울대학교출판문화원, 2012.

이대근, 「해방후 1950년대의 경제: 공업화의 사적 배경연구」 서울: 삼성경제연구소, 2003.

이동현, “朝鮮時代의 土地改革思想-均田制와 閭田制를 中心으로.” 「韓國地籍情報學會誌」 통권 제4호(2002.12), 15-24.

이상국, “고려 정종 5년(1039) ‘賤者隨母之法’의 제정과 그 의의,” 「사림」 제34호 (2009), 79-104.

이영훈, “한국사에 있어서 노비제의 추이와 성격,” 「노비 농노 노예-예속민의 비교사」 일조각, 1998.

이인철, “한국 고대사회에서 노비와 노비노동의 역할,” 「한국고대사연구」 29 (2003.3), 151-189.

이상국, “고려 정종 5년(1039) ‘賤者隨母之法’의 제정과 그 의의,” 사림 34호 (2009), 79-104.

이석현, “송대 불법적 예속민의 성립과 국가권력,” 「동양사학연구」 제86집 (2004), 95-124.

이우연, 차명수, “조선 후기 노비 가격의 구조와 수준, 1678-1889,” 「경제학연구」 제58집 제4호 (2010), 99-132.

이재룡, “朝鮮初期 農民의 土地所有.” 「崇實史學」 제3집(1985), 1-54.

이정수, 김희호, “17-18세기 雇工의 노동성격에 대한 재해석,” 「경제사학」 제47호 (2009), 3-37.

______, 「조선시대 노비와 토지 소유방식」 경북대학교출판부, 2006.

______, “조선후기 노비가 변동의 원인-생산성과 노비관리비용을 중심으로,” 「지역과 역사」 23호 (2008), 171-207.

______, “조선후기 노비매매 자료를 통해 본 노비의 사회.경제적 성격

과 노비가의 변동,"「한국민족문화」 31 (2008), 363-408.
이종근, "수메르 우루-이님기나 법과 히브리 법의 사회 정의 고찰,"「구약논단」 28집(2008) 142-161.
_____, "함무라비 법의 종교성,"「구약논단」 38집 (2010), 157-186.
_____, "히브리 성서의 희년과 메소포타미아의 미샤룸 제도,"「구약논단」 1집 (1995), 75-90.
전기웅, "高麗 光宗代의 文臣官僚層과「後生讒賊」,"「역사와 세계」 제9집 (1985), 139-169.
전상인, "미군정기의 농업문제와 토지정책." 홍성찬 편.「농지개혁 연구」 서울: 연세대학교출판부, 2001.
전용덕, 김용영, 정기화.「한국경제의 성장과 제도변화」. 서울: 자유기업센터, 1997.
전운성, "일본의 농지개혁."「근현대사강좌」 no. 3(1993), 166-179.
전정진, "출 21장 2-11절과 신 15장 12-18절에 나타난 종의 방면 법,"「구약논단」 35집 (2010), 54-73.
전형택, "노비의 저항과 해방,"「역사비평」 34 (1996), 16-27.
_____, "조선후기 사노비의 추쇄,"「전남사학」 6집 (1992), 35-70.
정용숙, "《高麗史》 刑法志 奴婢項의 檢討,"「한국사연구」 제46호 (1984), 61-89.
정인지 외,「신편고려사」 1-11권, 신서원, 2002.
정윤재, "세종대왕의 '천민/대천이물'론과 '보살핌'의 정치,"「동양정치사상사」 제8권 1호 (2009), 145-161.
정중호, "구약의 노비 해방법과 조선 후기 노비 현상,"「구약논단」 43집(2012), 154-177.
_____, "구약의 노비관과 조선 초기 천민사상(天民思想),"「구약논단」 48집(2013), 167-194.
_____, "느헤미야와 문무왕의 이자금지와 채무면제,"「구약논단」 51집 (2014), 167-197.
_____,「레위기-만남과 나눔의 장」 한들출판사, 1999.
_____, "시드기야 왕의 노비 해방과 왕권강화,"「구약논단」 제44집 (2012), 178-201.

_____, 「예언서의 기원과 해석」 계명대학교출판부, 2011.
_____, 「이스라엘 역사」 대한기독교서회, 2001.
_____, "주전 7세기 블레셋과 유다의 광역 경제권," 「구약논단」 41집 (2011), 180-200.
_____, 「하나님의 공동체」 계명대학교출판부, 2012.
_____, "한국 토지개혁과 희년 실시 방안," 「장신논단」 Vol. 46 No. 2 (2014), 35-60.
조동성, "자본주의 5.0 시대의 경제민주화," 「專門經營人硏究」 제15권 제3호 (2012), 23-47.
조법종, "신라 문무왕대 사회정책의 성격검토" 「신라문화」 16 (1999), 91-118.
지승종, 「조선전기노비신분연구」 일조각, 1995.
_____, "朝鮮前期의 投托과 壓良爲賤," 「사회와 역사」 제8권 (1987.12), 11-39.
진노 나오히코(神野直彦), 정광민 역, 「나눔의 경제학이 온다」 서울: 푸른지식, 2013.
채구묵, 김철주, "소득재분배정책과 경제성장: OECD 17개국의 소득재분배 수준과 경제성장과의 관계 분석," 「한국사회학」 제42집 5호 (2008), 1-30.
최규성, "고려초기 정치세력과 정치체제 연구," (1988) 단국대 박사논문.
최병선, 조병훈, "다산의 부패와 반부패 인식에 관한 연구: 환곡제도를 둘러싼 부패 문제를 중심으로," 한국행정학회 하계학술발표논문집. Vol. 2007 No.0 (2007), 1-31.
최윤오, "18.19세기 농업고용노동의 전개와 발달," 「한국사연구」 77 (1992), 57-88.
최이돈, "조선초기 천인천민론의 전개," 「朝鮮時代史學報」 57 (2011), 5-33.
하현강, 「한국중세사연구」 일조각, 1988.
홍승기, "高麗時代 私奴婢의 法制上 地位," 「한국학보」 4권 (1978), 28-71.
황한식, "광복과 미군정의 농업정책," 「근현대사강좌」 no. 3(1993), 41-55.
_____, "한국농지개혁연구." 「한국현대사 I」 (서울: 열음사, 1985), 479-503.

Bergsma, J. S. "Once Again, the Jubilee, Every 49 or 50 Years?" *Vetus Testamentum* 55 (2005), 121-125.

_____, "The Jubilee: A Post-Exilic Priestly Attempt to Reclaim Lands?" *Biblica* 84(2003), 225-246.

_____, "The Jubilee from Leviticus to Qumran: Its Origin, Development, and Interpretation in the Hebrew Scriptures, Second Temple Literature, and Qumran Texts." Dissertation; University of Notre Dame, 2004.

Biddle, Mark E. "The Biblical Prohibition Against Usury," *Interpretation* (2011, April) 117-127.

Bright, J., *Jeremiah: A New Translation with Introduction and Commentary*, AB 21; Doubleday & Company, 1965.

Carroll, R. P. *Jeremiah*, Old Testament Guides; Sheffield: JSOT Press, 1989.

_____, *Jeremiah*, Philadelphia: The Westminster Press, 1986.

Chaney, Marvin L. "Debt Easement in Israelite History and Tradition," in David Jobling et al (eds), *The Bible and the politics of exegesis: essays in honor of Norman K. Gottwald on his sixty-fifth birthday*, Cleveland: Pilgrim Press, 1991, 127-139.

_____, 우택주 외 역, 「농경사회 시각으로 바라본 성서 이스라엘 - 구약성서의 종교와 사회의 역사, 문학, 해석」 한들출판사, 2007.

Chavel, Simeon., "'Let my people go!' Emacipation, revelation, and scribal activity in Jeremiah 34.8-14," *JSOT* 76 (1997), 71-95.

Childs, B. S., *The Book of Exodus*. OTL, Philadelphia: Westminster Press, 1974.

Chirichigno, G. C., *Debt-slavery in Israel and the ancient Near East*, Sheffield: Sheffield Academic Press, 1993.

Cooper, Jerrold S. *Sumerian and akkadian royal inscriptions: presargonic inscriptions*, Winona Lake: Eisenbrauns, 2010.

Coote, R. B. *In Defense of Revolution: The Elohist History*

(Minneapolis: Fortress Press, 1991).
_____, 우택주 역, 「아모스서의 형성과 신학」 대한기독교서회, 2004.
David, M. "The Manumission of Slaves under Zedekiah", *OTS*, 5 (1948), 63-79.
Daube, D. "Direct and Indirect Causation in Biblical Law," *VT* 11(1961), 246-269.
Davis, G. H., *Exodus*, TBC, London: SCM Press, 1967.
De Vaux, R. *Ancient Israel*. New York: McGraw-Hill, 1961.
Duhm, B. *Das Buch Jeremía*, KHAT XI, 1901.
Elat, M., "The Monarchy and the Development of Trade in Ancient Israel," in *Edward Lipinski ed. State and Temple Economy in the Ancient Near East*, (Louvain: Departement Oriëntalistiek, 1979).
______, "Trade and Commerce," in *The Age of the Monarchies: Culture and Society*, ed. by B. Mazar (Jerusalem: Massada Press, 1979).
Fager, Jeffrey A. *Land Tenure and the Biblical Jubilee: Uncovering Hebrew Ethics through the Sociology of Knowledge*. Sheffield: JSOT Press, 1993.
Finkelstein, J. J. "Some New *Misharum* material and Its Implications." *Assyriological Studies* 16 (1965), 233-246.
Fenoaltea, S., "Slavery and Supervision in Comparative Perspective: A Model," *Journal of Economic History* 44 (1984), 635-668.
Fensham, F. Charles, *The Book of Ezrah and Nehemiah*, Grand Rapids: William B. Eerdmans, 1982.
_____, "Widow, Orphan and the Poor in Ancient Near Eastern Legal and Wisdom Literature," *JNES* 21(1962), 129-139.
Fried, Lisbeth S., and Freedman, D. N. "Was the Jubilee Year Observed in Preexilic Judah?" Milgrom, J., *Leviticus 23-27*, New York: Doubleday, 2001, 2257-2270.

Gamoran, H. "The Biblical Law against Loans on Interest," *JNES* 30 (1977) 127-134.

Glaeser, Edward L. and Scheinkman, José. "Neither a Borrower Nor a Lender Be: An Economic Analysis of Interest Restrictions and Usury Laws," *Journal of Law and Economics* 41, No. 1 (April 1998), 1-36.

Glass, Zipporah G., "Land, slave labor and Law: Engaging ancient Israel's economy," *JSOT* 91 (2000), 27-39.

______, "Land, slave labor and Law: Viewing persian Yehud's economy through socio-economic modeling," Ph.D. Dissertation, Vanderbilt University, 2010.

Gottwald, N. K. "The Biblical Jubilee: In Whose Interests?" *The Jubilee Challenge: Utopia or Possibility? edited by* Hans Ucko, 36-38. Geneva: WCC Publications, 1997.

Guillaume, Philippe. "Nehemiah 5: No Economic Crisis," *Journal of Hebrew Scriptures* 10 (2010), 1-21.

Habel, Norman C. *The Land is Mine: six Biblical Land Ideologies*. Minneapolis: Fortress, 1995.

Hayes, J. H. and Irvine, S. A. , *Isaiah: The Eighth-Century Prophet: His Times and His Preaching* Nashville: Abingdon Press, 1987.

Hopkins, David C., "The Dynamics of Agriculture in Monarchical Israel," in *Society of Biblical Literature 1983 Seminar Papers*, ed. Kent Harold Richards, Chico, CA: Scholars Press, 1983.

Jacobson, Rolf A., "A freedom that is no freedom: Jeremiah 34 and the Sabbatical Principle," *Word & World*, vol. 22 number 4 (2002), 396-405.

Katz, Hayah, "Commercial Activity in kingdoms of Judah and Israel," *Tel Aviv* vol. 31, no. 2 (2004), 268-277.

Klein, R., "A Liberated Lifestyle: Slaves and Servants in Biblical

Perspective," *Currents in Theology and Mission.*, 9. no.4(1982.8), 212-221.

Knoppers, Gary N. "Nehemiah and Sanballat: The Enemy Without or Within?" in Oded Lipschits & Al., *Judah and the Judeans in the Fourth Century B.C.E.* Winona Lake: Eisenbrauns, 2007, 305-331.

Lang, Bernhard, *Monotheism and the prophetic minority*, Sheffield: The Almond Press, 1983.

______, "The social organization of peasant poverty in biblical israel," *JSOT* 24 (1982), 47-63.

Leemans, W. F., "The Rate of Interest in Old Babylonian Times," *Revue Internationale des Droits de L'Antiqite* 3, V (1950), 7-34.

Lemche, N. P., "The manumission of slaves – the fallow year – the sabbatical year – the jobel year," *VT* 26 (1976), 38-59.

Leuchter, M., "Manumission Laws in Leviticus and Deuteronomy: The Jeremiah Connection," *JBL* 127 (2008), 635-653.

Levinson, B. M., "The Birth of the Lemma: The Restrictive Reinterpretation of the Covenant Code's Manumission Law by the Holiness Code (Leviticus 25: 44-46)," *JBL* 124 (2005), 617-639.

Lewy, Julius. "The Biblical Institution of Derôr in the Light of Akkadian Documents." *Eretz Israel* 5(1958), 21-31.

Maloney, Robert P. C.M., "Usury and restrictions on interest-taking in the ancient Near East," *CBQ* 36 (1974), 1-20.

McCarthy, E. J., *Treaty and Covenant* (2d ed., Rome Pontifical Biblical Institute Press, 1978).

McConville, J. G., *Deuteronomy*, Leicester, Apollos, 2002.

Mendenhall, G. E., *The Tenth Generation: The Origins of the Biblical* Tradition Baltimore: The John Hopkins University Press, 1973.

Mendelsohn, Issac. *Slavery in the Ancient Near East.* New York:

Oxford University Press, 1949.
Milgrom, J. , *Leviticus 23-27*, New York: Doubleday, 2001.
Miller, Marvin Lloyd. "Nehemiah 5: A Response to Philippe Guillaume," *Journal of Hebrew Scriptures* 10 (2010), Article 13, 1-7.
Miller, P. D., "Sin and Judgment in Jeremiah 34:17-19," *JBL* 103/4(1984), 611-613.
-----, *Sin and Judgement in the Prophets: A Stylistic and Theological Analysis*, SBLMS 27; Chico, CA; Scholars Press, 1982.
Neufeld, Eduard. "Socio-economic Background of Yōḇēl and Šemiṭṭa'." *Rivista degli studi orientali* 33(1958), 53-124.
_____. "The Emergence of a Royal-Urban Society in Ancient Israel." *Hebrew Union College Annual* 31(1960), 31-53.
Neufeld, Edward E. "The rate of interest and text of Nehemiah 5:11." *Jewish Quarterly Review* 44 (Jan., 1954), 194-204.
Park, Myungki J. "Toward a contextual approach to land reform for post-reunification Korea." Dissertation, Fuller Theological Seminary, 2001.
Patrick, D., *Old Testament Law*, London: SCM Press, 1985.
Paul, Shalom M., *Amos: a commentary on the book of Amos*, Minneapolis, Fortress Press, 1991.
Porter, M. E. and M. R. Kramer, "The Big Idea: Creating Shared Value," *Harvard Business Review*, 89 (Jan/Feb. 2011), 62-77.
Premnath, D. N., "Latifundialization and Isaiah 5.8-10," *JSOT* 40 (1988), 49-60.
Rainey, Anson F., "Wine from the Royal Vineyards," *BASOR* CCXLV (1982), 57-62.
Rudolph, W., *Jeremia*, HAT I 12, 2, (1958).
Saeki, P. Y., *The Nestorian Documents and Relics in China*, Tokyo: The Murosen Co., 1951.

Saggs, H. W. F., "The Branch to the Nose," *JTS* 11(1960), 318-329.

Sarna, Nahum M., "Zedekiah's emancipation of slaves and the sabbatical year," in H. A. Hoffner ed., *Orient and Occident: Essays presented to Cyrus H. Gordon on the occasion of his sixty-fifth birthday*, AOAT 22, Neukirchener Verlag, 1973, 143-149.

Schein, Andrew. "Of biblical interest, brotherhood and charity," *International Journal of Social Economics* 30 (2003), 788-797.

Tsa, Daisy Yulin, "Human rights in Deuteronomy: with special focus on slave laws," Ph. D. Dissertation, Trinity International University, 2011.

Ucko, Hans ed., *The Jubilee Challenge: Utopia or Possibility?* Geneva: WCC Publications, 1997.

Van Seters, J., "Law of Hebrew Slave: A Continuing Debate," *ZAW* 119 (2007), 169-183.

Volz, P., *Der Prophet Jeremia*, *KAT* 10 (1922), 317-318.

Weinfeld, M. "Sabbatical Year and Jubilee in the Pentateuchal Laws and their Ancient Near Eastern Background." *The Law in the Bible and its Environment*. edited by R. Veijola. Helsinki: Finnish Exegetical Society/Göttingen: Vandenhoeck & Ruprecht, 1990, 39-62.

_____, *Social Justice in Ancient Israel and in the Ancient Near East* Jerusalem: Magnes Press, 1995.

Weiser, A., *Das Buch des Propheten Jeremia*, ATD 20/21, 5. Aufl. (1966).

Williamson, H. G. M. 조호진 역, 「에스라·느헤미야」 솔로몬, 2008.

Winkler, Dietmar W., W. Li Tang Eds., *Hidden Treasures and Intercultural Encounters: Studies on East Syriac Christianity in China and Central Asia*, Wien: Lit, 2009.